新编21世纪高等职业教育精品教材 ● 工商管理类

+ **BUSINESS**
ADMINISTRATION

企业质量管理实务

主　编 ● 刘治宏　戚俊丽　刘秀红

副主编 ● 肖国利　张　宇　刘　爽　康　扬

中国人民大学出版社
· 北京 ·

图书在版编目（CIP）数据

企业质量管理实务/刘治宏，戚俊丽，刘秀红主编．
北京：中国人民大学出版社，2025.1. --（新编21世纪
高等职业教育精品教材）． -- ISBN 978-7-300-33365-6

Ⅰ.F273.2

中国国家版本馆CIP数据核字第2024NL6488号

新编21世纪高等职业教育精品教材·工商管理类

企业质量管理实务

主　编　刘治宏　戚俊丽　刘秀红
副主编　肖国利　张　宇　刘　爽　康　扬

Qiye Zhiliang Guanli Shiwu

出版发行	中国人民大学出版社			
社　　址	北京中关村大街31号	**邮政编码**	100080	
电　　话	010 - 62511242（总编室）	010 - 62511770（质管部）		
	010 - 82501766（邮购部）	010 - 62514148（门市部）		
	010 - 62515195（发行公司）	010 - 62515275（盗版举报）		
网　　址	http://www.crup.com.cn			
经　　销	新华书店			
印　　刷	北京七色印务有限公司			
开　　本	787 mm×1092 mm　1/16	**版　　次**	2025年1月第1版	
印　　张	17	**印　　次**	2025年1月第1次印刷	
字　　数	382 000	**定　　价**	45.00元	

前　言

质量是人类生产生活的重要保障。党的二十大报告提出："加快建设制造强国、质量强国、航天强国、交通强国、网络强国、数字中国。"我国质量事业实现了跨越式发展，质量强国建设取得历史性成效。全民质量意识显著提高，质量管理和品牌发展能力明显增强，产品、工程、服务质量总体水平稳步提升，产业和区域质量竞争力持续提升，质量基础设施效能逐步彰显，质量对提高全要素生产率和促进经济发展的贡献更加突出，人民群众质量获得感显著增强。

中共中央、国务院2023年2月印发的《质量强国建设纲要》提出，要增强企业质量和品牌发展能力，鼓励企业制定实施以质取胜生产经营战略，创新质量管理理念、方法、工具，推动全员、全要素、全过程、全数据的新型质量管理体系应用，加快质量管理成熟度跃升。强化新一代信息技术应用和企业质量保证能力建设，构建数字化、智能化质量管控模式，实施供应商质量控制能力考核评价，推动质量形成过程的显性化、可视化。引导企业开展质量管理数字化升级、质量标杆经验交流、质量管理体系认证、质量标准制定等，加强全员质量教育培训，健全企业首席质量官制度，重视质量经理、质量工程师、质量技术能手队伍建设。

本书紧密结合《质量强国建设纲要》和《高等学校课程思政建设指导纲要》要求，在每章的"学习目标"中设置了知识目标、能力目标和素质目标，同时设置"知识拓展""实例链接"等内容，突出教育引领的针对性、拓展性和实用性，发挥企业质量管理的育人作用。

本书编者既有在高校从事质量管理理论授课的教师，又有在企业从事质量管理实践的质量实战专家。他们将一般质量管理的理论方法进行系统梳理、研究，对一些优秀企业的质量管理实践进行全面总结、提炼。本书的主要特点是结合国内优秀企业质量管理的理念和实例来介绍如何做好质量管理工作，全方位反映优秀企业质量管理的实践，因此读者在学习时需要融会贯通、举一反三。

本书分为三篇：第一篇为质量管理基础，主要介绍了质量管理概述、全面质量管理、质量管理体系和服务质量管理的相关内容；第二篇为质量管理工作内容，主要介绍了企业质量策划、质量控制、质量改进、质量检验及抽样技术的相关内容；第三篇为质量管理方法与工具，主要介绍了企业开展质量管理常用的、基础的统计工具和方法，以及质量 4.0 时代与人工智能、区块链、大数据、云计算相关的方法和工具。

　　本书既可以作为高等职业院校工商管理专业的课程教材，又可以作为企业各级质量管理人员的培训教材。本书由刘治宏、戚俊丽、刘秀红担任主编，肖国利、张宇、刘爽、康扬担任副主编，此外张静、李彩路、辛伟、杨超、刘永庆、宋丽丽、姜晴怡也参与了编写。格力电器（武汉）有限公司、山东高速股份有限公司、惠州市德赛西威汽车电子股份有限公司、江西华伍制动器股份有限公司等企业提供了大量有价值的案例。中国人民大学出版社在本书编辑出版过程中给予了大力支持。在此，编者致以崇高的敬意并表示衷心的感谢。

　　由于时间和编者水平有限，书中难免存在疏漏和错误，敬请读者批评指正。

编者

目　录

第一篇　质量管理基础

第二篇　质量管理工作内容

第三篇　质量管理方法与工具

第一篇

质量管理基础

第一章
质量管理概述

学习目标

知识目标

- 掌握质量及其相关术语的概念。
- 理解不同类别产品/服务的质量特性。
- 掌握狩野纪昭模型的主要内容。
- 掌握质量管理及其相关术语的概念。
- 掌握质量管理原则的内容、理论依据、主要益处和可开展的活动。
- 了解质量管理的发展历史。

能力目标

- 能结合实际分析日常用品的质量特性。
- 能运用质量管理原则评判质量管理实践。

素质目标

- 通过学习质量管理理论，树立"大质量"观，充分认识质量管理在我国各行各业的重要性，意识到把质量发展上升为国家战略的必要性和紧迫性，致力于提升我国质量管理水平，为实现质量强国建设做出更大贡献。

引 例

质量时代

习近平总书记在 2017 年中央经济工作会议上强调："要推进中国制造向中国创造转变，中国速度向中国质量转变，制造大国向制造强国转变。"质量高低决定着一个民族的形象和声誉。由国家质检总局（现为国家市场监督管理总局）监制出品的五集纪录片

《大国质量》，历时两年精心制作，采访了来自世界贸易组织、哈佛大学、耶鲁大学、麻省理工学院、中国科学院、中国工程院、北京大学、清华大学等机构的160余位不同领域的资深管理者与专家学者，讲述了大众、索尼、丰田、捷豹、宜家、华为、海尔、大疆、格力等众多品牌的质量故事，是我国首部反映质量的纪录片。

《大国质量》紧扣质量这一话题，以全球视野和历史思维，讲述世人追求质量的众多鲜活故事，剖析古今中外质量管理的一些生动案例，将一个真实的、全面的、立体的、内涵丰富的质量观呈现在公众面前。同时，纪录片围绕"质量强则国家强，质量兴则民族兴"这个主题，通过对质量发展的回顾、对质量问题的反思、对质量规律的探索、对质量前景的展望，以经济全球化和国家竞争为视点，聚焦国家转型升级的节点，强调质量作为国家战略的重要性，围绕国家的质量战略、质量意识和质量文化进行深刻的阐释，探讨提升我国质量的重要意义和实践途径。

扫描下方二维码进入中国纪录片网观看。

第一集	第二集	第三集	第四集	第五集
质量时代	强国之基	天下规则	信任丛林	风云再起

1994年，美国著名质量管理专家朱兰博士指出："20世纪是生产力的世纪，21世纪是质量的世纪，质量是和平占领市场最有效的武器。"21世纪，知识经济和经济全球化进程飞速发展，这种跨越国界的经济活动必将引起经济、社会、文化和价值观的一系列深刻的变革。21世纪，顾客与生产商和经销商力量对比的逆转成为当今经济环境的一个特征。主导权开始转到顾客的手中，顾客需求相同假设的现实基础已经不复存在，每位顾客都是具有特定的需要、爱好和性格的个性化主体。因此，人们对产品质量和质量管理方面的要求与期望正面临新的挑战，质量概念的内涵不断丰富和向外拓展，质量管理将被赋予新的历史使命。

第一节　质量及其特性

一、质量的定义

质量是当今社会人们工作和生活中常提及的一个名词。人们对质量的认识和理解是多种多样的，许多质量专家从解决质量问题的不同角度对质量下过定义，岗位角色的不同使得人们对质量的认知不同，质量的含义也随着质量专业的发展和成熟而不断演变。有些场合也使用"品质"来表达与质量相同的含义。站在不同的角度，就会有不同的说法，如站在顾客的角度，会认为质量好坏在于产品是否适用和令人满意；站在生产商和经销商的角度，会认为质量好坏在于产品是否符合既定标准。

国际标准化组织（ISO）在国际标准《质量管理体系 基础和术语》（ISO 9000：2015）中将质量定义为：客体的一组固有特性满足要求的程度。我们可以从以下几个方面来理解质量定义。

（一）客体

客体是指可感知或可想象到的任何事物，如产品、服务、过程、人员、组织、体系、资源；客体可能是物质的（如一台发动机、一张纸、一颗钻石），可能是非物质的（如转换率、一个项目计划），也可能是想象的（如组织未来的状态）。

（二）特性

特性是指可区分的特征，可以是固有的，也可以是赋予的。质量定义中的特性指的是固有特性。特性可以是定性的或定量的，也可以有各种类别的特性，如物理的（机械的、电的特性），感官的（嗅觉、触觉、味觉、视觉、听觉），行为的（礼貌、诚实、正直），时间的（准时性、可靠性、可用性、连续性等），人因工效的（生理的特性或有关人身安全的特性等），功能的（飞机的最高速度等）。

（三）要求

要求是指明示的、通常隐含的或必须履行的需求或期望。"通常隐含"是指组织和相关方的惯例或一般做法，所考虑的需求或期望是不言而喻的；规定要求是经明示的要求，可在形成文件的信息中阐明。

可以看出，质量的客体范围从最初的产品、服务扩展到活动或过程、组织、体系、人、资源以及上述各项的任何组合；要求或需求从最初的顾客扩展到股东、员工、供应商、银行、工会、合作伙伴或社会等利益相关方；"要求"从较单一的需要或期望扩展到组织者内外所有利益相关方的需要或期望。质量已经从相对狭义的"小质量"演变成"大质量"的概念了。

知识拓展：
国际标准化组织（ISO）
关于质量定义的演变

二、有关质量的认识

（一）质量等级

质量有等级之分，通常使用档次这一概念以避免分歧。不同的档次意味着不同的购买能力或消费层次，质量的比较只有针对同一档次才有意义。由此可以明确，酒店的星级并不等同于服务质量的卓越，小旅馆同样也可以提供非常优质的服务。

（二）朱兰关于质量概念的辨析

"提高质量会导致成本的增加还是降低？"这一命题常常会引起争论。朱兰认为，所争论的并非同一个问题，实际上关于质量有两种理解：一种理解是"质量"意味着能够满足顾客需要从而使顾客满意的那些产品特征，但提供更多或更好的质量特征常常要求增加投资，从而会导致成本的增加；另一种理解是"质量"意味着免于不良，即没有那些需要返工或会导致现场失效、顾客不满、顾客投诉等的差错，提高质量通常会导致成本降低。第一种质量是顾客满意的源泉，做好会增加企业的收益；第二种质量则是顾客不满的原因，做好会降低成本。对应于这两种理解，便有了两种性质不同的"质量改进"：第一是"提供更多或更好的质量特征"，第二则是"减少或消除不良"。

三、与质量相关的术语

为了避免混乱，保证在质量管理方面的有效沟通，人们把关键术语和定义标准化，这里仅对与质量相关的重要术语加以定义。

（一）顾客

顾客是指将会或实际接受为其提供的，或应其要求提供的产品或服务的个人或组织。顾客可以是组织外部的，如零售商、采购方以及最终使用者；顾客也可以是组织内部的，如组织内部产品或服务的接收者。

（二）过程

过程是指利用输入产生预期结果的相互关联或相互作用的一组活动。过程的预期结果称为输出，或者称为产品（服务）。在一定意义上可以将组织视为由诸多过程所构成的一个集合体，在这个集合体中，一个过程的输入通常是其他过程的输出。"过程"是理解现代质量管理的最重要的概念之一。

（三）产品

产品即过程的结果。从定义中可以看出，过程就是产出产品的活动。"产品"这一常用词汇在这里被赋予了更广泛的含义。传统意义上的产品是指厂商有意提供的实物形态的产品。而在质量管理中，任何活动或过程的结果均可被称为产品。产品可以是有形的，也可以是无形的，还可以是两者的组合。产品可以是预期的，也可以是非预期的。国际标准化组织把产品分成四个大类，即服务、软件、硬件和流程性材料。

1. 服务

服务是指为满足顾客的需要，在供方和顾客之间的界面上的活动以及供方内部活动所产生的结果。服务业部门所提供的产品大多属于这类产品，如餐馆、旅店的接待服务；机场、公路、电信和邮政部门所提供的交通与通信服务；银行、保险企业所提供的金融服务；供水、供电、能源供应等部门所提供的公用事业服务。服务产品并不局限于服务业部门，其他几类产品的提供同样也会伴随着服务的提供。

2. 软件

软件是指通过承载媒体表达的信息所组成的知识产品。软件可以表现为计算机程序、移动电话应用程序、操作手册、字典、音乐作品版权等形式。

3. 硬件

硬件是指具有特定形状的、可分离的有形产品，通常由制造的、建造的或装配的零件、部件和（或）组件组成。机械制造、建筑、施工、轻工等行业主要以生产硬件类产品为主，如汽车、机床、房屋和各种设施等。

4. 流程性材料

流程性材料是指通过将原材料转化成某一预定状态所形成的有形产品。流程性材料的状态可以是液体、气体、粒状、块状、线状或板状，通常以袋、桶、罐、瓶、盆、管道或卷筒的形式交付。制造电缆、织布、造纸、酿酒、轧钢和生产石油制品等均属于流程性材料的生产。

某一具体的产品可以由上述几类产品构成，其本身属于哪类产品取决于其主导成分。如汽车专卖店销售的车辆为硬件产品，其本身又包括流程性材料（燃油）、软件（发动机控制软件、驾驶手册）和服务（销售人员的说明）等。

（四）顾客满意

顾客满意是指顾客对其期望已被满足的程度的感受。产品交付之前，组织有可能不知道顾客的期望，顾客自己也许在考虑之中。为了实现较高的顾客满意，组织既要满足顾客那些明示或隐含的需要，也要满足顾客潜在的期望。

四、质量特性

（一）不同类别产品的质量特性

《质量管理体系 基础和术语》（ISO 9000:2015）对质量特性的定义是"与要求有关的，实体的固有特性"。质量概念的关键是"满足要求"。这些"要求"必须转化为有指标的特性，作为评价、检验和考核的依据。由于顾客的需求是多种多样的，因此反映质量的特性也应该是多种多样的。另外，不同类别的产品，其质量特性的具体表现形式也不尽相同。

1. 硬件产品的质量特性

（1）性能。性能通常是指产品符合标准，满足一定使用要求所具备的功能，包括使用性能和外观性能。内在质量特性如结构、物理性能、精度、化学成分等，外在质量特性如外观、颜色、光洁度等。

（2）寿命。寿命是指产品能够正常使用的年限，包括使用寿命和储存寿命两种。使用寿命是指产品在规定的使用条件下完成规定功能的工作总时间。一般地，不同的产品对使用寿命有不同的要求。储存寿命是指在规定储存条件下，产品从开始储存到规定的失效所经历的时间。

（3）可靠性。产品在规定的条件下，在规定的时间内完成规定的功能的能力称为可靠性。对机电产品、压力容器、飞机和那些一旦发生质量事故就会造成巨大损失或危及人身、社会安全的产品来说，可靠性是其主要的质量特性。

（4）安全性。安全性是指产品在制造、流通和使用过程中保证人身安全与环境免遭危害的程度。目前，世界各国对产品安全性都给予了最大的关注。

（5）经济性。经济性是指产品寿命周期发生的总费用，包括生产、销售过程中发生的费用和使用过程中发生的费用。经济性是保证组织在竞争中得以生存的关键特性之一，是顾客日益关心的一个质量指标。

2. 软件产品的质量特性

（1）功能性。功能性是指软件所实现的功能，即满足顾客要求的程度，包括顾客陈述的或隐含的需求程度。

（2）可靠性。可靠性反映软件在稳定状态下维持正常工作的能力。

（3）易用性。易用性反映软件与顾客之间的友善性，即顾客在使用软件时的方便程度。

（4）效率。效率是指在规定的条件下，软件实现某种功能所耗费物理资源的有效程度。

（5）可维护性。可维护性是指软件在环境改变或发生错误时进行修改的难易程度。易于维护的软件也是一种易理解、易测试和易修改的产品。

（6）可移植性。可移植性是指软件能够方便地移植到不同运行环境的程度。

3. 流程性材料的质量特性

（1）物理性能，如密度、黏度、粒度、电传导性能等。

（2）化学性能，如耐腐蚀性、抗氧化性、稳定性等。

（3）力学性能，如强度、硬度、韧性等。

（4）外观，如几何形状、色泽等。

4. 服务的质量特性

（1）无形性。无形性是指服务的抽象性和不可触知性，即服务作为无形的活动，不像实体产品那样展示在顾客的面前，而是看不见、摸不着的，不易在头脑中成形，对服务质量的评价往往凭自己消费后所获得的满意程度做出，主观随意性较大。

（2）不可储存性。服务是"一个行动，一次表演，一项努力"。它只存在于被产出的那个时点，"生产"一结束，服务作为产品也就不存在了，即一旦在限定的时间内丧失服务的机会，便一去不复返。

（3）同步性。服务的生产和消费过程在时间和空间上并存，具有不可分割性。顾客是参与其中的，必须在服务的过程中消费服务。因此，服务质量是顾客对服务过程和服务结果的总评价。

（4）异质性，即可变性或波动性。即使是同一种类型服务也会因服务人员、顾客及环境的不同而不同，难以始终如一地提供稳定、标准化的服务。由于不稳定的服务会给顾客带来不公平的感觉，因此提高服务的稳定性是服务组织提高质量的重点和难点。

（二）狩野纪昭的质量特性分类

日本质量管理专家狩野纪昭根据不同类型的质量特性与顾客满意之间的关系对质量特性进行了分类，即必备特性、期望特性和魅力特性。

1. 必备特性

必备特性，又称理所当然特性、必须特性，是指产品和服务应当具备的质量。对这类质量特性，顾客通常不做表述，因为顾客认为这是产品和服务所必须提供的，如电视机的图像清晰、汽车油箱不漏油等。如果顾客认为这类质量特性的重要程度很高，企业在这类质量特性上的业绩也很好，仍然不会显著增加顾客的满意程度；相反，即使这类质量特性的重要程度不高，如果企业在这类质量特性上的业绩不好，就会导致顾客的严重不满。

2. 期望特性

期望特性，又称一元特性、线性特性，是指顾客对产品有具体要求的质量特性，如低油耗、服务快捷、低费用、高可靠性等。这类质量特性的重要程度与顾客的满意程度同步增长。顾客对产品或服务的这种质量特性的期望，以及企业在这种质量特性上的业绩都容易测量。因此，对这种质量特性的期望和满意程度的测评是竞争性分析的基础。

3. 魅力特性

魅力特性是指产品或服务所具备的、超越了顾客期望的质量特性。这类质量特性（即使重要程度不高）能激起顾客的购买欲望，并使顾客十分满意。例如：电冰箱在其门上有计算机显示或有声音提示冷藏的食品保鲜期。假如没有这一功能也是无关紧要的，顾客觉得无所谓，但有这个功能，顾客就很欣喜，十分满意。这就是魅力质量。它是产品具有竞争力的质量保证。需要指出的是，当魅力质量失去其固有的特性时，将开始变为一元质量，最后变为基本质量，即理所当然质量。

上述质量特性的分类源自狩野纪昭于 1984 年提出的 Kano 模型（Kano Model），该模型又被称为狩野模型。Kano 模型将顾客需求划分为基本型需求、期望型需求和兴奋型需求三个层次，如图 1-1 所示。

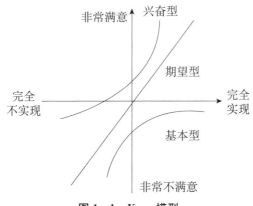

图 1-1 Kano 模型

图 1-1 中，横坐标代表顾客需求实现度，纵坐标代表顾客满意度，3 条曲线从上到下分别表示兴奋型需求、期望型需求和基本型需求的满足与顾客满意度之间的关系。其中，顾客满意度表示通过提供并充分满足顾客某一需求后，满意度增加了多少；而顾客不满意度表示未提供某项需求，满意度降低了多少。图中的兴奋型需求、期望型需求和基本型需求依次对应产品或服务的魅力特性、期望特性和必备特性。

五、"大质量"与"小质量"

20 世纪 80 年代以后，人们对于质量的认识更加深入和全面。国际标准化组织在不同时期对质量的定义反映出从"小质量"向"大质量"的演变过程。表 1-1 比较了"大质量"观和"小质量"观在认识和做法上的差异。在表 1-1 中，"大质量"观已经把质量看成保持组织持续竞争能力的战略性问题，要以顾客为中心，要考虑全公司的绩效，强调所有部门、所有员工的参与等。

表 1-1 "大质量"观与"小质量"观的对比

项目	"小质量"观	"大质量"观
产品	制造的有形产品	所有类型的产品
过程	直接与产品的制造相关的过程	包括制造、支持和业务在内的所有过程
产业	制造业	包括制造、服务和政府机构在内的所有产业，无论是否是营利性的
质量被视为	技术问题	经营问题
顾客	购买产品的顾客	包括所有受影响的人，不论内外
如何认识质量	以职能部门为基础	基于具有普遍意义的"三部曲"
质量目标体现在	工厂目标之中	公司的经营计划当中
不良质量的成本	与不良的加工产品有关的成本	若每件事情都能够做到完美的话，将会消失的那些成本
质量的评价主要基于	与工厂规格、程序和标准的符合性	与顾客需要的对应
改进针对	部门绩效	公司绩效
质量管理培训	集中在质量部门	针对全公司范围
协调者	质量经理	高层管理者构成的质量委员会

第二节　质量的形成过程

一、朱兰质量螺旋曲线

产品质量有一个产生、形成和实现的过程。朱兰于 20 世纪 60 年代用一条螺旋曲线来表示质量的形成过程，称为朱兰质量螺旋曲线（见图 1-2）。朱兰质量螺旋曲线阐述了 5 个重要的理念：（1）产品质量的形成由市场研究、开发（研制）、设计、制定产品规格、制定工艺、采购、仪器仪表及设备装置、生产、工序控制、检验、测试、销售、服务 13 个环节组成；（2）产品质量形成的 13 个环节一环扣一环，周而复始，但不是简单的重复，而是不断上升、不断提高的过程；（3）产品质量形成是全过程的，对质量要进行全过程的管理；（4）产品质量形成的全过程受供方、销售商和顾客的影响，即涉及组织之外的因素，因此质量管理是一个社会系统工程；（5）所有的活动都由人来完成，质量管理应该以人为主体。

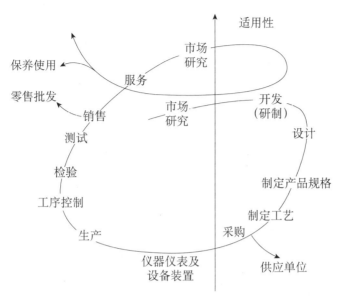

图 1 - 2　朱兰质量螺旋曲线

二、质量环

质量形成过程的另一种表达方式是"质量环",《质量体系 设计/开发、生产、安装和服务的质量保证模式》(ISO 9001:1994) 就采用了这种表达方法。瑞典质量专家桑德霍姆首先提出了质量环的概念。质量环是指从识别需要到评定这些需要是否得到满足的各个阶段中,影响质量的相互作用活动的概念模式。硬件产品的质量环包括 12 个环节(见图 1 - 3),即营销和市场调研、产品设计和开发、过程策划和开发、采购、生产和服务提供、验证、包装和储存、销售和分发、安装和投入运行、技术支持和服务、售后、使用寿命结束时的处置或再生利用。其中,使用寿命结束时的处置或再生利用阶段主要是指那些如果任意废弃后会对公民健康和安全有不利作用的产品(如核废料、化学制品等),用后一定要妥善处理。应注意的是,这种质量循环不是简单的重复循环,它与朱兰质量螺旋曲线有相同的意义。

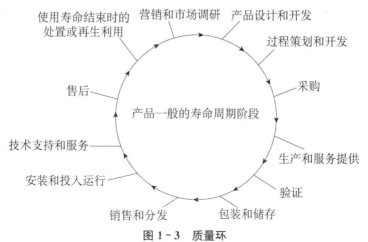

图 1 - 3　质量环

质量螺旋曲线与质量环都是基于产品质量形成全过程描述质量规律的方法，均被引用到 ISO 9000 族标准中。它们的基本原理是：产品质量形成中各个环节构成了产品质量的全过程，这些环节环环相扣、相互制约、彼此依存、互相促进、循环往复；每循环一次，就意味着产品质量上了一个新台阶，经持续循环，产品质量也就不断提高。

三、产品质量形成中的质量职能

产品质量形成过程中，企业各部门应该承担的职责被称为质量职责。质量职责是指企业为使产品过程或服务满足规定的要求或满足顾客需要而进行的全部活动的总称。质量职能主要是指企业内各部门在实现产品质量过程中应发挥的作用和应承担的职责。

（一）质量职能的概念

质量职能有些直接与产品质量有关，称为直接质量职能；有些间接与产品质量有关，称为间接质量职能。这里所研究的质量职能一般包括市场调研、产品开发及设计、生产技术准备、采购与控制、销售与服务等一系列活动。在这些活动中，各有关部门都应规定活动内容与要求、职责范围等，概括起来有以下几点：

（1）本部门应承担的任务、责任和应有的权限。

（2）本部门在保证产品质量活动中制定的工作程序和各类标准。

（3）本部门在质量管理活动中的管理方法和管理手段。

（4）本部门的工作质量考核办法等。

（二）质量职能的影响因素

在企业内部，对产品质量有直接影响的质量职能主要有市场调查研究、产品开发与设计、外协采购、生产制造、检验、售后服务等。

1. 市场调查研究的质量职能

市场调查研究的质量职能一般由企业的经营部门承担。其主要职责如下：

（1）调查研究顾客对产品品种与质量的要求。

（2）了解竞争形势，摸清竞争对手产品在质量、成本、价格及竞争能力等方面与本企业产品的具体差异，尤其是顾客对此的看法。

（3）收集政府、行业的技术经济政策、法令和规定尤其是质量方面的政策、法令、规定。

2. 产品开发与设计的质量职能

产品开发是产品设计工作的重要前提。产品设计的质量职能是及早发现产品质量问题，给出"报警信号"，以保证产品质量，并且不断地探索产品的新功能。

3. 外协采购的质量职能

外协采购的质量职能是保证采购的原材料、半成品等符合质量要求，为最终产品提供质量保证。

4. 生产制造的质量职能

生产制造的质量职能就是保证制造出来的产品符合设计质量要求，其主要表现为加强工艺管理，组织好质量检验工作，掌握质量动态，加强不合格品的统计与分析，实行工序质量控制等。

5. 检验的质量职能

概括地说，检验的质量职能就是严格把关，反馈信息，预防、监督和保证产品质量，促进产品质量的提高。其具体体现为三种职能：预防职能、保证职能和报告职能。

6. 售后服务的质量职能

售后服务的质量职能一般包括保证现场使用质量、反馈市场质量信息、及时向用户介绍产品、提供产品配件、指导或为用户安装及维修。

实例链接

H公司与质量管理职能的部门分配实践

H公司位于江西省丰城市高新技术产业园区，是目前国内生产规模最大、产品品种最全、行业覆盖面最广并具备较强自主创新能力的工业制动器专业生产商和工业制动系统解决方案提供商之一。公司创建于 1992 年 10 月，2010 年 7 月 28 日在深交所上市，为当地第一家上市公司及国内制动器行业目前唯一的上市公司。公司致力于为港口装卸机械、起重运输机械、冶金设备、矿山设备、各种电力设备、船舶甲板机械、海上重工装备、风电、轨道交通等行业领域提供专业的制动与安全控制方案和生产各种制动器及控制单元产品。

H公司建立了以设计、制造、检验三权分立为基础的管理组织架构。其市场、研发、采购、生产、品质、人力资源和售后服务分别由不同的公司高管分管，各部门都配置有独立的部门经理，公司品质保障部是质量管理的归口部门。

各部门职责如下：

● 工程技术中心：主要负责公司产品的设计、开发、技术支持及技术资料的管理。

● 采购管理部：负责选择供应商评价、合理地组织采购，并及时供应生产所需的物资。

● 制造中心：负责组织、审核制定公司各项生产、采购计划与实施，完成公司下达的生产指标。领导计划部、采购部、仓库、调度、工时工艺及各车间建立良好的沟通渠道；负责建设高效的生产管理团队；管理直接所属部门的工作。

● 品质保障部：制定质量工作标准、产品质量检验标准，确定检验与监督管理方式，组织质量管理培训，逐步推进企业生产经营活动全过程的质量控制工作，对所承担的工作负责。

H公司品质保障部是公司独立的质量管理部门，全面负责公司质量管理工作，由公司副总经理专职分管品质管理工作，同时担任公司管理者代表。H公司目前共有40名员工负责公司质量管理体系的推进与维护，计量体系认证及计量器具管理，产品来料、制造过程、成品出厂检验，理化试验及各种质量认证等工作。品质保障部下设6个科室：质检一室、质检二室、质检三室、理化检测室、计量室和办公室，其部门组织架构图如图1-4所示。

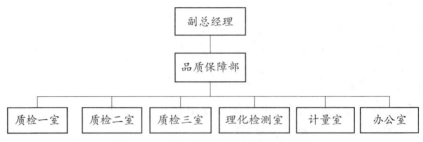

图1-4 H公司品质保障部组织架构图

各科室具体职责如下：

● 质检一室：负责公司机械加工生产过程的检验，所有委外加工零部件和部分外购原材料的进厂验收检验。

● 质检二室：负责公司所有产品出厂检验、外购件进厂检验，以及涂装、推动器、摩擦材料的生产过程检验。

● 质检三室：负责公司轨道交通产品外协外购件进厂检验、生产过程检验、整机产品出厂检验等。

● 理化检测室：负责钢材、型材等外购原材料的进厂检验、热处理等过程检验，理化实验室（金相、盐雾试验、冲击试验和机械性能试验等）等管理。

● 计量室：负责公司所有计量器具的综合管理工作、量具量仪检定维修、委外检定等。

● 办公室：负责公司质量全面管理工作，具体负责公司质量体系运行维护、各项认证、质量统计、质量资料收集保管等。

第三节　质量管理与质量管理原则

一、质量管理

在《质量管理体系 基础和术语》（ISO 9000:2015）中，质量管理被定义为：关于质量的管理，包括制定质量方针和质量目标，以及通过质量策划、质量保证、质量控制和质量改进实现质量目标的过程。

质量管理大师朱兰认为，在质量管理活动中应用着三个管理过程，即质量计划、质量控制和质量改进，称为"质量管理三部曲"。质量计划是指旨在明确组织的质量方针和质量目标，并对实现这些目标所必需的各种行动进行规划和部署的过程。质量控制也就是实现质量目标、落实质量措施的过程，广泛应用统计方法来解决质量问题是质量控制的主要特征之一。质量改进是指实现前所未有的质量水平的过程。

在朱兰的"质量管理三部曲"中，质量计划明确了质量管理所要达到的目标以及实现这些目标的途径，是质量管理的前提和基础；质量控制确保组织的活动按照计划的方式进行，是实现质量目标的保障；质量改进则意味着质量水准的飞跃，标志着质量活动是以一种螺旋式上升的方式在不断攀登和提高的。朱兰的"质量管理三部曲"的具体内容如表 1-2 所示。

表 1-2　朱兰的"质量管理三部曲"

质量计划	质量控制	质量改进
<ul><li>设定质量目标</li><li>辨识顾客是谁</li><li>确定顾客的需要</li><li>开发应对顾客需要的产品特征</li><li>开发能够生产这种产品特征的过程</li><li>建立过程控制措施，将计划转入实施阶段</li></ul>	<ul><li>评价实际绩效</li><li>将实际绩效与质量目标对比</li><li>对差异采取措施</li></ul>	<ul><li>提出改进的必要性</li><li>做好改进的基础工作</li><li>确定改进项目</li><li>建立项目小组</li><li>为小组提供资源、培训和激励，以便诊断原因和设想纠正措施</li><li>采取控制措施以巩固成果</li></ul>

二、质量管理相关术语

《质量管理体系 基础和术语》（ISO 9000:2015）给出了质量管理相关的术语，本书摘录几个重要的术语如下。

（一）质量方针

质量方针是关于质量的方针，方针则是由（组织的）最高管理者正式发布的组织的宗旨和方向。通常，质量方针与组织的总方针相一致，可以与组织的愿景和使命相一致，并为制定质量目标提供框架。

（二）质量目标

质量目标是关于质量的目标，目标是要实现的结果。通常质量目标依据组织的质量方针制定，并在组织的相关职能、层级和过程分别制定质量目标。

（三）质量策划

质量策划是质量管理的一部分，致力于制定质量目标并规定必要的运行过程和相关资源以实现质量目标。

（四）质量控制

质量控制是质量管理的一部分，致力于满足质量要求。

（五）质量改进

质量改进是质量管理的一部分，致力于增强满足质量要求的能力。

（六）质量保证

质量保证是质量管理的一部分，致力于提供质量要求会得到满足的信任。

（七）质量计划

质量计划是对特定的客体规定由谁及何时应用程序和相关资源的规范。这些程序通常包括所涉及的那些质量管理过程以及产品和服务的实现过程。通常，质量计划引用质量手册的部分内容或程序文件。质量计划通常是质量策划的结果之一。

三、质量管理原则

在对世界各国先进企业质量管理经验进行总结的基础上，国际标准化组织在2000年颁布的《质量管理体系 基础和术语》（ISO 9000:2000）中提出了质量管理的八项原则，构成了现代质量管理的各种模式的精神实质，成为组织在实施质量管理中共同遵守的原则。这八项质量管理原则分别为：以顾客为关注焦点、领导作用、全员参与、过程方法、管理的系统方法、持续改进、基于事实的决策方法、与供方互利的关系。

2015年，国际标准化组织颁布的《质量管理体系 基础和术语》（ISO 9000:2015）中将质量管理原则进一步总结提炼为七项原则：以顾客为关注焦点、领导作用、全员积极参与、过程方法、改进、循证决策和关系管理。

从八项原则到七项原则的主要变化为：（1）全员积极参与更强调员工的主动参与和对组织的贡献；（2）将过程方法与管理的系统方法合并为过程方法，意味着过程方法本身就隐含着系统方法的运用；（3）将持续改进变为改进，强调不但要有渐进式改进，还包括突破式改进；（4）与供方互利的关系变为关系管理，强调了与组织所有利益相关方的关系。质量管理原则的变化反映了质量管理实践的发展和深化。

表1-3汇总了质量管理原则的理论依据、主要益处和可开展的活动。

表1-3 质量管理原则的理论依据、主要益处和可开展的活动

原则	概述	理论依据	主要益处	可开展的活动
以顾客为关注焦点	质量管理的主要关注点是满足顾客要求并且努力超越顾客期望	• 组织只有赢得和保持顾客和其他相关方的信任才能获得持续成功 • 与顾客互动的每个方面都提供了为顾客创造更多价值的机会 • 理解顾客和其他相关方当前和未来的需求有助于组织的持续成功	• 增强顾客满意 • 增进顾客忠诚 • 增加重复性业务 • 提高组织声誉 • 扩展顾客群 • 增加收入和市场份额	• 辨识从组织获得价值的直接和间接的顾客 • 理解顾客当前和未来的需求和期望 • 将组织的目标与顾客的需求和期望联系起来 • 在整个组织内沟通顾客的需求和期望 • 对产品和服务进行策划、设计、开发、生产、交付和支持，以满足顾客的需求和期望 • 测量和监视顾客满意并采取适当的措施 • 针对有可能影响顾客满意的相关方的需求和适当的期望，确定并采取措施 • 积极管理与顾客的关系，以实现持续成功

续表

原则	概述	理论依据	主要益处	可开展的活动
领导作用	各级领导建立统一的宗旨和方向，并且创造全员积极参与的环境，以实现组织的质量目标	• 统一的宗旨和方向的建立以及全员的积极参与，能够使组织将战略、方针、过程和资源保持一致，以实现其目标	• 提高实现组织质量目标的有效性和效率 • 组织的过程更加协调 • 改善组织各层级和职能间的沟通 • 开发和提高组织及其人员的能力，以获得期望的结果	• 在整个组织内，就其使命、愿景、战略方针和过程进行沟通 • 在组织的所有层级创建并保持共同的价值观、公平以及道德的行为模式 • 创建诚信和正直的文化并鼓励全组织对质量的承诺 • 确保各级领导者成为组织人员中的楷模 • 为人员提供履行职责所需的资源、培训和权限，激发、鼓励和认可人员的贡献
全员积极参与	在整个组织内，各级人员的胜任、被授权和积极参与是提高组织创造和提供价值能力的必要条件	• 为了有效和高效地管理组织，尊重并使各级人员参与是非常重要的 • 认可、授权和能力提升会促进人员积极参与实现组织的质量目标	• 增进组织内人员对质量目标的理解并提高实现目标的积极性 • 提高人员改进活动的参与度 • 促进个人发展、主动性和创造力 • 提高人员的满意度 • 增强整个组织内的相互信任和协作 • 促进整个组织对共同价值观和文化的关注	• 与员工沟通，以提升他们对个人贡献的重要性的理解 • 促进公开讨论，分享知识和经验 • 授权人员确定绩效制约因素并大胆地采取积极主动措施 • 认可和奖赏员工的贡献、学识和进步 • 能够对照个人目标进行绩效的自我评价 • 进行调查以评估人员的满意度，沟通结果并采取适当的措施
过程方法	只有将活动作为相互关联贯通的过程组成的体系来理解和管理时，才能更加有效和高效地得到一致的、可预知的结果	• 质量管理体系是由相互关联的过程所组成的 • 理解体系是如何产生结果的，能够使组织优化其体系和绩效	• 提高关注关键过程和改进机会的能力 • 通过协调一致的过程体系，得到一致的、可预知的结果 • 通过过程的有效管理、资源的高效利用及跨职能壁垒的减少，获得最佳绩效	• 规定体系的目标和实现这些目标所需的过程 • 确定管理过程的职责、权限和义务 • 了解组织的能力，并在行动前确定资源约束条件 • 确定过程相互依赖的关系，并分析每个过程的变更对整个体系的影响 • 将过程及其相互关系作为体系进行管理，以有效和高效地实现组织的质量目标 • 确保获得运行和改进过程以及监视、分析和评价整个体系绩效所需的信息 • 管理能影响过程输出和质量管理体系整个结果的风险

续表

原则	概述	理论依据	主要益处	可开展的活动
改进	成功的组织持续关注改进	• 改进对于组织保持当前的绩效水平，对其内、外部条件的变化做出反应并创造新的机会都是极其重要的	• 改进过程绩效、组织能力和顾客满意 • 增强对调查和确定根本原因及后续的预防和纠正措施的关注 • 提高对内外部风险和机遇的预测和反应的能力 • 增加对渐进性和突破性改进的考虑 • 加强利用学习实现改进 • 增强创新的驱动力 • 将改进考虑因素融入新的或变更的产品、服务和过程开发之中，认可和奖赏改进	• 促进在组织的所有层级建立改进目标 • 对各层级员工在如何应用基本工具和方法方面进行培训，以实现改进目标 • 确保员工有能力成功地筹划和完成改进目标 • 开发和展开过程，以在整个组织内实施改进项目 • 跟踪、评审和审核改进项目的计划、实施、完成和结果
循证决策	基于数据和信息的分析和评价的决定，更有可能产生期望的结果	• 决策是一个复杂的过程，并且总是包含一些不确定性 • 它经常涉及多种类型和来源的输入及其解释，而这些解释可能是主观的，重要的是理解因果关系和可能的非预期后果 • 对事实、证据和数据的分析可导致决策更加客观和可信	• 改进决策过程 • 改进对过程绩效和实现目标的能力的评估 • 改进运行的有效性和效率 • 提高评审、挑战以及改变意见和决定的能力 • 提高证实以往决定有效性的能力	• 确定、测量和监视证实组织绩效的关键指标 • 使相关人员获得所需的所有数据 • 确保数据和信息足够准确、可靠和安全 • 使用适宜的方法分析和评价数据和信息 • 确保人员有能力分析所需的数据依据证据，权衡经验和直觉进行决策并采取措施

续表

原则	概述	理论依据	主要益处	可开展的活动
关系管理	为了持续成功，组织管理其与相关方的关系	• 相关方影响组织的绩效 • 当组织管理其与所有相关方的关系以使相关方对组织的绩效影响最佳时，才更有可能实现持续成功 • 对供方及合作伙伴的关系网的管理是尤为重要的	• 通过对每个与相关方有关的机会和制约因素的响应，提高组织及其相关方的绩效 • 相关方对目标和价值观有共同的理解 • 通过共享资源和能力以及管理与质量有关的风险，提高为相关方创造价值的能力 • 具有管理良好、可稳定提供产品和服务流的供应链	• 确定相关方（如供方、合作伙伴、顾客、投资者、雇员或整个社会）及其与组织的关系 • 确定并管理需要优先考虑的相关方的关系 • 建立权衡短期利益和长远因素的关系 • 收集并与相关方共享信息、专业知识和资源 • 适当时，测量绩效并向相关方提供绩效反馈，以增强改进的主动性 • 与供方、合作伙伴及其他相关方确定合作开发和改进活动，鼓励和认可供方与合作伙伴的改进

　　上述质量管理原则之间存在内在的逻辑关系。要实现向全面质量管理的组织转变，首先要解决立场问题，即以顾客为关注焦点（原则 1）。明确立场后，管理当局要确立组织使命、核心价值观和愿景（原则 2），并带领全体成员（原则 3）去实现这种转变。共同努力是通过建立和实施质量体系实现的，建立并维持运转正常的体系需要正确方法论的指导（原则 4）。激烈的竞争和时间的延续会导致顾客需求和期望的改变，因此需要体系的改进（原则 5）以满足顾客变化的需求和期望。循证决策（原则 6）是持续改进的有力武器。最后，改进局限于组织内部取得的成果是非常有限的，组织必须与所有利益相关方进行紧密合作才可能取得成功（原则 7）。

第四节　质量管理的产生与发展

　　人类社会的质量活动源远流长，现代意义上的质量管理活动是从 20 世纪初开始的。根据解决质量问题的手段和方式的不同，现代质量管理活动分为三个阶段：第二次世界大战以前可以看作第一阶段，通常称为质量检验阶段；第二阶段从第二次世界大战开始到 20 世纪 50 年代，称为统计质量控制阶段；第三阶段从 20 世纪 60 年代开始，称为全面质量管理阶段。

一、质量检验阶段

这一阶段主要是通过检验的方式来控制和保证产出或转入下道工序的产品的质量。质量手工业时代的产品大多是以作坊式的方式生产出来的，产品的质量主要取决于工匠的个人经验和技能。18世纪末工业革命后到20世纪初期，伴随着机器和机器体系的广泛采用，工厂制度开始逐步确立，企业主要依靠经验来进行生产和管理。质量控制主要依靠手工操作者的手艺和经验来进行把关。进入20世纪以后，随着企业规模的进一步扩大和分工与专业化程度日益提高，企业中设立了大量检验人员的职位，专职负责产品检验。这种做法只是从成品中挑出废品、次品，实质上是一种"事后把关"。

二、统计质量控制阶段

质量检验不是一种积极的质量管理方式，因为它是"事后把关"型的质量管理，无法防止废品的产生。如何才能预防废品的产生，实现从被动的"事后把关"向积极的"事前预防"转变呢？数理统计方法为实现这一转变提供了可能。在这方面，美国贝尔实验室的统计学家休哈特提出的工序质量控制图以及他的同事道奇和罗米格在抽样检验方面的探索最有影响。

在统计质量控制阶段，质量管理的重点主要在于确保产品质量符合规范和标准。人们通过对工序进行分析，及时发现生产过程中的异常情况，确定产生缺陷的原因，迅速采取对策来加以消除，使工序保持在稳定状态。这一阶段的主要特点是：从质量管理的指导思想上看，由以前的"事后把关"转变为积极的"事前预防"；从质量管理的方法上看，这一阶段广泛深入地应用了统计的思考方法和统计的检验方法。

三、全面质量管理阶段

第二次世界大战以后，人类在科技上取得了许多划时代的重大突破，生产力获得了前所未有的大发展。战后物资生产的大发展使得人们对产品质量的要求越来越高，世界市场的竞争达到了空前激烈的程度，消费者权益运动呈现日益高涨的局面，员工的能动性和参与对于企业的成功成为不可或缺的因素。人们开始普遍认识到，依靠制造领域中的统计质量控制已经远远不能满足顾客对于质量的要求，也远远不足以应付日益严峻的挑战。1956年，美国通用电气公司的费根堡姆发表了题为"Total Quality Control"的论文，首先提出了"全面质量控制"（TQC）的概念。费根堡姆主张解决质量问题不能局限于制造过程，因为制造过程中出现的质量问题不过是所有质量问题的20%左右而已，80%的质量问题是在制造过程以外产生的。解决问题的手段局限于统计方法也是不够的，而必须是多种多样的。1961年，费根堡姆在其《全面质量管理》一书中指出：全面质量管理是为了能够在最经济的水平上，并考虑到充分满足顾客要求的条件下进行市场研究、设计、生产和服务，把企业内各部门的研制质量、维持质量和提高质量的活动构成一种有效的体系。费根堡姆的全面质量管理观点在世界范围内被广泛接受。

　　全面质量管理最优秀的实践者非日本企业莫属，日本质量管理专家石川馨博士将其概括为：全面质量管理的特点在于整个公司从高层管理人员到全体职工都参加质量管理。不仅研究、设计和制造部门参加质量管理，而且销售、材料供应部门和诸如计划、会计、人事等管理部门以及行政办事机构也参加质量管理。

知识拓展：
质量管理的代表
人物及其主要思想

　　20 世纪 80 年代以后，经过长期而广泛的实践、积累、总结和升华，全面质量管理成为全球企业界的共同实践，全面质量管理逐渐由早期的 TQC（Total Quality Control）演变为 TQM（Total Quality Management）。从一定意义上来讲，全面质量管理已经演变成一套以质量为中心的、综合的、全面的管理模式。

▌本章小结

　　通过本章的学习，我们掌握了质量与质量管理的相关知识。本章主要包括以下内容：不同类别产品的质量特性的具体表现形式不尽相同；质量的形成过程有两种表达方式，即朱兰质量螺旋曲线与质量环；质量管理包括制定质量方针和质量目标，以及通过质量策划、质量保证、质量控制和质量改进实现质量目标的过程；七项质量管理原则为以顾客为关注焦点、领导作用、全员积极参与、过程方法、改进、循证决策和关系管理；现代意义上的质量管理活动分为三个阶段，即质量检验阶段、统计质量控制阶段和全面质量管理阶段。

▌本章练习

第一章练习

第二章
全面质量管理

◎ 学习目标

知识目标

- 掌握全面质量管理的含义与特点。
- 了解全面质量管理的指导思想。
- 理解全面质量管理基础工作的主要内容。
- 掌握 QC 小组的概念与活动程序。
- 掌握卓越绩效模式的概念和框架内容。
- 了解卓越绩效模式的评价方法。

能力目标

- 能对质量管理人员发展进行初步策划，并能开展评价工作。
- 能协助完成组织的标准化、计量、检验与认证工作。
- 能协助完成 QC 小组的管理工作。

素质目标

- 通过学习全面质量管理理论，培养从质量管理的人员发展、责任制、标准化、计量、检验、认证与信息管理等多方面认识全面质量管理的全局观，树立细节决定成败、追求卓越绩效的意识。

◎ 引 例

"细节控"的完美主义

2020 年上半年，受到疫情影响，格力电器的很多会议、采访都是在线上进行的。有一次视频连线还未正式开始，工作人员已经准备好了摄像机、平板、打光灯、收音器等设备。董明珠结束会议来到录制现场，绕着设备环视一周后在桌旁坐下，拿笔在议程大纲上圈画了几笔，然后抬起头说道："如果把平板往后挪3厘米，这个屏幕上的画面依然可以调到正中央，但是给屏幕前的人留的距离就更加开阔自在，无论是做拍摄还是做产品，都要充分考虑使用者、客户的体验。"仅仅几厘米的距离也要认真计较？是的，这就是董明珠的一贯风格。董明珠时常前往工厂一线指导工作，这不仅体现了她对待工作严谨细致的态度，也从某种程度上反映出格力电器在产品研发生产全流程中对高标准、高品质的追求。

2012年，格力电器成功研制出一款全新产品——格力"全能王"空调，这款空调在当时不仅实现了−30℃极限工况下强劲制热、54℃高温环境中快速制冷，还将冬季制热效率提升了40%以上，夏季制冷量提升了35%以上，有效解决了空调低温制热和高温制冷效果差的难题。无论从市场需求还是从行业发展维度来看，这都是一次出色且关键的突破。

当时的项目负责人喜形于色，并将样机呈送公司领导审验。谁知，董明珠看了一眼就对"全能王"提出了批评。原来，这款空调出风口的导风板闭合后，与机体之间有一条1毫米的缝隙，董明珠认为这条缝隙影响了空调的美观，达不到"完美"的产品标准。事实上，"全能王"这1毫米的缝隙已经比之前的5毫米整整降低了80%，而且在行业内已遥遥领先，但董明珠对这1毫米的缝隙依旧不满意，并强调这是产品改进的重点。

这个近乎苛刻的要求和近乎完美的标准让研发小组成员备感压力：从10毫米到1毫米的改进或许只是稍有难度，但从1毫米再往下降的突破难度却是成倍增加。研发小组推翻原有导风板工艺，密切跟进每个细节。在经历反复试验和改进之后，最终导风板闭合距离实现了完美均匀的0.3毫米。

董明珠告诫研发小组不要因为取得突破而得意自满，她向研发人员提出三点要求：技术研发的思路一定要清晰；产品开发的概念一定要新颖；产品的设计一定要坚持原创、完美、独一无二。这三点要求把技术、质量、设计、工艺全面囊括了起来，既为格力电器产品研发明确了方向，又进一步严控了产品标准。

全面质量管理起源于美国，20世纪60年代初先后在美国、日本等国推广。20世纪60年代以来，全面质量管理在日本得到成功和发展，引起了世界各国的关注。我国自1978年推行全面质量管理以来，在理论和实践方面都得到了发展，取得了可喜的成绩。实践证明，全面质量管理的基本理论、思想和方法是科学的、有效的。本章从全面质量管理的含义、特点、指导思想与基础工作，QC小组的概念与活动程序，卓越绩效模式的概念、框架内容与评价方法等方面进行介绍。

第一节　全面质量管理概述

一、全面质量管理的含义

国际标准化组织颁布的《质量管理和质量保证——词汇》（ISO 8402：1994）将全面

质量管理定义为"一个组织以质量为中心，以全员参与为基础，目的在于通过让顾客满意和本组织所有成员及社会受益而达到长期成功的管理途径"。

全面质量管理是对全面质量的管理，其理论和方法适用于各种客体。全面质量管理是当今先进质量管理理念和方法的集合，它源于世界各国质量管理专家的研究和成功组织的管理实践，反映了质量管理的客观规律。不论是 ISO 9000 族标准，还是卓越绩效模式，或者是其他先进质量管理方法，都可以看成是对全面质量管理的总结和发展，也可以看成是企业开展全面质量管理活动的工作重点和实施细则。几十年来，全面质量管理理念和方法帮助众多企业实现了质量提升，也助力了很多国家的经济腾飞。

二、全面质量管理的特点

改革开放以后，全面质量管理在我国得到了广泛深入的推行。结合我国企业全面质量管理的实践，我国质量管理专家将全面质量管理的特点概括为"三全一多样"，即全员、全过程、全组织，采用多样性的质量管理方法。后来，根据质量管理的发展，"三全一多样"演变为"全员、全过程、全方位和多方法"。

（一）全员的质量管理

产品和服务质量是组织各方面、各部门、各环节工作质量的综合反映。组织中任何一个环节、任何一个人的工作质量都会不同程度地直接或间接地影响产品质量或服务质量。因此，产品质量人人有责，只有人人做好本职工作，全体参加质量管理，才能生产出让顾客满意的产品。为了激发全体员工参与的积极性，管理者要做好以下三个方面的工作：首先，必须抓好全员的质量教育和培训。其次，把质量责任纳入相应的过程、部门和岗位中，形成一个高效、严密的质量管理工作系统。最后，在全员参与的活动过程中，鼓励团队合作和多种形式的群众性质量管理活动，充分发挥广大职工的聪明才智和当家做主的进取精神。群众性质量管理活动的重要形式之一是质量管理小组。除质量管理小组外，还有很多群众性质量管理活动，如合理化建议、质量相关的劳动竞赛等。

（二）全过程的质量管理

朱兰认为："对质量形成的诸过程进行管理就是质量管理。"产品质量形成的过程包括市场研究、开发（研制）、设计、采购、生产、工序控制、检验、销售、服务等环节，每个环节都对产品质量产生或大或小的影响。上述过程是一个不断循环螺旋式提高的过程，产品质量在循环中不断提高。因此，要控制产品质量，需要控制影响质量的所有环节和因素。全过程的质量管理包括从市场研究、产品的设计开发、生产（作业），到销售、服务等全部有关过程。换句话说，要保证产品或服务的质量，不仅要搞好生产或作业过程的质量管理，还要搞好设计过程和使用过程的质量管理，要把质量形成全过程的各个环节或有关因素控制起来，形成一个综合性的质量管理体系。

（三）全方位的质量管理

全方位的质量管理可以从纵、横两个方面来理解。从纵向的组织管理角度来看，质量目标的实现有赖于企业的高层、中层、基层管理乃至一线员工的通力协作，其中高层管理能否全力以赴起着决定性的作用。从组织职能间的横向配合来看，要保证和提高产品质量必须使企业研制维持和改进质量的所有活动构成一个有效的整体。全方位的质量管理可以从两个角度来理解。

1. 组织管理的角度

每个组织都可以划分成高层管理、中层管理和基层管理。"全方位的质量管理"就是要求企业各管理层都有明确的质量管理活动内容。当然，各层活动的侧重点不同：高层管理侧重于质量决策，制定组织的质量方针、质量目标、质量战略和质量计划，并协调组织各部门、各环节、各类人员的质量管理活动，保证实现组织经营管理的最终目的。中层管理则要贯彻落实领导层的质量决策，用一定的方法找到各部门的关键、薄弱环节或亟待解决的重要事项，确定本部门的目标和对策；更好地履行各自的质量职能，并对基层工作进行具体的业务管理。基层管理则要求每个员工都要严格地按标准、按规范进行作业，相互间分工合作，并结合岗位工作开展群众性的合理化建议和质量管理小组活动，不断进行作业改善。

2. 质量职能的角度

质量职能是对在产品质量产生、形成和实现过程中各个环节的活动所发挥的作用或承担的职责与权限的一种概括。因此，组织的质量职能是由组织内部的各个部门承担的，也有质量职能涉及组织外部的供应商、销售商、顾客等。要保证和提高产品质量，就必须将分散在组织内外部和各部门的质量职能充分发挥并整合起来。为了保证质量目标的实现，组织应明确为实现质量目标所必须进行的各项质量活动，将对应的质量职能委派给组织的相应部门；向承担质量职能的部门提供必需的技术上和管理上的支持；确保质量职能在各个部门、各个环节的实施；协调各部门的质量职能使其相互配合，指向共同的目标。组织要以综合、系统的方式来理解和解决质量问题，使组织的质量活动以及活动成果达到最佳的水平。综上所述，"全方位的质量管理"就是要以质量为中心，领导重视、组织落实、体系完善。

（四）多方法的质量管理

随着产品复杂程度的增加，影响产品质量的因素也越来越多：既有物的因素，也有人的因素；既有技术的因素，也有管理的因素；既有组织内部的因素，也有供应链的因素。要把这一系列的因素系统地控制起来，就必须结合组织的实际情况，广泛、灵活地运用各种现代化的科学管理方法加以综合治理。

"多方法的质量管理"强调程序科学、方法灵活、实事求是、讲求实效。在应用质量工具方法时，要以方法的科学性和适用性为原则，要坚持用数据和事实说话，从应用需要出发尽量简化。为了实现质量目标，必须综合应用各种先进的管理方法和技术手段，善于学习和引进国内外先进企业的经验，不断改进本组织的业务流程和工作方法，不断提高组织成员的质量意识和质量技能。当前各类组织采用的质量管理方法纷繁多样，方法的整合显得尤为重要。组织应具备管理的系统视野，努力使多种方法融合互补形成合力，提高管理的有效性和效率。

实践证明，全面质量管理"全员、全过程、全方位和多方法"的基本要求，对我国企业开展全面质量管理活动起到了指导作用，已经成为我国企业开展全面质量管理活动的出发点和落脚点。随着企业管理由组织的内部过程拓展到整个供应链管理，质量管理也由企业内部范畴延伸到整个供应链上。

格力电器全面质量管理实践

格力电器以"让世界爱上中国造"为使命，在组织经营相关的各个领域开展全过程的质量管理，如公司级质量月活动，同时还引导组织开展供应商质量月活动。为了营造全员参与质量管理的氛围，格力电器不定期组织质量知识竞赛、质量培训、质量分析工具运用比赛、QC小组成果发布会等，在组织中形成浓厚的质量文化。在"质量就是生命"的质量管理理念下，每位格力员工将"质量"奉为企业最高的管理要求。

格力电器在质量管理过程中导入多种工具方法，从相对简单的QC新旧七大工具到集成性工具，如QC小组活动、六西格玛、可靠性分析工具等，再到系统方法，如卓越绩效模式等，不断完善，并创造性地提炼出基于顾客需求引领的质量技术创新循环（CT-FP，见图2-1），系统地构建独具特色的格力完美质量模式，并凭此获得全国质量奖。

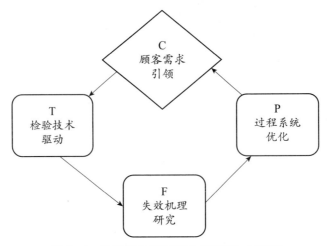

图2-1 质量技术创新循环（CTFP）示意图

格力电器的发展壮大过程可以说是方法论的实践过程，华南理工大学张振刚教授团队与格力电器多名高管共同探讨、共同研究所提炼的"格力模式"可以说是格力全面质量管理的最佳体现。"格力模式"是格力以缔造全球先进工业集团、成就格力百年世界品牌为愿景，坚定改变掌控未来、奋斗永无止境的信念，坚守专注主义，倡导三公三讲，遵循八严方针，以掌握核心科技、锻造完美质量为双轮驱动，通过独特的营销模式传递和提升价值，坚持自主育人、自主创新、自主生产，使命驱动价值创造，让世界爱上中国造的经营之道。

三、全面质量管理的指导思想

全面质量管理要求全体成员树立"质量第一"的思想，这个思想体现在"预防""服务""科学""改进"四个方面。

（一）预防——以预防为主

产品质量是制造出来的，而不是检验出来的。统计资料表明，产品质量缺陷的70％源于设计阶段，剩下的 30％是由制造等其他环节造成的。因此，在质量形成的所有环节采取预防措施是不容忽视的一项工作。全面质量管理要求把质量管理工作的重点从"事后把关"转移到"事前预防"，真正做到以防为主，把不合格品消灭在产品质量的形成过程中。为此，企业在生产过程中要采取各种措施，把影响产品质量的有关因素都控制起来，形成一个稳定的生产系统。当然，预防为主并不排斥检查，而是将其职能由单纯的"把关"变为"把关加预防"。

（二）服务——为用户服务

用户分为外部和内部两种，他们都是企业服务的对象。为用户服务的思想包含两方面的含义：一是企业产品的使用者就是企业的用户，企业必须为他们服务；二是在企业内部，下道工序就是上道工序的用户，上道工序必须为下道工序服务。

（三）科学——用事实和数据说话

全面质量管理的过程是科学分析和坚持实事求是的过程。对可以量化的特性要保持数据的及时、准确和完整，充分利用科学分析的结果。对不能量化的特性，要及时、准确地记录特性的全部信息，供有关人员分析、判断。

（四）改进——持续改进

全面质量管理的目标是产品质量的持续改进，这也是企业面对竞争激烈的市场的必然选择。要实现产品质量的持续改进，其前提是工作质量的不断改进，而其基础是全体员工质量意识的不断提升。六西格玛方法中设计了一套很好的持续改进质量的体系，为解决质量管理中人的质量意识问题提供了具有可操作性的方案。

四、全面质量管理与企业绩效的关系

企业绩效是产品、服务、过程或组织的输出结果。企业绩效可以表现为多个维度，如质量、成本、顾客满意、员工满意、收益等。全面质量管理所追求的不仅仅是质量的提高，而是主张通过建立一个系统并加以持续的改进来实现全面绩效的提升，也就是要同时实现高质量、低成本、顾客忠诚、员工的活性化、高收益等，从而实现企业发展、顾客满意、员工受益、供方受益等目标。

（一）高质量

高质量是全面质量管理最直接的成效。人们对于质量的认识已经越来越广义化。质量不仅是符合规格和要求，还要满足和超越顾客的需求和期望。

（二）低成本

全面质量管理通过优化资源利用，降低了各个环节的生产成本，同时减少了差错、返工和非增值的工作。全球企业界的实践已经反复证明了这一点。

（三）顾客忠诚

全面质量管理为组织造就忠诚的顾客。忠诚的顾客是指那些重复购买的顾客，那些帮你推销的顾客，那些会首先考虑你是否提供他欲购买的商品再决定是否到别处购买的顾客。

（四）员工的活性化

全面质量管理还为组织造就了活性化员工。员工的活性化是指这样一种状态：员工具有做出决定和采取行动的知识、技能、职权和欲望，同时对其行动的后果及企业的成功负有责任。现在许多组织都认识到，创造这样的员工本身就是全面质量管理的重要目标。这些组织不仅着眼于解决今天的问题，而且希望创造一个能解决甚至避免明天问题的组织。

（五）高收益

因为全面质量管理造就了更满意的顾客、更大的市场份额、更高的顾客保持力、更忠诚的顾客甚至更高的定价，所以全面质量管理带来的是高收益。

近年来，质量正日益成为全球范围内的关注重点。在一个全球化的竞争性市场上，质量已经成为取得成功的最重要的因素之一。人们现在已经深刻地认识到，质量是企业竞争力和国家竞争力的核心，而全面质量管理也日益成为各类组织提升竞争力的有力武器。

第二节　全面质量管理的基础工作

企业推行全面质量管理，促进质量提升和高质量发展，既要有技术基础做支撑，也要有管理基础做保障。技术基础一般包括标准、计量、检验检测、认证认可和质量信息化等，其中前四项在国家层面统称为国家质量技术基础（NQI）；管理基础包括质量管理人员发展、质量责任制、内外部沟通机制等。这些基础工作，在质量管理体系、卓越绩效等相关标准中均有相应要求。

随着质量新时代的到来，以上这些基础工作也面临新的要求，呈现新的特点，本节从各类组织实施全面质量管理的角度，侧重对质量管理人员发展、质量责任制、标准化、计量、质量检验、质量认证和质量信息管理等方面加以介绍。

一、质量管理人员发展

（一）质量管理人员发展的概念

人员对于组织来说至关重要。当前，组织经营所面临的外部环境日趋复杂，顾客对市场的要求和期望越来越高，新技术、新工艺、新方法、新模式不断涌现，许多组织内部员工经常调整和更替，作业标准和质量要求逐步提高。因此，各类组织更加迫切需要加强人力资源开发与人才培养力度，以提高组织的核心竞争力。

人员发展是指在具备应用已获得成果的条件下，通过创造学习和培训机会，鼓励员工获得新的或更强的能力。质量管理人员发展是开展全面质量管理的一项基础性工作，对人力资源开发和能力建设具有重要意义，国家也提出了开展终身职业技能培训的要求。从组织层面来说，质量管理人员发展具有促进员工知识学习和经验传承，提升员工的质量意识和技能，培育和形成共同的价值观，促进员工职业发展，提高员工凝聚力等作用。从员工个人层面来说，质量管理人员发展有助于提高员工个人学习能力，提升个人专业技能，促进个人职业发展等。

国家标准《质量管理　能力管理和人员发展指南》（GB/T 19025—2023）为质量管理人员发展的策划、行动与评价等提供了指南。

（二）人员发展的策划

全面质量管理"全员、全过程、全方位、多样化方法"的特点表明，质量管理人员发展工作要覆盖整个组织的所有员工，上到公司高层领导，下至普通员工，而且应贯穿他们整个职业生涯的始终。

从事不同专业工作的人员，由于在价值链中所承担的角色不同，他们应掌握的质量管理知识和技能也是有差异的。例如：质量部门人员，通常需要掌握体系管理、质量控制、标准化、计量、检验等方面的知识；产品或服务实现过程人员，通常需要掌握与该过程相关的专业知识和质量管理知识，如设计人员需要学习质量功能展开（QFD）、实验设计（DOE）等方法；而支持过程人员，通常需要掌握与该过程相关的专业知识和质量管理知识，如基础设施管理人员需要学习全面生产维护（TPM）等方法。

对从事不同层级和专业的人员，对同一种质量知识的掌握与应用程度（如可分为了解、领会、应用和评价）要求也是不同的。组织应在考虑相关法律法规、组织方针以及组织资源等因素的前提下，策划包含以下内容的人员发展方案：（1）谁是目标受众；（2）何时实现发展目标；（3）如何、在何处、何时开展具体活动；（4）如何评价发展；（5）如何承认目标的实现（如奖励、认证）。

（三）人员发展的行动

组织应鼓励团队、小组和个人参与人员管理策划活动，以增加其积极参与度和主人翁意识。

团队或小组层面的人员管理发展活动包括：制定和实施团队或小组培训方案；开发和提供一系列有针对性的沟通（如通信、网站、在线学习）；参加外部会议、专业论坛和建立人际关系的活动；与有关专业或行业团体联络；提供支持架构以分享知识和技能；招聘人员以解决特定差距；进行结构调整，以更有效和更聚焦的方式利用组织内的能力。

个人层面的发展活动包括：个人学习方案；辅导、指导和监督；个人发展计划；为获取资格的正式学习；参加外部会议等；培训（在职培训、课堂培训、在线培训）；建立人际关系的活动。

（四）人员发展的评价

1. 总体要求

组织应建立评价人员发展方案及相关活动的影响的方法，并在开展评价工作时做到：（1）确保评价方法有效，并得到相关方的同意；（2）支持对方案及其活动的监视；（3）分析监视结果；（4）确定因方案而提高的能力如何解决了能力需求；（5）确保学习和实践的改变得到实施和保持；（6）征求相关方的反馈；（7）确定方案完成后仍然存在的能力和发展差距；（8）确定发展方案的改进区域和所需的进一步活动。

2. 在组织、团队、小组或个人层面进行评价

在组织层面，可以从定量和定性两个方面评价外部和内部审核或关键绩效指标、投

诉和顾客满意水平、不合格率和生产率。在团队或小组层面，可以定量和定性评价员工的积极参与度和留职率、团队或小组对照目标或标杆的绩效。在个人层面，可以采取监视和观察、考核和个人绩效评审以及评审个人发展计划和取得资格的情况等评价方式。

3. 确定未来的能力和人员发展需求

组织可以基于人口、经济、政治或社会的变化，组织使命、愿景、价值观和文化，计划推出新产品或服务，法律法规要求的变化，新出现的知识，技术发展，市场研究所确定或预测的新的或不断变化的要求、需求和期望等，确定未来的能力和人员发展需求。

实例链接

G企业质量培训实践

G企业设立了四级质量培训机制，分别为公司级、部门级、科室级、班组级。通过多年积累，G企业将原本不成系统的质量培训打造成独具特色的"质量文化大讲堂"。G企业每年制订年度培训计划（见表2-1）时，先开展质量培训需求调查，挖掘各级员工在质量知识方面的培训需求，质量主管部门依据需求制订年度的公司级质量培训计划，再监督各个层级制定细化的质量培训规划。各层级按计划开展培训，并通过考试、实操等方式对培训效果进行评价。

表2-1 G企业"质量文化大讲堂"年度培训计划

序号	课程	培训对象	讲师	课时	1月上	1月下	2月上	2月下	3月上	3月下	4月上	4月下	5月上	5月下	6月上	6月下	7月上	7月下	8月上	8月下	9月上	9月下	10月上	10月下	11月上	11月下	12月上	12月下
1	如何开展QC小组活动、课题选择	QC小组长、专员、骨干员工、感兴趣人员	××	2			→																					
2	现状调查、目标设定		××	2					→																			
3	QCC基础工具（排列图、调查表、分层法、简易图表）		××	2							→																	
4	原因分析（原因分析三工具）、要因确认		××	2									→															
5	对策制定、对策实施、总结		××	2											→													
6	全流程回顾讲解		××	2													→											
7	第一批考试		/	1															→									
8	回炉培训及试卷讲解		××	2																	→							

续表

序号	课程	培训对象	讲师	课时	1月上	1月下	2月上	2月下	3月上	3月下	4月上	4月下	5月上	5月下	6月上	6月下	7月上	7月下	8月上	8月下	9月上	9月下	10月上	10月下	11月上	11月下	12月上	12月下
9	问题分析与解决——8D①	QC小组长、专员、骨干员工、感兴趣人员	××	2											→													
10	QCC成果报告编制技巧		××	2												→												
11	QC旧七大手法之控制图		××	2						→							→											
12	QC旧七大手法之直方图		××	2								→					→											
13	QC旧七大手法之散布图		××	2																	→							
14	QCC初级诊断师培训（一）	专员、科长、两届活动的小组长	××	2																→								
15	QCC初级诊断师培训（二）		××	2																	→							
16	QCC初级诊断师培训（三）		××	2																	→							
17	第二批考试		/	1																								
18	全面质量管理	质量管理人员	××	2												→												
19	质量基础知识		××	2																→								
20	D-CTFP培训		××	4									→				→											
21	预防质量五步法		××	4															→									
备注：视培训人数及考试通过情况，可增加课程																												

通过对内组织学习交流、对外聘请专家讲师培训，G企业逐步建立了一支较专业的质量讲师队伍，并培养出多名省市级质量项目比赛的评委。同时，通过四级质量培训机制，G企业不仅提升了全员的质量意识，而且提高了员工分析、解决质量问题的能力，进而提高了企业的质量管理水平。

二、质量责任制

（一）质量责任制及其意义

质量责任制是为了保证产品或服务质量而明确规定企业各个部门、单元和每个岗位员工在质量工作上的责任、权限与奖惩的制度。作为质量安全的责任主体，企业必须层

---

① 8D是指8D问题解决法，也称为团队导向问题解决方法或8D报告，是质量管理工具之一。8D的八个步骤包括：提出问题，描述问题，临时遏制措施，查明根本原因，确定消除原因的措施，采取消除原因的措施，确定实施预防措施，总结和评定。

层落实质量职责，把质量工作做好。建立质量责任制是企业开展全面质量管理的一项基础性工作，它既是确保产品质量的行之有效的管理手段，也是企业建立、实施、保持和持续改进质量管理体系不可缺少的内容，它把同质量有关的各项工作与企业全体员工的责任结合起来，从而形成一个严密的质量管理工作系统。

（二）质量责任制的建立

建立质量责任制是组织建立质量管理体系中不可缺少的内容。质量责任制一般包括组织各级行政领导责任制，职能机构责任制以及车间、班组和个人责任制。应明确规定组织中的每个部门、每位员工的具体任务，应承担的责任和权力范围，做到事事有人管、人人有专责、办事有标准、考核有依据。

知识拓展：
企业首席质量官

规定质量职责的做法多种多样。有的组织在推行 ISO 9001 标准时，建立质量职责分配表，把标准的每个条款的职责落实到有关领导和部门，并在质量手册、控制程序中提出具体要求。有的组织针对每个部门和岗位制定职责文件，明确主要工作任务和要求。质量职责重在落实和检查。建立质量管理体系强调应用过程方法，企业应结合质量方针和目标，全面识别所有影响产品和服务的过程，确定过程有关要求，将每个过程的职责落实到有关部门及岗位。责任部门要加强检查，确保所有过程受控。

三、标准化

（一）标准化概述

根据《标准化工作指南 第1部分：标准化和相关活动的通用术语》（GB/T 20000.1—2014），标准是指通过标准化活动，按照规定的程序经协商一致制定，为各种活动或其结果提供规则、指南或特性，供共同使用和重复使用的文件；标准化是指为了在一定范围内获得最佳秩序，促进共同效益，对现实问题或潜在问题确立共同使用和重复使用的条款以及编制、发布和应用文件的活动。

企业标准化工作是以提高经济效益为目的，制定各种标准和规矩，让企业的一切行为都有章可循、有标准可依。标准决定质量。做好企业标准化工作，对于企业增强自主创新能力、提高市场竞争力、提高企业质量管理水平具有重要意义。

（二）我国标准体系

我国的标准分为政府主导制定的标准和市场自主制定的标准两大类。我国现行标准体系如图 2-2 所示。

1. 政府主导制定的标准

政府主导制定的标准包括强制性国家标准、推荐性国家标准、行业标准、地方标准。

（1）强制性国家标准和推荐性国家标准。国家标准是由国家标准机构通过并公开发布的标准。强制性国家标准的代号为"GB"，推荐性国家标准的代号为"GB/T"。国家标准的编号由国家标准的代号、顺序号和发布的年号三部分构成。强制性国家标准要求

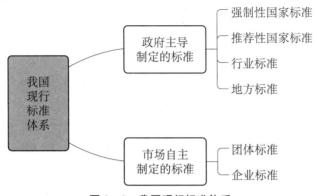

图 2-2　我国现行标准体系

企业严格执行，不符合强制性国家标准的产品，禁止出厂和销售。推荐性国家标准企业一经申明采用，应严格执行，企业自我声明的产品标准，也应严格执行。

（2）行业标准。行业标准是指全国性的各行业范围内统一的标准。行业标准是国家标准的补充，由国务院有关行政主管部门制定并报国务院标准行政主管部门备案。当某些产品没有国家标准而又需要在全国某个行业范围内有统一的技术要求时，则可以制定行业标准。行业标准代号由国务院标准化行政主管部门规定，由行业标准代号、标准顺序号及年号组成。

（3）地方标准。地方标准是指在国家的某个地区通过并公开发布的标准。在我国，对没有国家标准和行业标准而又需要在省、自治区和直辖市范围内统一的工业产品的安全和卫生要求，可以制定地方标准。地方标准不得与国家标准、行业标准相抵触。地方标准的代号为"DB"加上省、自治区和直辖市行政区域代码前两位数，再加斜线、顺序号和年号。

2. 市场自主制定的标准

市场自主制定的标准包括团体标准、企业标准。

（1）团体标准。具有法人资格和相应专业技术能力的学会、协会、商会、联合会以及产业技术联盟等社会团体可协调相关市场主体自主制定发布团体标准，供社会自愿采用。社会团体可在没有国家标准、行业标准和地方标准的情况下，制定团体标准，快速响应创新和市场对标准的需求，填补现有标准空白。国家鼓励社会团体制定严于国家标准和行业标准的团体标准，引领产业和企业的发展，提升产品和服务的市场竞争力。团体标准的统一代号为"T"，每个团体标准的代号为在 T 后面加上"/团体代号"。

（2）企业标准。企业标准是指企业所制定的产品标准和在企业内根据需要协调统一的技术要求和管理、工作要求所制定的标准。国家鼓励企业制定高于国家标准、行业标准、地方标准，并具有市场竞争力的企业标准。我国建立了企业产品和服务标准自我声明公开和监督制度，取消了政府对企业产品标准的备案管理，以落实企业标准化主体责任。企业生产的产品，必须按标准组织生产并进行检验。企业执行的标准，应当在产品或其说明书、包装物上标注所执行标准的代号、编号和名称等。

（三）企业标准体系

根据《企业标准体系 要求》（GB/T 15496—2017），企业标准体系是企业内的标准按其内在联系形成的科学的有机整体。企业标准体系是企业战略性决策的结果，其专注于为实现企业战略提供标准化管理的系统方法和管理平台。

企业标准体系的构建属于企业顶层设计的内容。企业通过对相关方的需求和期望及企业标准化现状进行分析，形成企业标准体系构建规划、标准化方针、目标，识别企业适用的法律法规和指导标准的要求，构建由产品实现标准体系、基础保障标准体系和岗位标准体系组成的企业标准体系。企业标准体系结构图如图 2-3 所示。企业也可根据自身实际，设计满足企业生产、经营、管理等要求的企业标准体系结构。

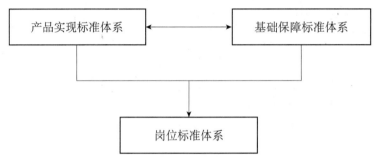

图 2-3 企业标准体系结构图

产品实现标准体系是指企业为满足顾客需求所执行的，规范产品实现全过程的标准，按其内在联系形成的科学的有机整体。产品实现标准体系一般包括产品标准、设计和开发标准、生产/服务提供标准、营销标准、售后/交付后标准 5 个子体系。基础保障标准体系是指企业为保障企业生产、经营、管理有序开展所执行的，以提高全要素生产率为目标的标准，按其内在联系形成的科学的有机整体。基础保障标准体系一般包括规划计划和企业文化标准、标准化工作标准、人力资源标准、财务和审计标准、设备设施标准、质量管理标准、安全和职业健康标准、环境保护和能源管理标准、法务和合同管理标准、知识管理和信息标准、行政事务和综合标准 11 个子体系。岗位标准体系是指企业为实现产品实现标准体系和基础保障标准体系有效落地，以岗位作业为组成要素的标准按其内在联系形成的科学的有机整体。岗位标准体系一般包括决策层标准、管理层标准和操作人员标准 3 个子体系。

实例链接 ···

大秦铁路侯马北车辆段标准体系建设实践

大秦铁路股份有限公司侯马北车辆段是太原局集团有限公司下辖的 3 个货车检修段之一，位于山西省南部地区，主要担负着铁路货车敞车、棚车、集装箱车、平车等多种路用货车的段修、临修任务，同时还承担着侯月、侯阎、同蒲、瓦日、石太、太中银的运营列车通过修任务。年均累计完成铁路货车段修任务 8 000 余辆、临修任务 5 000 余辆，通过修任务15万余列、800余万辆。侯马北车辆段于2020年5月获得5A级标准化良好行为企业证书。

侯马北车辆段按照企业标准化工作系列国家标准，以及上级集团公司有关企业标准体系建设的实施意见要求，立足长远、高标启动，专项实施、阶段推进，扎实开展企业标准体系建设工作；持续运行企业标准体系，不断与生产、管理、经营系统进行融合；建立激励机制，引领职工落实标准化；面向车间、班组、岗位深化标准化建设，多措并举持续抓实企业标准化工作。侯马北车辆段企业标准体系由产品实现标准体系、基础保障标准体系和岗位标准体系组成。各体系结构图如图2-4～图2-6所示。

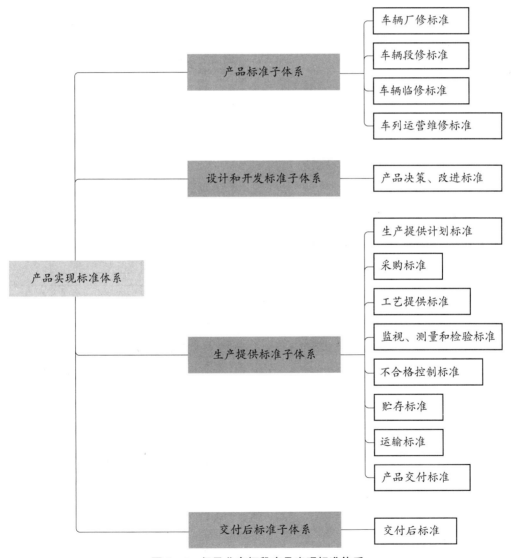

图2-4　侯马北车辆段产品实现标准体系

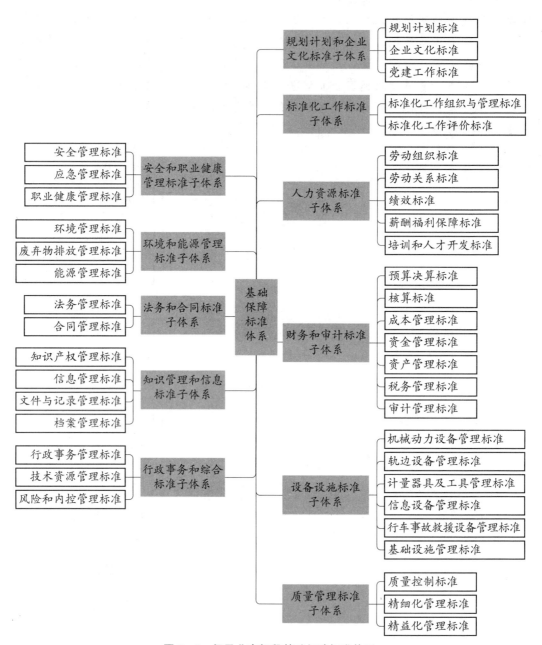

图 2-5　侯马北车辆段基础保障标准体系

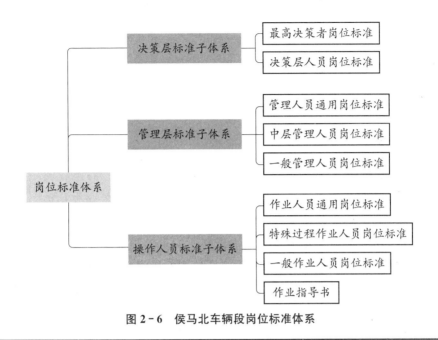

图 2－6　侯马北车辆段岗位标准体系

四、计量

（一）计量概述

计量是一门古老而又新兴的科学，它随着社会生产和科学技术的发展而发展，标志着一个国家现代化水平的高低。

计量是实现单位统一、保障量值准确可靠的活动，是质量管理的一项基础性工作。从设计质量的验证，到产品和过程的质量检验与试验，再到投诉与纠纷的处理，往往都需要计量工作的支持。计量工作通常包括六个方面内容：计量单位与单位制；计量器具（或测量仪器），包括实现或复现计量单位的计量基准；量值传递与计量溯源性，包括校准、检定、检测、检验等；物理常量、材料与物质特性的测定；测量不确定度数据处理与测量理论及其方法；计量管理，包括计量保证与计量监督等。

计量涉及社会的各个领域，根据其作用与地位，计量可分为科学计量、工程计量和法制计量。科学计量是指基础性、探索性的计量科学研究。工程计量又称为工业计量，是指各种工程、工业、企业中的实用计量，它已成为企业生产过程控制不可或缺的环节。法制计量是指由政府或授权机构根据法制、技术和行政的需要进行强制管理的一种计量，其目的是保证与贸易结算、安全防护、医疗卫生、环境监测、资源控制和社会管理等有关的测量工作的公正性和可靠性。

计量具有准确性、一致性、溯源性和法制性的特点。准确性是指测量结果与被测量真值的接近程度，它是计量的基本特点。计量单位的统一是量值一致的重要前提。在任何时间、任何地点，采用任何方法、使用任何器具以及任何人进行计量，只要符合有关要求，计量结果就应在给定的不确定度（或误差范围）内一致。也就是说测量结果应是可重复、可再现和可比较的。溯源性就是任何一个测量结果或测量标准的值，都能通过一条具有规定不确定度的连续的比较链与测量基准联系起来。"溯源性"是准确性和一致性的技术保证。计量涉及社会的各个领域，量值的准确可靠不仅依赖技术手段，还要有相应的法律法规和行政管理做保障，特别是那些对国计民生有明显影响的计量，更须有法制保障。我国已基本形成由《中华人民共和国计量法》及其配套的计量行政法规、规章构成的计量法规体系。

（二）校准与检定

计量具有溯源性，否则，量值由于多源或多头，必然会在技术上和管理上造成混乱。校准和检定是实现量值溯源最主要的技术手段。

校准是在规定的条件下，为确定测量仪器所指示的量值，或实物量具（或参考物质）所代表的量值，与对应的由其测量标准所复现的量值之间关系的一组操作。校准的依据是校准规范或校准方法对其通常应做统一规定，特殊情况下也可自行制定。校准的结果可记录在校准证书或校准报告中。

检定则是指查明和确认测量仪器是否符合法定要求的程序，它具有法制性，包括检查、加标记和（或）出具检定证书。我国将检定分为强制检定和非强制检定。

强制检定由政府计量行政部门统管，指定法定或授权技术机构具体执行，固定检定关系，定点送检。检定周期由执行强检的技术机构按照计量检定规程结合实际使用情况确定。用于贸易结算、安全防护、医疗卫生、环境监测四个方面的被列入强制检定。《中华人民共和国强制检定的工作计量器具明细目录》的工作计量器具，属于国家强制检定的管理范围。企业要明确哪些属于强制仪器设备，及时按规定送检，保留检定合格标识，检定不合格的要停止使用。

非强制检定是指由使用单位或委托具有社会公用计量标准或授权的计量检定机构，对强制检定以外的其他测量仪器依法进行的一种定期检定。合作单位自主管理、自由送检、自求溯源，自行确定检定周期。

（三）测量管理体系

测量管理体系是实现计量确认和测量过程控制所必需的相互关联或相互作用的一组要素。许多企业依据《测量管理体系 测量过程和测量设备的要求》（GB/T 19022—2003）建立测量管理体系，以确保测量过程和测量设备能够满足预期用途。

测量管理体系是通过对测量过程和测量设备的管理，管理由于不正确测量结果给组织带来的风险，把可能产生的不正确的测量结果降到最低限度；把不准确测量造成的产品质量风险降到最低限度，使测量管理体系在组织实现产品质量目标和其他目标时起到重要的保证作用。

企业通过测量管理体系认证，就是得到了国际和国内外市场对企业测量管理能力的一种认可，这对提高企业市场竞争力、参与国内外招投标具有重要意义。企业应依据有关法规和标准要求，完善计量有关制度，确保测量过程受控。

五、质量检验

（一）质量检验概述

质量检验就是对产品的一项或多项质量特性进行观察、测量、试验，并将结果与规定的质量要求进行比较，以确定每项质量特性合格情况的技术性检查活动，它是质量管理的一项重要工作内容。

产品质量是生产、设计出来的，不是检验出来的。产品质量的产生、形成和实现的过程，由多个相互联系、相互影响的环节组成，它受人员、机器、材料、方法和环境等主客观因素的影响，产品质量发生波动是必然的，但在生产过程的各个环节和各道工序，必须进行必要的质量检验以了解这些波动及其造成的影响，及时采取控制措施，以确保过程和结果满足要求。

质量检验是质量管理的重要基础。从质量管理发展的各个阶段来看，质量检验在质量管理初期曾发挥主导作用，在统计质量控制管理阶段，统计质量的数据都是从质量检验中得来的；同样，全面质量管理又是在质量检验和统计质量管理的基础上逐步建立和完善的，每个环节都离不开质量检验。

"检测"与"检验"不同。检测是按照程序确定合格评定对象的一个或多个特性的活动。检验（有时称为检查）是对材料产品、安装、工厂、过程、工作程序或服务进行的符合性审查，审查过程中可能涉及检测活动。

（二）质量检验的功能

质量检验主要包含以下功能：

1. 鉴别功能

根据技术标准、产品图样、作业（工艺）规程或订货合同的规定，采用相应的检测方法观察、试验、测量产品的质量特性，判定产品质量是否符合规定的要求。通过鉴别才能判断产品质量是否合格。

2. 把关功能

把关功能是质量检验最重要、最基本的功能。产品实现的过程必须通过严格的质量检验，剔除不合格品，实现不合格的原材料不投产，不合格的产品组成部分及中间产品不转序、不放行，不合格的成品不交付（销售、使用），严把质量关。

3. 预防功能

现代质量检验不单纯是事后"把关"，还能起到预防的作用。检验的预防作用体现在以下几个方面：通过过程（工序）能力的测定和控制图的使用起预防作用；通过过程（工序）作业的首检与巡检起预防作用；对原材料和外购件的进货检验，对中间产品转序或入库前的检验，既起把关作用，又起预防作用。

4. 报告功能

为了使相关管理部门及时掌握产品实现过程中的质量状况，评价和分析质量控制的有效性，检验获取的数据和信息将被汇总、整理、分析后写成报告，为质量控制、质量改进、质量考核以及管理层进行质量决策提供重要的信息和依据。

（三）质量检验的分类

质量检验可以按不同的特征进行分类。按检验阶段分类，质量检验可分为进货检验（IQC）、过程检验（IPQC）和最终检验（FQC）。按检验的执行人员分类，质量检验可分为自检、互检和专检。为确保产品质量，组织应完善"三检"制度，自检是基础，互检是辅助，专检是关键。按检验产品数量分类，质量检验可分为全数检验和抽样检验。全数检验和抽样检验各有优缺点，要了解其适用范围。按检验性质分类，质量检验可分为理化检验、感官检验、生物检验和在线检测。其中，在线检测是指将检测装置集成在产品的生产过程中，通过计算机实现检测与过程质量监控的融合，属于比较法测量。按检验后检验对象的完整性分类，质量检验可分为破坏性检验和非破坏性检验。按检验的地点分类，质量检验可分为固定场所检验和流动检验（巡回检验）。

（四）质量检验的步骤

质量检验一般包含检验的准备、测量或试验、记录、比较和判定、确认和处置等步骤。

1. 检验的准备

检验人员熟悉规定要求，选择检验方法，制定检验规范。通过送样或抽样，获取检验的样品。必要时还要事先制作专门测量和试验用的样品和试样。

2. 测量或试验

按已确定的检验方法和方案，对产品质量特性进行定量或定性的观察、测量、试验，得到需要的量值和结果。测量和试验前后，检验人员要确认检验仪器设备和被检物品试样状态正常，保证测量和试验数据的正确、有效。

3. 记录

对测量的条件、测量得到的量值和观察得到的技术状态用规范化的格式和要求予以记载或描述，作为客观的质量证据保存下来。质量检验记录是证实产品质量的证据，要客观、真实地记录检验数据，并记录检验日期、班次，由检验人员签名，便于质量追溯，明确质量责任。

4. 比较和判定

由专职人员将检验的结果与规定要求进行对照比较，确定每一项质量特性是否符合规定要求，从而判定被检验的产品是否合格。

5. 确认和处置

检验人员对检验的记录和判定的结果进行签字确认，对产品（单件或批）做出是否"接收""放行"的处置。对不合格品，按其程度分情况做出返修、返工让步接收或报废处置。对批量产品，根据产品批质量情况和检验判定结果，分别做出接收、拒收、复检处置。

（五）检验人员管理

从事质量检验的人员，在生产活动和质量控制中起重要作用。组织应根据产品检验的特点，配备与检验任务相适应的检验人员，明确其职责和权限，加强组织学习培训，确保他们具有良好的思想素质和操作技能。

质量检验人员应接受专业的培训，具备质量检验的知识和能力，熟悉企业产品的生产工艺流程、质量检验标准以及检验方法，具备良好的分析和判断能力、沟通协调能力，工作严谨细致，遵守检验员纪律，能在工作中坚持"质量第一"原则，客观公正、实事求是地依据标准和规定进行检验和判定。

实例链接 ··

某公司三检制实践

1. 岗位分级

某公司为预防质量异常的发生及扩大化，将巡检的监控重心转移到质量关键工序，依据质量异常的发生频率、识别难易程度、失效的影响程度以及设备质量保证能力开展岗位分级，提高过程质量控制能力，以达成重要的岗位重点监控的目的。某公司岗位分级情况如表2-2所示。

表2-2 某公司岗位分级

岗位等级	重要性	检验频次
一级	次要	可交由车间班组进行点检检验，质控部巡检员进行监督，三天覆盖岗位一次
二级	重要	主要由车间班组进行检验，质控部巡检员一天覆盖岗位一次，与现有的实行首件检验记录不冲突
三级	关键	质控部巡检员按照每四小时检一次的频率检验
四级	特控	质控部巡检员按照每两小时检一次的频率检验

2. 三检制

三检制是通过识别各岗位的关键控制点，采用员工自检、班组复检、质控巡检的三级检验方式来预防批量事故发生的方法。在关键工序设立工序过程检验记录表，按岗位分级制度明确三方的检验频次，并按检验项目表进行检验记录。某公司三检制操作标准如表2-3所示。

表2-3 某公司三检制操作标准

分类	检验人员	所用表格	检验项目	检验标准	检频	记录方式
过程质量保证体系						
首检	员工	工序过程检验记录表	按模板	工艺与图纸，前期班组长提供，待完善工艺后按工艺规定	首检	按检频记录
	班组长	定子首检记录表（KB/Q R-ZK-92/C）	按表格	工艺与图纸	首检	班组长点检，巡检签名确认
	检验员	铁壳定子巡检表（KB/Q R-ZK-22/F）	按表格	工艺与图纸	首检	只首检时记录一次

续表

过程质量保证体系					
分类	检验人员	所用表格	检验项目	检验标准	检频	记录方式
点检	员工	工序过程检验记录表	按模板	员工按工艺与图纸填写检验标准	2小时/次	按检频记录
	班组长	工序过程检验记录表	按模板	核对标准	4小时/次	首检记录不用记在工序过程检验记录表中
	检验员	工序过程检验记录表	按模板	核对标准	关键工序以2小时/次为宜，非关键工序以4小时/次为宜	

备注：三检制主要是员工、班组长及巡检三方检验制度，各方均对自己检验过的产品质量负责。

六、质量认证

（一）质量认证概述

质量认证是指由认证机构证明产品、服务、管理体系符合相关技术规范的强制性要求或者标准的合格评定活动。质量认证对组织、顾客和社会均具有重要意义：为顾客提供选择供方的质量依据；提高组织国内外市场的竞争力；避免重复验证和审核；保持消费者利益，提高社会效益；促进组织不断改善质量管理体系等。

按认证的对象划分，质量认证可分为产品质量认证和质量管理体系认证两类，其中产品质量认证又称为产品认证。产品认证与质量管理体系认证是有区别的，产品认证的对象是企业生产的某一产品，质量管理体系认证的对象是企业的质量管理体系，它们所依据的标准以及结论也是不同的。

认证不同于认可。它们虽同属合格评定的范畴，但认证的对象是供方的产品、工艺或服务，认可的对象是实施认证、检验和检查的机构或人员。

（二）产品认证

产品认证是指依据产品标准和相应技术要求经认证机构确认并通过颁发认证证书和认证标志来证明某一产品符合相应标准和相应技术要求的活动。

产品认证分为强制认证和自愿认证两种。一般来说，对有关人身安全、健康和其他法律法规有特殊规定者为强制认证，是通过制定强制性产品认证的产品目录和实施强制性产品认证程序，对列入目录的产品实施强制性的检测和审核。我国强制认证，英文为China Compulsory Certification，简称CCC，也可简称为"3C"标志。非强制性产品认证是对未列入国家认证目录内产品的认证，是企业的一种自愿行为，称为"自愿性产品认证"。

产品认证按认证种类可分为安全认证和合格认证。安全认证是指凡根据安全标准进行认证或只对商品标准中有关安全的项目进行认证，它属于强制性认证。合格认证是依据商品标准的要求对商品的全部性能进行的综合性质量认证，一般属于自愿性认证。

一些较有影响的国际机构和国外认证机构按照自己的认证标准，也对向其申请认证并经认证合格的我国国内生产的产品颁发其认证标志。如欧洲安全 CE 标志、美国 UL 标志等都是在国际上有较大影响的认证标志。

（三）质量管理体系认证

质量管理体系认证是指由权威的、公正的、具有独立第三方法人资格的认证机构（由国家管理机构认可并授权的）派出合格审核员组成的检查组，对申请方质量管理体系的质量保证能力依据三种质量保证模式标准进行检查和评价，对符合标准要求者授予合格证书并予以注册的全部活动。

七、质量信息管理

（一）质量信息管理概述

质量信息是在质量形成全过程中产生的有意义的数据。无论是制造业还是服务业，在质量管理活动中，人们经常要产生、接触、应用大量的数据和信息，它们可以帮助人们了解质量状况，发现质量问题，寻找质量提升途径，是开展质量管理工作的基础。缺少信息和信息系统的支持，质量策划、质量控制、质量保证和质量改进等工作将无从下手。开展质量信息化工作，有助于企业提高产品性能和质量，降低制造成本，升级过程效率，规避预防风险，优化管理效果，掌握用户体验，预测市场反应等。质量信息化是变数据为价值的过程，企业重视在基于质量信息的分析决策方面的投入，是一种高价值的竞争力提升方式。

大数据时代，数据信息来源多样化、内容海量化、传输实时化，使获得更多、更快、更全的数据和信息成为可能。大数据时代给企业工作带来诸多变化，质量管理面临新的机遇和挑战。

（二）质量信息管理的主要任务

质量信息管理是对质量信息进行开发、收集、整理、分析、反馈和建档，并加以应用的过程。虽然大数据时代的质量信息管理具有新的特点，但它仍是在传统数据和信息管理理论及方法基础上的继承和发展。

质量信息有多种分类，如按信息的内外部来源，分为内部质量信息和外部质量信息；按信息产生的来源，分为产品和服务质量信息、顾客和市场信息、财务信息、资源信息、过程或工序信息、领导和战略信息；按信息对目标和任务的达成重要度，分为关键质量信息、重要质量信息和一般质量信息等。质量信息管理的主要任务是：为质量控制和决策及时提供准确、可靠、有效的信息；保证质量信息畅通，以确保质量管理工作正常、有序地进行；建立质量档案和知识库，为信息的利用和增值打好基础。

（三）质量信息管理的要求

为了确保决策的有效，对质量信息进行开发、收集和管理时，应考虑以下要求：

1. 适用性

质量管理和决策需要适用的信息，信息的收集和加工处理应有一定的目的性和针对性，要提前做好信息收集和处理的规划。

2.准确性

信息必须真实、客观地反映实际情况。虚假、不准确的信息往往对组织决策者产生误导，使其做出错误的判断和决策，从而给企业造成损害。

3.完整性

信息收集和加工不仅应全面、系统，而且应具有连续性。企业只有全面收集反映企业各方面的信息，才能保证统一指挥、协调控制企业内部的活动，才能使企业适应外部环境的要求。

4.可靠性

信息的可靠性除与信息的精确程度有关外，还与信息的完整性成正比关系，只有对不断变化的信息进行连续的收集和加工，才能正确地把握事情的本质，从而为决策提供可靠的依据。

5.及时性

信息具有时间价值，在质量管理活动中，信息的加工检索和传递要及时高效，以使管理者不失时机地对经营活动做出反应和决策。在线动态检测能确保信息的及时性。

6.安全性

企业应确保信息系统受到保护，不受偶然的或者恶意的原因影响而遭到破坏、更改、泄露，系统连续可靠正常地运行，信息服务不中断，最终实现业务连续性。

7.保密性

保密性就是指信息不泄露给非授权人员使用，以免给企业经营造成损害。企业需要识别这些风险，并做出对策。

（四）质量信息系统

为使质量信息在管理活动中充分发挥作用，支持质量信息管理，组织应建立质量信息系统。质量信息系统是一套由数据、规则和设备组成的，以系统化的方式生成有关质量信息的集成。它可以是人工系统、人机系统或全自动化的系统，是组织的管理信息系统的一个重要组成部分。

质量信息系统帮助各层次的决策者收集、保存、分析和记录质量信息，其范围包含在制品检验数据或顾客抱怨数据等简单质量信息，还包含反映产品和过程质量复杂变化的所有有效信息。质量信息系统的目标是规划质量相关活动，通过识别问题、提供数据并寻找原因，驱动质量改进。

建立质量信息系统应系统规划，这意味着应理解和支持整个组织的目标，并在战略计划、战术活动和作业活动三个层面建立起包括策划、收集、分析和改进的协调的信息系统。质量信息系统的流程通常包含9个基本环节：质量信息的发生和采集、信息的输入、信息的分析处理、信息的传递、信息的输出、采取纠正或预防措施、信息的协调、信息的显示和报警以及信息的储存。组织应不断改进质量信息系统，将其与组织逐渐开发使用的互联网＋、智能制造等商业模式或业务系统融合，提高信息利用的有效性和效率，促进组织质量效率的提升。

A公司自动化车间质量管理信息系统实践

A公司以生产发动机为主要产品，对产品的质量要求把控极为严格。在原有的质量管理模式下，车间的生产没有得到有效的控制与监测，有效数据的提取少之又少，同时缺少直观的数据展示，已有的数据根本无法追溯，导致出现质量问题不能及时地找到根源所在，不能达到有效的质量管理。

针对上述问题，A公司采用新的架构与计算机技术，通过SPC分析与设计，进行了有效的数据监测与数据采集，并且直观地展示了数据的走向与均值极差等，使得问题能够被及时地发现与纠正，以此提升了产品的质量，提高了生产的效率。

1. 自动化车间数据采集

数据采集的对象包括工人信息以及工件及在制品相关信息。数据采集流程如图2-7所示，将采集到的数据通过PLC存起来，传递信号后数据进入服务器采集程序中，再进入数据库，最终展示和分析。

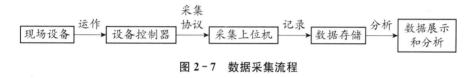

图2-7　数据采集流程

2. 质量数据SPC分析

SPC过程分为两个阶段：分析用控制图阶段和控制用控制图阶段。分析用控制图的目的是对收集到的数据进行分析，寻找稳态；控制用控制图是对实时数据进行分析。分析过程如图2-8所示。

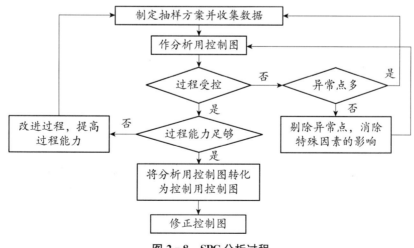

图2-8　SPC分析过程

3. 质量追溯管理

在软件界面产品列表处，记录产品编号及详细信息，并实时得到质量检验部门的反馈，管理者无须前往设备端即可了解现场情况，制造执行系统（Manufacturing Execution System，MES）在设备联网后可永久存储信息。质量追溯的流程如图2-9所示。

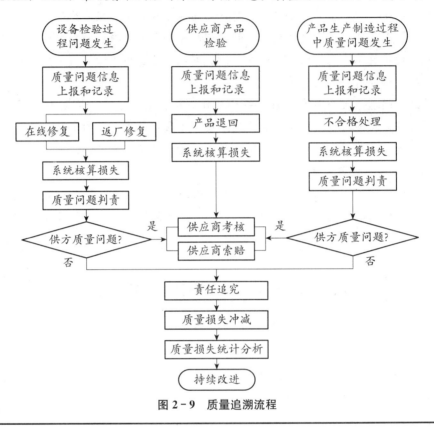

图2-9　质量追溯流程

第三节　QC 小组活动

全面质量管理要求全员参加质量管理，提倡人人参与，这突出地反映了质量管理的群众性。通过开展多种形式的群众性质量管理活动，尤其是开展质量管理小组（Quality Control Circles，QCC），也称"QC 小组"活动，充分发挥广大职工的聪明才智，形成人人参与质量管理活动的良好氛围，是提高企业管理水平，提高职工素质，促进物质文明和精神文明建设，解决质量问题的有效途径。可以说，QC 小组活动是全面质量管理推行最基础、最有效的工具之一。

QC小组诞生于日本。20世纪50年代末60年代初，统计技术逐步在日本企业界受到重视。为了进一步改善技术、提高产品质量，借鉴目标管理及激励管理的一些方法，日本企业结合其独特的企业文化，巧妙地设计了一种挑战游戏，QC小组应运而生。在日本，质量管理小组的盛行，已不仅仅在企业里，在其他行业也存在，而且产生了很大的作用。

一、QC小组的概念与特点

QC小组是指由生产、服务及管理等工作岗位的员工自愿结合，围绕组织的经营战略、方针目标和现场存在的问题，以改进质量、降低消耗、改善环境、提高人的素质和经济效益为目的，运用质量管理理论和方法开展活动的团队。它是企业员工参与全面质量管理的重要方法。

QC小组具有以下几个特点：（1）具有明显的自主性，一般以职工自愿参加为基础，实行自主管理，以自我学习、自我控制、自我提高为主，不受行政命令的制约和班组岗位的限制；（2）具有广泛的群众性，是开展群众性质量管理活动的良好形式，通过集体活动，可以充分发挥小组的群体优势，集思广益，能更快更好地解决问题；（3）具有高度的民主性，小组成员充分发扬民主，畅所欲言，平等相处，组长由成员民主选出，做到充分发挥个人的积极性和创造性；（4）具有严密的科学性，不是单凭良好的主观愿望去搞质量，而是依靠管理技术、科学的工作方法和科学程序去攻克质量难关。

二、QC小组的组建

建立QC小组应从实际出发，根据工作的性质和内容，可以在企业的班组或车间建立，也可以跨车间（部门）建立。QC小组课题类型分为"问题解决型"和"创新型"两种。QC小组将已经发生不合格或不满意的生产、服务或管理现场存在的问题进行质量改进所选择的活动课题称为"问题解决型"课题；QC小组将现有的技术、工艺、技能和方法等不能满足实际需求，运用新的思维研制新产品、服务、项目、方法所选择的活动课题称为"创新型"课题。企业通过开展课题活动，提高工作质量，改善和解决管理中的问题，提高管理水平。

每个QC小组的人数一般以3～10人为宜，小组组长是带头人。选好组长是十分重要的。组长不仅应是推行全面质量管理的热心人，而且有较高的思想水平和技术能力，善于团结群众并有一定的组织能力。

为了便于主导组织QC小组活动开展的部门掌握群众性的质量管理活动情况，加强管理和指导，QC小组组建后，应向小组所在部门注册登记，并向主管部门备案。主管部门每年都进行一次检查和重新登记，没有进行重新登记的小组，以前的注册登记自行失效，从而有利于推动QC小组的活动。

三、QC小组的活动程序

QC小组因课题类型不同，活动程序也有差异。QC小组可按照《质量管理小组活动准则》（T/CAQ 10201—2020）规定的程序开展活动。

问题解决型课题根据目标来源不同分为自定目标课题和指令性目标课题。自定目标课题的活动程序为：选择课题→现状调查→设定目标→原因分析→确定主要原因→制定对策→对策实施→效果检查→达到目标→制定巩固措施→总结和下一步打算。指令性目标课题的活动程序为：选择课题→设定目标→目标可行性论证→原因分析→确定主要原因→制定对策→对策实施→效果检查→达到目标→制定巩固措施→总结和下一步打算。问题解决型课题活动程序如图 2-10 所示。

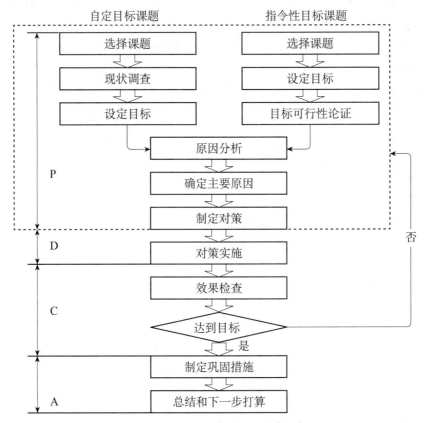

图 2-10　问题解决型课题活动程序

创新型课题的活动程序为：选择课题→设定目标及论证目标可行性→提出方案并确定最佳方案→制定对策→对策实施→效果检查→达到目标→标准化→总结和下一步打算。创新型课题活动程序如图 2-11 所示。

QC 小组活动完成了 PDCA 循环，取得了成果后，要及时总结，撰写成果。成果材料必须以活动记录为基础，进行必要的整理，用数据说话，不要生搬硬套，切勿事后编造。按 PDCA 循环的结果，可以将遗留的问题作为下一次继续开展活动的依据，也可以重新选择课题继续开展活动。如果认为课题已经解决，该 QC 小组也可以解散，然后按新的质量问题组建新的 QC 小组开展活动。

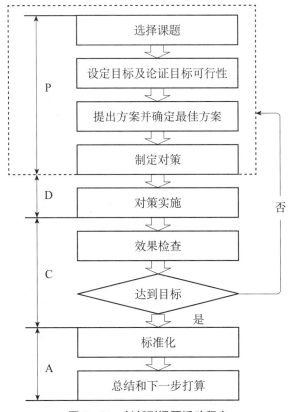

图 2-11 创新型课题活动程序

··

凯邦电机公司 QC 小组管理实践

凯邦电机公司为了更好地开展全员质量管理活动，以"培养提升员工分析解决问题能力"为目的，以"开展 QC 小组活动成为全员的习惯"为目标，成立以公司总经理为组长的 QC 小组活动推进组，搭建独具特色的 QC 小组活动推进屋（见图 2-12）。

图 2-12 某 QC 小组活动推进屋

屋顶代表QC小组活动习惯化的推行目标；两块一级横梁分别为目标规划和意识宣贯；一块二级横梁为领导作用，起辅助支撑作用；三大顶梁柱代表完善的制度体系——人才培养制度、实践应用制度、激励管理制度；地基是做好过程管理，代表扎根基层管理。

一、领导作用

各级领导的重视，是QC小组活动推进成功的重要保障。企业每年由公司领导带头组织QC小组活动启动会议及年度成果发表大会，推荐各部门领导外出参加各类QC小组活动诊断师培训，并作为年度成果发布会评委进行活动指导。

二、目标规划及意识宣贯

公司结合自身发展情况，每年初制定当年的QC小组活动推进规划，明确年度工作目标（开展的QC小组数、普及率及成果率），制订一系列的活动开展计划，明确QC小组活动推进五年目标规划，旨在通过不断夯实员工的基础改善能力，最终实现全员参与QC小组活动的目标。

员工在接受任何新方法时，其思想转变共分为"拒绝—抵触—接纳—半主动—主动"五大历程。为了使员工形成主动的QC小组活动思维，公司从听觉化宣贯、视觉化宣贯平行开展。通过定期开展推广动员会、成果发布会、外出参赛交流形成听觉化有效宣贯；以QC小组活动宣传看板、宣传手册为工具，打造视觉化全员参与的良好氛围，逐步引导员工思想的转变，最终达到育人的目的。

三、三大资源支柱

1. 人才培养

在人才培养方面，公司分别从内部夯实、外部交流两大方面进行落实。对内，设立并开展QC小组活动问诊室、QC小组文化大讲堂专项培训，公司内各级诊断师将所学知识进行内部转化，通过培训转授、QCC问诊等方式，丰富员工的QC小组活动基础知识，解答开展过程的疑问，指导成员的活动开展，有利于企业系统化、全面化地推进QC小组活动。对外，公司定期聘请资深QCC诊断师对骨干员工、QC小组长进行流程知识培训，并推荐优秀的QC小组活动推进专员参加国家级、省级、市级诊断师培训班，不断提升QC小组活动诊断师师资队伍水平。

2. 实践应用

QC小组活动与工作实践有效结合。企业推进QC小组活动的目的是能让其真正落地，能服务于企业。公司将QC小组活动与工作实践有效结合，将PDCA循环思维与简易图表紧密结合，通过问题讨论、现场核查和工具运用，围绕人、机、料的差异分层对比，采用标杆对比和复制的方法，快速有效地解决生产现场存在的实际问题，全面提升质量管理水平。

3. 激励管理

公司建立了多层级、多维度的评比激励机制。在QC小组活动推进期间，对主要推进单位分别从"进度率、报告得分、开展情况、人才培养"等维度进行月度、年度评比，与责任单位的领导、专员绩效挂钩，有效保障公司QC小组活动全面推进工作的开展。此外，公司每年定期举办凯邦电机四地QC小组成果发布会，搭建公司内部QC小组活动成果交流平台，营造你追我赶的积极氛围。

四、过程管理

为实现年度推进目标的有效实现，公司着重加强对 QC 小组活动的过程管理。分别从班组、科室、部门、公司四大层级进行过程管理，每个层级分别定期开展相关 QC 小组活动、技能培训、交流评比、活动会议、监督考核等，对 QC 小组的开展过程进行全面管理监督，为 QC 小组活动全面推进奠定坚实的基础。

凯邦电机通过 QC 小组活动的大力推广，为公司培养了一大批专业的人才队伍，各级员工分析解决问题的能力大大提升，生产成本逐年下降，产品质量逐年提升。同时，通过常态化的外出参赛，公司培养了一批擅长公文写作、演讲的人员，为公司取得了丰硕的参赛奖项，进一步提升了公司的品牌知名度。

第四节　卓越绩效模式

20 世纪 80 年代，由于受到日本的挑战，美国政府和许多企业经营管理者开始重新认识全面质量管理活动，认为在竞争日益激烈的市场环境中，强调质量不再是企业可选择的事情，而是必须的条件。很多组织和个人建议政府设立一个类似日本戴明奖的国家质量奖。在时任美国商务部部长马尔科姆·波德里奇的大力推动下，1987 年《马尔科姆·波德里奇国家质量提高法》获得通过，该法案规定了国家质量奖计划的创立，并建立了一套评价标准——卓越绩效准则。美国国家质量奖的设立，相当程度上促成了美国 20 世纪 90 年代后的经济发展。目前，卓越绩效模式在全球得到了广泛的关注和应用，越来越多的国家和地区开展质量奖或卓越奖评审。我国也于 2001 年和 2013 年先后设立了全国质量奖和中国质量奖。

一、卓越绩效模式的概念和框架内容

我国国家标准《卓越绩效评价准则》（GB/T 19580—2012）指出，卓越绩效是指"通过综合的组织绩效管理方法，为顾客、员工和其他相关方不断创造价值，提高组织整体的绩效和能力，促进组织获得持续发展和成功"。卓越绩效模式是全面质量管理的实施框架，是对以往全面质量管理实践的标准化、条理化和具体化，是全球公认的质量经营模式。作为一种可重复使用的绩效管理和持续改进的系统方法，卓越绩效模式得到了越来越广泛的关注和应用。通过设立质量奖，引导和激励组织追求卓越，开展卓越绩效自评和质量奖评价，促使各类组织形成以技术、标准、品牌、质量、服务为核心的竞争新优势，并将成功的经验进行分享，促进经济的高质量发展。

卓越绩效评价准则主要由七个类目构成，其中"领导""战略""顾客与市场""资源""过程管理""测量、分析与改进"六个为过程类目,加上"结果"类目(在《卓越绩效评价准则》中表示为类目 4.1～4.7),形成了一个引导组织追求卓越的系统模式。在《卓越绩效评价准则实施指南》(GB/Z 19579—2012)的"卓越绩效评价准则框架图与评分条款分值表"中,给出了卓越绩效评价准则的框架图,如图 2-13 所示。

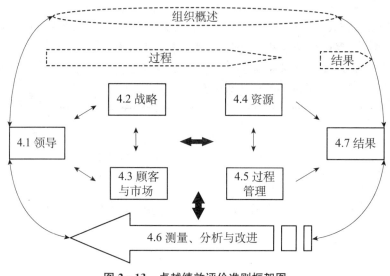

图 2-13　卓越绩效评价准则框架图

图 2-13 形象而清楚地描述了卓越绩效评价准则中七个类目评价要求之间的联系和逻辑关系。

首先,最上方的"组织概述"包括组织的环境、关系和挑战,显示了组织运营的关键因素和背景状况,要求在应用卓越绩效模式时必须结合组织实际。

其次,"过程""结果""测量、分析与改进"三个箭头框图构成了一个因果循环,意味着通过卓越的过程追求卓越的结果;通过对结果进行知己知彼的测量、分析和评价,驱动过程的改进和创新。

再次,在图 2-13 的左侧由"4.1 领导""4.2 战略""4.3 顾客与市场"三部分构成了"领导作用"三角,体现了领导在组织绩效管理系统中起到的驱动作用;在图 2-13 的右侧由"4.4 资源""4.5 过程管理""4.7 结果"三部分构成了"资源、过程和结果"三角,表明组织利用资源,通过过程管理来取得结果;"4.6 测量、分析与改进"是组织运作的基础,是链接两个三角的链条,并推动组织的改进和创新。

最后,该图中间的左右双向粗箭头表示领导掌握着组织前进的方向,并密切关注着结果;下方的上下双向粗箭头表示所有对组织持续成功和相关方重要的方面都要进行绩效测量,所有测量的关键绩效数据都要进行分析与改进;每个三角形中的小箭头表示了各类目之间的相互联系与作用,体现了较强的系统性。

二、卓越绩效评价方法

卓越绩效评价是一种基于目标的诊断式评价,它不同于 ISO 9001 等管理体系的符合性评价,而是管理成熟度评价。卓越绩效评价包含定性评价和定量评分,既可以对照

《卓越绩效评价准则》的要求，对组织的优势和改进机会给出定性的评语，又可以按照评分指南进行定量评分，评价组织管理的成熟度水平。在大多数实际评价中，两者可以联合使用。

卓越绩效评价将条款分成两类：过程类条款和结果类条款。其中，过程类条款是指《卓越绩效评价准则》4.1～4.6类目中的各评分条款，结果类条款是指4.7结果类目中的各评分条款。针对《卓越绩效评价准则》4.1～4.6类目中的各过程类条款，所采用的评价方法是按"方法—展开—学习—整合"四个要素，评价组织过程的成熟度。针对准则的要求，运用过程四要素，参照过程评分指南，对组织的过程类评分条款进行评价，其评价要素如表2-4所示。

表 2-4　过程评价要素

要素	评价要点
方法（A）	方法的适宜性，包括对标准评分条款要求和对组织实际的适宜程度
	方法的有效性，是否导致了好的结果
	方法的系统性，包括可重复性以及基于可靠数据和信息的程度
展开（D）	方法是否持续应用展开
	方法是否在所有适用的部门应用
学习（L）	通过循环评价和改进，对方法不断完善
	鼓励通过创新对方法进行突破性的变革
	在各相关部门过程中分享方法的改进和创新
整合（I）	方法与在组织概述和其他评分条款确定的组织需要协调一致
	各过程、部门的方法协调一致、融合互补，支持组织的使命、愿景和战略目标

针对《卓越绩效评价准则》4.7结果类目的各结果类条款，用"水平—趋势—对比—整合"结果四要素，评价组织绩效结果的成熟度。针对准则的要求，运用结果四要素，参照结果评分指南，对组织的结果类评分条款进行评价，其评价要素如表2-5所示。

表 2-5　结果评价要素

要素	评价要点
水平（Le）	绩效的当前水平
趋势（T）	绩效改进的速度（趋势数据的斜率）
	绩效改进的广度（展开的程度）
对比（C）	与适宜的竞争对手或类似组织的对比绩效
	与标杆或行业领先者的对比绩效
整合（I）	结果的测量指标与在"组织概述"和"过程评分条款中所确定的关键绩效要求及指标"相呼应
	各过程、部门的结果协调一致，支持组织使命、愿景和战略目标的实现

追求卓越，永无止境。市场竞争日益激烈，逆水行舟，不进则退，追求卓越应成为所有组织永恒的目标。高层领导应引导所有员工保持追求卓越的心态，充分应用卓越绩效模式来驱动改进和创新，向着卓越目标不断迈进。

本章小结

通过本章的学习，我们掌握了全面质量管理的相关知识。本章主要包括以下内容：全面质量管理的基础工作主要包括质量管理人员发展、质量责任制、标准化、计量、质量检验、质量认证、质量信息管理等；QC 小组活动的基本程序因"问题解决型"和"创新型"课题不同而不同，"问题解决型"课题中自定目标课题和指令性目标课题的程序也有差别；卓越绩效模式的框架由七个类目构成，其中"领导""战略""顾客与市场""资源""过程管理""测量、分析与改进"六个为过程类目，加上一个"结果"类目。

本章练习

第二章练习

第三章
质量管理体系

学习目标

知识目标
- 了解质量管理体系标准产生与发展的背景。
- 了解 ISO 9000 系列标准的核心标准。
- 掌握 GB/T 19001—2016 的框架。
- 了解质量管理体系的建立过程。
- 理解管理体系整合的原因。

能力目标
- 能识别出组织质量管理体系应该包含的要素。

素质目标
- 树立良好的体系意识，增强对质量管理科学性和标准重要性的认识，培养持续改进和创新精神，树立系统整合思维。

引 例

唐钢公司质量管理体系建设实践

IATF 16949 是国际汽车行业的技术规范，作为对 ISO 9001 的补充条款和 ISO 9001 一起共同实行。该体系着重于缺陷防范，减少在汽车零部件供应链中容易产生的质量波动和浪费。为提升管理水平及顾客满意度，增强产品市场竞争力，唐山钢铁集团有限责任公司（以下简称唐钢公司）于 2012 年启动 IATF 16949 质量管理体系构建工作，并于 2013 年首次通过认证。唐钢公司发展至今已成为一个拥有唐钢本部、唐钢新区、高强汽车板公司等多家子分公司的集团企业，各子分公司之间的产品具有紧密承接关系。

随着唐钢本部产线全部停产，炼铁、炼钢、热轧全部产能转移到了唐钢新区，公司内外部因素发生重大变化，怎样保证产品质量稳定控制、满足客户需求是公司质量管理工作的重点和难点。在此背景下公司提出了"集团管控"IATF 16949 质量管理体系的建设要求。

（一）集团管控质量管理体系应用实践

1. 识别支持功能

唐钢公司按照认可规则规定的集中管理活动范围识别出 IATF 规则支持功能（见表 3-1）。

表 3-1 IATF 规则支持功能

售后	校准	合同评审	持续改善
顾客服务	分配	工程	设施管理
财务	人力资源	信息技术	内审管理
物流	实验室	维护	管理评审
市场	包装	方针政策制定	生产设备开发
采购	产品设计	过程设计	质量体系管理
研发	修理	销售	排序
战略策划	供应商管理	测试	培训
仓储	保修管理	服务	

2. 完善集团管控的支持功能

结合实际，唐钢公司分析新版 IATF 认可规则的主要思想和应用方法，对照出唐钢本部在 IATF 认可规则的支持过程名称，确定集团本部对各子分公司的支持职能（见表 3-2）。

表 3-2 唐钢本部质量管理体系支持管理职能一览表

唐钢本部质量管理体系过程	对唐钢各子分公司	
	管理支持职能	对应 IATF 规则
市场营销（COP1）	市场、销售、合同评审	市场、销售、合同评审
设计与开发（COP2）	研发、产品设计、过程设计	研发、产品设计、过程设计
产品交付与结算（COP4）	产品交付	销售
售后服务（COP5）	售后、顾客服务	售后、顾客服务
经营计划（MP1）	年度经营预算、中长期战略规划	战略策划
相关方管理（MP2）	相关方管理	
体系策划过程（MP3）	质量管理体系策划	质量管理体系
质量方针和质量目标管理（MP4）	质量方针、质量目标的管理	方针政策制定
公司组织机构与职责（MP5）	组织机构及部门职责	质量管理体系
风险管理（MP6）	风险管理	质量管理体系
内部审核（MP9）	内审管理	内审管理

续表

唐钢本部质量 管理体系过程	对唐钢各子分公司	
	管理支持职能	对应 IATF 规则
管理评审（MP10）	管理评审	管理评审
人力资源管理（SP2）	人力资源	人力资源
基础设施与工装管理（SP3）	维护、信息技术	维护、信息技术
监视和测量设备管理（SP5）	校准	校准
采购与供应商管理（SP7）	供应商管理	供应商管理
物流管理（SP9）	物流、仓储	物流、仓储物流
顾客满意度测量（SP12）	顾客服务	顾客服务

3. 运用过程方法建立质量管理体系

唐钢公司按照 IATF 16949 标准的相关要求，采用过程方法建立质量管理体系，形成文件，加以实施和保持，并持续改进，以实现顾客满意。首先对公司质量管理体系所需的过程及其运用进行识别，确定过程与体系标准要素间的对应关系、过程顺序及相互作用、过程的职责和权限。最终要形成以下文件：质量管理体系过程与体系标准要素及顾客特定要求之间的关系对照表；质量管理体系过程顺序及相互关系图；IATF 质量管理体系"集团管控"对子分公司支持管理过程一览表；顾客导向过程和支持过程、管理过程相互关系图等图表。唐钢公司质量管理体系过程一览表如表 3-3 所示。

表 3-3　唐钢公司质量管理体系过程一览表

过程类别	过程名称	过程类别	过程名称
顾客导向 过程 （COP）	C1 市场营销	支持过程 （SP）	S1 文件管理
	C2 设计与开发		S2 人力资源管理
	C3 产品制造		S3 工作环境管理
	C4 产品交付与结算		S4 基础设施与工装管理
	C5 客户服务		S5 监视和测量资源管理
管理过程 （MP）	M1 战略运营/经营计划		S6 知识管理
	M2 相关方管理		S7 采购与供应商管理
	M3 体系策划过程		S8 产品标识和可追溯性管理
	M4 质量方针与质量目标管理		S9 物流管理
	M5 组织机构与职责管理		S10 过程、产品监视和测量
	M6 风险管理		S11 不合格品管理
	M7 目标和绩效管理		S12 顾客满意度测量
	M8 变更管理		S13 数据管理
	M9 内部审核		S14 信息自动化管理
	M10 管理评审		S15 应急管理
	M11 数据分析和使用	/	/
	M12 持续改进/纠正和预防措施	/	/
	M13 质量体系策划过程	/	/

　　为了上述过程的有效运行和控制，满足体系标准要求，唐钢公司将质量管理体系要求融入实际业务过程。公司确定了过程所需的输入和输出，并定义了所需的准则和方法，确保提供过程所需的资源和信息，并将这些在质量手册中进行明确；根据所确定的过程，结合具体业务，制定了程序文件和相应的作业文件，建立了一套符合IATF认可规则，与公司各业务过程相适应的质量管理体系，并在集团范围内进行发布、培训与宣贯。

（二）质量管理体系持续改进

1. 内部审核

　　质量体系内部审核是验证质量体系运行有效性、符合性的方法。为确保质量体系内部审核的有效实施，质量管理部门要充分征集各单位对体系内审的特殊需求，作为输入策划进审核实施计划并落实审核。审核前要组织审核小组对体系标准及体系变化进行研修，结合各支持职能和业务流程编制审核检查表和抽样计划。唐钢公司运用乌龟图工具设计了内审检查表，同时引入风险思维，确保审核全面有效。针对审核发现的不符合和问题项的整改，质量管理部门要给予充分辅导、组织现场验证，促进问题整改有效。

2. 过程审核

　　根据IATF 16949标准制造过程审核要求，按照VDA 6.3标准P2～P7模块，唐钢公司开展过程审核，关注每个过程的符合性，评定产品及其制造过程的质量能力。

3. 二方审核

　　依托汽车厂商对唐钢公司进行的供应商二方审核，唐钢公司关注顾客需求，发现质量管理中的薄弱环节，通过纠正措施予以改进，推进了公司质量管理体系持续落实，提升了公司质量管理水平。同时学习吸收汽车厂商在质量管理中的优秀做法，如引进了5M变化点（人、设备、物料、方法、管理）管理和异常管理，并运用到日常审核管理中。

（三）小结

　　唐钢公司质量管理体系建设，按照IATF认可规则要求集中结构化管理，优化设计了IATF 16949质量管理体系过程，确定了支持功能，运用过程方法，建立了集团管控的质量管理文件体系并实施。通过开展内部审核、过程审核、二方审核等识别存在问题，达成了持续改进目的。

　　通过以上方法，唐钢公司构建起高端用户、高端产品的全流程质量管理基础保障平台，并在实际推进和落实IATF 16949质量管理体系过程中，促进了高端汽车板和家电板质量档次的提升，使唐钢高端汽车板和家电板产品迈入了业内"第一方阵"，同时也经受住了高端客户的二方认证考验，为增强产品在市场中的信誉度和竞争力打下了坚实的基础。

　　在激烈的市场竞争环境下，组织的质量管理涉及的问题很多，包含的范围也越来越广，为了实现组织的目标，就需要建立一个协调一致的系统，对所有关键活动进行持续的管理、控制和改进。建立质量管理体系已成为各类组织实施质量管理的普遍方式。本章介绍了质量管理体系的基本知识，并以《质量管理体系 要求》（GB/T 19001—2015）为重点，阐述了质量管理体系标准发展历程、主要内容、建立与实施以及管理体系整合等内容。

第一节　质量管理体系标准概述

一、质量管理体系标准的产生与发展

质量管理体系是"组织建立质量方针和质量目标以及实现这些目标的过程的相互关联或相互作用的一组要素",是协调各方面要素以实现组织目标的管理系统。

质量管理体系有关国际标准的产生,源于人类科技、生产和管理水平持续发展,贸易趋于全球化的需求。全面质量管理理论的产生发展、质量管理学科的日趋成熟和数量众多企业的广泛实践,为质量管理和质量保证标准的产生提供了充分的理论依据和坚实的实践基础。国际标准化组织(ISO)于1987年正式发布了ISO 9000系列质量管理和质量保证标准,包括ISO 8402、ISO 9000、ISO 9001、ISO 9002、ISO 9003、ISO 9004六个标准,内容覆盖术语、标准的选择与使用、质量保证和质量管理体系要求等。

由于制定了质量管理体系认证这个推动机制,ISO 9000标准很快就被许多国家、地区和组织采用,在全球经济活动中产生了重要的影响。此后的30年时间里,为适应形势发展需要和质量管理实践的进展,ISO 9000系列标准经历了1994年、2000年、2008年、2015年四次修订(见图3-1),标准的内容、结构不断优化,标准应用的配套文件(指南标准、审核标准、技术报告和小册子等)日趋丰富,原有的ISO 9000系列标准逐步演变成为ISO 9000族标准,成为全世界各类组织建立、实施和改进质量管理体系的通用准则。

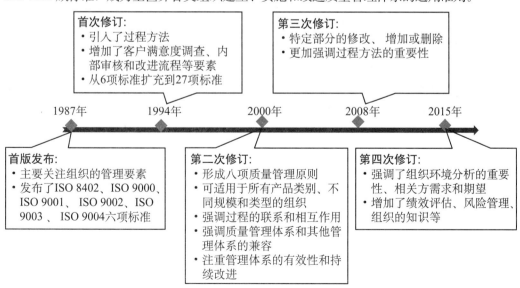

图3-1　ISO 9000系列标准产生与修订过程示意图

二、ISO 9000 族核心标准

（一）ISO 9000 标准

ISO 9000 标准是一个基础性标准，它阐明了质量管理体系的基础，规定了质量管理体系术语，为各类组织建立、实施、保持和改进质量管理体系提供了理论基础。现行的 2015 版 ISO 9000 标准由引言、范围、基本概念和质量管理原则、术语和定义四个主要部分组成。其中，基本概念和质量管理原则部分阐述了现代市场经济和社会环境下，质量、质量管理体系组织环境、相关方、支持（包括人员、能力、意识和沟通）等概念的含义和价值，诠释了组织要成功实施现代质量管理应遵循的七项基本原则；术语和定义部分界定了与质量管理有关的 13 大类 138 个术语。任何组织的任何人员都可以通过学习理解 ISO 9000 标准，建立理解、实施和评价质量管理体系活动的共同语言，从而避免在工作中产生不必要的误解、混淆和歧义。

（二）ISO 9001 标准

ISO 9001 标准规定了质量管理体系的要求，其目标是使组织具有稳定地提供满足顾客要求及适用的法律法规要求的产品和服务的能力，并不断增强顾客满意度。ISO 9001 标准是国际标准化组织所制定的最知名的标准，在全世界发布了 100 多万张认证证书。标准提出的要求可以帮助组织建立最基本的管理体系，以保证和提高产品和服务质量，保护顾客利益，并帮助组织适应环境的变化，建立满足顾客和相关方变化的需求和期望的组织框架，从而促进国际贸易。ISO 9001 标准具有通用性，适用于各行各业的各类组织，可作为建立和运行质量管理体系的准则，并在全球范围内被作为质量管理体系符合性认证的依据。许多行业或领域还针对 ISO 9001 在特定领域的应用对要求进行了细化，形成自己行业的质量管理体系标准或指南，如汽车业的 IATF 16949、航空业的 AS 9100 等。

（三）ISO 9004 标准

ISO 9004 标准是关于建立和实施质量管理体系的指南标准，目的是为组织建立超越 ISO 9001 标准要求、满足更宽范围目标的质量管理体系并持续改进整体绩效提供指导。现行有效的 ISO 9004 标准是 2018 年 4 月发布的，我国等同采用制定的 GB/T 19004 标准不能用于"认证"、法规或合同目的符合性评审，但本标准在附录中提供了自我评价工具，组织或由代表组织利益的其他方，可以据此来评价其质量管理体系的成熟度，以识别自身在质量管理方面的优势和不足，确定为确保组织持续成功所需采取的行动。

第二节 《质量管理体系 要求》国家标准介绍

《质量管理体系 要求》（GB/T 19001—2016）采用过程方法、应用 PDCA 循环和基于风险的思维建立了质量管理体系的要求。过程方法和 PDCA 循环能使组织明确目标，对过程进行有效的策划和管理，提供适宜的资源，监视和测量过程，识别改进机会并采取行动以确保实现目标。基于风险的方法提示组织应预先确定可能导致其过程和质量管理体系偏离策划结果的各种因素，采取预防措施，最大限度地降低不利影响，并利用出现的机遇。

图 3-2 是包含了体系所有要求、以 PDCA 循环展示的质量管理体系过程模式图。为了与其他管理体系标准兼容，方便组织建立一体化的管理体系，GB/T 19001—2016 标准采用了高阶结构，标准的第 4 至第 10 章提出了质量管理体系的基本要求，下面分别简要介绍。

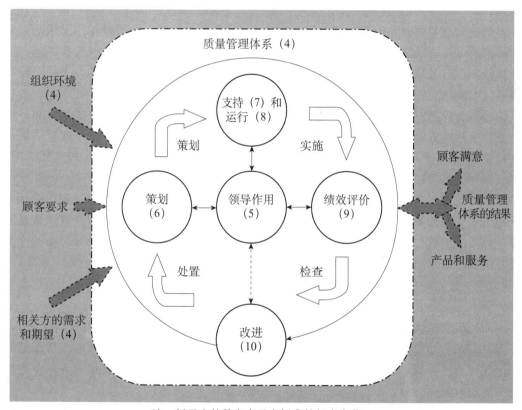

注：括号中的数字表示本标准的相应章节。

图 3-2　GB/T 19001—2016 标准结构示意图

一、组织环境

"组织环境"一章强调组织的质量管理体系是建立在每个组织特定的环境之下的，因此首先要确定与其宗旨和战略方向相关并影响其实现质量管理体系结果的能力的各种外部和内部因素，并对有关信息进行监视和评审；同时，相关方也会对组织提供满足顾客和法律法规要求的产品和服务的能力具有现实或潜在的影响，组织要确定相关方及他们的要求，监视和评审这些相关方及其相关要求。

特定的组织环境和相关方要求，是除顾客要求外组织建立质量管理体系时必须考虑的因素，在此基础上，组织确定质量管理体系的适用和管辖范围，应用过程方法确定质量管理体系所需过程及其顺序和相互作用，确定并应用保持这些过程有效运行和控制的准则和方法，为这些过程提供资源、分配职责和权限，考虑如何应对过程可能遇到的风险，评价和改进这些过程，确保实现预期目标并得到改进提高。

二、领导作用

"领导作用"一章明确了管理体系中领导特别是最高管理者应有的作用和承诺，以及如何制定和沟通质量方针，并确保组织相关岗位的职责、权限得到分配、沟通和理解。

最高管理者应通过确保以下方面，证实其以顾客为关注焦点的领导作用和承诺：确定、理解并持续地满足顾客要求以及适用的法律法规要求；确定和应对风险和机遇，这些风险和机遇可能影响产品和服务合格以及增强顾客满意的能力；始终致力于增强顾客满意。

最高管理者应制定、实施和保持符合以下要求的质量方针：适应组织的宗旨和环境并支持其战略方向；为建立质量目标提供框架；满足适用要求的承诺；持续改进质量管理体系的承诺。质量方针应可获取并保持成文信息，在组织内得到沟通、理解和应用，适宜时，还可以被相关方获取。

最高管理者应分配相关岗位的职责、权限并使之在整个组织内得到沟通和理解，以确保质量管理体系符合标准的要求；确保各过程获得其预期输出；报告质量管理体系的绩效以及改进机会，特别是向最高管理者报告；确保在整个组织中推动以顾客为关注焦点；确保在策划和实施质量管理体系变更时保持其完整性。

三、策划

对质量管理体系进行有效策划是建立基于风险的质量管理体系的重要环节。"策划"一章从三个方面提出了组织策划质量管理体系时的要求：一是在策划体系时要考虑应对风险和机遇的措施；二是要对质量目标及其实现进行策划；三是要对质量管理体系有关的变更进行策划。

（1）在确定需要应对的风险和机遇时，要考虑确保质量管理体系能够实现其预期结果，增强有利影响，预防或减少不利影响并实现改进。组织应策划应对这些风险和机遇的措施，并考虑如何在质量管理体系过程中整合并实施这些措施以及评价这些措施的有效性。

（2）组织应针对相关职能、层次和质量管理体系所需的过程建立质量目标。质量目标应保持成文信息并与质量方针保持一致，可测量，考虑适用的要求，与产品和服务合格及增强顾客满意相关，并予以监视、沟通及适时更新。在策划如何实现质量目标时，组织需要确定要做什么、需要什么资源、由谁负责以及何时完成和如何评价结果。

（3）当组织确定需要对质量管理体系进行变更时，应考虑变更的目的及其潜在后果、质量管理体系的完整性、资源的可获得性、职责和权限的分配或再分配等，对变更进行策划。

四、支持

为使质量管理体系中产品和服务提供的过程有效运行，需要很多支持性的职能和活动。在"支持"一章，标准从资源（人员、基础设施、过程运行环境监视和测量资源、组织的知识）、能力、意识、沟通和成文信息五个方面明确了质量管理体系有关的支持过程的要求。

（一）资源

质量管理体系的建立、实施、保持和持续改进都需要资源，组织应在考虑现有内部资源的能力和局限性以及需要从外部供方获得的资源的基础上，确定和提供这些资源。这包括：组织应确定并配备实施质量管理体系所需的人员；确定、提供并维护所需的基础设施；确定提供并维护所需的环境；确定并提供适宜的、必要时可溯源的监视和测量设备；确定保持并应用必要的知识，以运行过程，并获得合格产品和服务。

（二）能力

很多人员的工作受组织的控制并影响质量管理体系的绩效和有效性，对于这些人员，要确保其具备胜任工作所需的能力。这包括：基于适当的教育、培训或经验选聘人员；必要时采取措施帮助其获得所需的能力，并评价这些措施的有效性；保留适当的成文信息作为人员能力的证据等。

（三）意识

从事质量管理体系相关工作的人员必须知晓质量方针、相关的质量目标、他们对质量管理体系有效性的贡献及改进绩效的益处以及不符合质量管理体系要求的后果，以确保其具备足够的质量意识，积极主动地从事与质量管理体系相关的工作，为保证质量做出贡献。

（四）沟通

质量管理体系中有很多事项需要进行内外部沟通。标准规定，组织应确定与质量管理体系相关的内部和外部沟通，包括沟通什么、何时沟通、与谁沟通、如何沟通、谁来沟通等，以便准确有效地传递应用质量管理体系相关信息。

（五）成文信息

成文信息就是质量管理体系中需要形成文件的信息，包括规定了质量管理体系及其运行过程的各层次文件，以及用于证实质量管理体系有效运行的客观证据。为了确保成文信息的适宜性、充分性和适当使用，在创建和更新时，应确保适当的标识和说明、形式以及经过评审和批准；在使用过程中，要通过规范的分发、访问、检索、存储、更改、保留和处置等活动，对成文信息进行控制和防护，以确保在需要的场合和时机，均可获得并适用，这些控制应包含必需的来自外部的信息。

五、运行

"运行"一章描述的是产品和服务提供全流程质量管理体系有关的策划、实施和控制要求。组织需确定产品和服务的要求；建立关于过程（包括外包过程）以及产品和服务接收的准则；确定所需的资源；按准则实施过程控制；确定、保持有关的成文信息，以便确信过程已按策划进行并证实产品和服务符合要求。

（一）产品和服务的要求

首先，产品和服务的要求来自与顾客的沟通，组织应从多种渠道获取有关产品和服务的信息［包括问询、合同或订单、顾客反馈（包括投诉）、顾客财产等］，关系重大时，制定应急措施要求等。其次，在确定产品和服务的要求时，组织要考虑适用的法律法规要求，还有组织自己认为必要的要求（通常为为增强产品或服务的市场竞争力而增加的要求），组织还要确保提供的产品和服务能够满足所声明的要求。为确保组织有能力向顾客提供满足要求的产品和服务，在向顾客承诺之前，组织需要就各方面要求进行评审，适用时，还需保留评审结果及有关新要求的成文信息；若产品和服务要求发生更改，组织要确保成文信息也得到更改并确保相关人员知道已经更改的要求。

（二）产品和服务的设计和开发

为了确保后续产品和服务提供，标准要求组织建立、实施和保持适当的设计和开发过程，这包括对设计开发过程进行有效策划、确定设计开发的输入、对设计开发过程进行控制、确保设计开发的输出及设计开发的更改等各环节的要求。

（三）外部提供的过程、产品和服务的控制

现代组织提供的产品、服务都比较复杂，很少有组织能单独承担产品和服务提供的所有过程，多数都会有外部合作方（供应商、合作伙伴等），共享资源并共同创造价值。外部合作方的产品和服务可能构成组织自身产品和服务的一部分，也可能直接提供给顾客，或者组织决定将某些过程包给外部合作方，这些过程虽然不是由组织自己运作的，但组织要确保外部合作方提供的产品、过程和服务不会对组织稳定地向顾客交付合格的产品和服务的能力造成影响。因此要将这些外部过程纳入组织的质量管理体系过程中进行控制，组织应针对各类外部合作方制定并实施评价、选择、绩效监视以及再评价的准则，这些准则应基于外部合作方的能力（在类别和水平方面）与组织要求相匹配、相契合的程度来建立。当组织要求发生变化时或外部合作方能力可能变化时，应对组织供应链中的外部合作方实施再评价，确保外部提供的过程、产品和服务符合要求。

（四）生产和服务提供

标准要求，所有的生产和服务过程都应在受控状态下进行。适用时，受控的条件应包括：获得关于拟生产的产品、拟提供的服务或进行的活动的特性和拟获得的结果的成文信息；采用适当的方法对输出及状态进行标识，对有可追溯要求的输出进行唯一性标识并保持成文信息；对组织使用或构成产品或服务一部分的顾客或外部供方财产予以识别、验证、保护和防护；对生产和服务提供期间的输出进行必要的防护以确保符合要求；在考虑法律法规、产品和服务的特性、顾客要求及潜在不良后果的基础上，安排交付后活动；对生产或服务提供的更改进行必要的评审及控制等。

（五）产品和服务的放行

标准要求，组织要在生产和服务提供的适当阶段验证产品和服务的要求已得到满足，这些验证活动须预先策划，如果没有授权人员的批准，或适当时顾客的批准，在这些策划的安排已圆满完成之前，不应向顾客放行产品和交付服务。

（六）不合格输出的控制

对于不符合要求的输出，要进行识别和控制，以防止非预期的使用或交付。对于不合格输出，组织可应用的处置途径有：纠正、隔离、限制、退货或暂停对生产和服务的提供告知顾客，获得让步接收等；对于不合格的描述、采取的措施、获得的让步的描述以及识别处置不合格的授权要保留成文的信息。

六、绩效评价

"绩效评价"是标准设定的对组织质量管理体系绩效和有效性进行评价的要求。组织须进行系统的策划，确定需要监视和测量什么，用什么方法进行监视、测量、分析和评价，以及何时实施监视和测量、何时对监视和测量的结果进行分析和评价等。监视和测量的主要过程包括：

（1）顾客满意。组织可以通过顾客反馈、投诉担保、调查、市场占有率分析等多种方式了解顾客满意情况。

（2）分析和评价。组织应对监视和测量得到的各方面信息进行分析，并利用分析结果评价产品和服务的符合程度、顾客满意程度、质量管理体系的绩效和有效性如何、策划是否得到有效实施、应对风险和机遇的措施的有效性、外部合作方的绩效以及质量管理体系改进的需求。

（3）内部审核。内部审核是体系自带的持续改进机制，组织需要定期评价质量管理体系对标准要求和自身质量管理体系的要求的符合性，以及体系得到有效实施和保持的情况。

（4）管理评审。为了确保质量管理体系持续的适宜性、充分性和有效性，最高管理者也要按策划的时间间隔、综合各方面信息和绩效结果对质量管理体系进行评审，以发现改进的机会、决策体系所需变更及资源需求。

七、改进

"改进"是贯穿质量管理体系所有过程的条款，为应对顾客的需求期望和市场竞争的要求，组织需要不断改进产品和服务，纠正、预防或减少不利影响，改进质量管理体系的绩效和有效性。基于此，标准提出两方面要求。

（1）当出现任何形式的不合格时，组织首先要进行应对，适用时，采取措施以控制和纠正不合格，并对其后果进行处置；随后，要评价针对不合格原因采取纠正措施的需求以避免其在其他场合发生；实施所需措施；评价措施的有效性；需要时，更新策划时确定的风险和机遇，并对质量管理体系有关事项进行变更。

（2）针对质量管理体系的适宜性、充分性和有效性，实施持续改进。组织应考虑绩效评价过程中分析和评价的结果，以及管理评审的输出，以确定是否存在改进的需求或机遇，这些需求或机遇可以作为组织持续改进的一部分加以应对。

综上所述，国际标准化组织历经 30 多年，在全面质量管理理论和世界各国企业质量管理实践基础上，采用管理的过程方法，应用 PDCA 循环，构建了一个覆盖产品和服务提供全流程的、通用的质量管理体系模式，用以支持各行各业的各类组织建立规范的质量保证体系，以适应不断变化的内外部环境，满足顾客和法律法规的要求，也为国际贸易和交流提供了方便。

第三节　质量管理体系的建立和运行

在我国，一个组织只要向顾客提供产品和服务，不论其是否通过 GB/T 19001 标准认证，客观上都存在一定程度的质量管理。在我国的标准化体系中，GB/T 19001 是推荐性国家标准，是否依据其建立质量管理体系并通过认证，取决于组织自身贸易环境和生存发展的需要，是组织的战略决策。对企业来说，贯标认证是对原有质量管理方法的系统梳理、规范和完善的过程。一般来说，按 GB/T 19001 建立和运行质量管理体系的步骤包括策划与准备、建立与实施、评价与改进三个大的阶段。

一、质量管理体系的策划与准备

质量管理体系的建立和运行涉及组织的各个层次、所有员工，所以要做好系统策划和全员参与的准备工作。建立质量管理体系的相关准备工作包括：

（1）贯标。在全员范围内宣贯质量管理体系标准，阐明贯标的目的和意义，动员全体员工参与质量管理体系相关工作。

（2）建立组织机构。成立贯标工作领导小组，任命管理者代表或指定质量管理体系的分管领导，明确贯标工作的牵头组织和协调部门等，为贯标工作提供组织保障。

（3）制订工作计划。明确每一阶段的工作目标、内容、责任部门和时间节点，保证各项工作衔接有序，以便按时达成总体目标。

（4）培养人才。对拟参与过程识别、文件编写的贯标骨干、质量管理体系的内审员等进行专门培训。

对质量管理体系的策划一般包括：（1）制定质量方针；（2）制定并在相关职能和层次上展开质量目标；（3）识别质量管理体系所需过程及其相互关系，并在此基础上确定过程实施的准则、资源要求、测量方法和改进程序等；（4）在过程识别的基础上，明确每个过程的归口管理部门及其职责、权限以及沟通方式，为确定管理程序及编制质量管理体系文件奠定基础。

二、质量管理体系的建立与实施

（一）质量管理体系文件编写

质量管理体系文件具有重要作用，它可以沟通意图、统一行动，有助于保证各项活动的重复性和可追溯性，并提供产品符合要求、过程管理规范的客观证据，因此成文信息（即形成文件的信息）是质量管理体系建立和实施的重要基础。为增强组织的自主性和灵活性，相对以往的版本，2015版ISO 9001标准进一步弱化了文件编写的强制要求，文件的多少、详略程度可以由组织结合自身的特点决定，以过程受控和满足需求为标准。

一般来说，质量管理体系文件包括质量手册（含质量方针、质量目标）、程序文件、作业指导书三个层次（非标准规定要求）。

1. 质量手册

质量手册是对组织质量管理体系进行总体描述的文件。对内可以规范质量管理体系的总体活动安排和过程接口、职能分工等；对外可以显示质量管理体系的存在，让人们初步了解组织的质量保障能力。手册内容通常包含质量方针、质量目标、有关术语、组织概况及质量管理体系覆盖的范围、主要过程、职责权限分配、相关记录要求等。

2. 程序文件

程序是为进行某项活动或过程所规定的途径，包含程序的文件被称作程序文件。程序文件是质量管理体系标准的习惯叫法，在2015版ISO 9001标准中已经取消了这个说法，而变成了更加概括性的"文件化信息"。程序文件通常包括活动的目的、范围、职责权限、工作程序、相关文件、记录、附录等。

3. 作业指导书

作业指导书是指导一个具体过程或活动如何实施的文件，是程序文件的细化和补充，主要用于阐明具体的工作方法和要求（如工艺标准、检验规程、图纸、样板等），其内容通常包括作业名称、作业的资源条件、作业的标准、作业的方法与步骤、作业管理要点与注意事项、安全环保要求、应急准备与响应等。

文件编制过程，既是落实标准要求的过程，也是对原有活动进行规范和完善的过程。因此，对组织来说是个重要的增值过程。

（二）质量管理体系的实施

文件编写完成后，质量管理体系的各项活动要在整个组织内系统有序地展开，可采用如下步骤：

1. 实施准备

实施准备包括宣贯培训及资源准备。要使全体员工知道组织的质量方针、目标，明确自己的岗位职责及工作要求；同时还要检查质量管理体系运行所需资源，如体系文件及记录表格是否发放到位、人力资源配备是否能够胜任部门/岗位职责要求、基础设施、设备能力及工作环境是否满足过程要求等。有些企业为了保证质量管理体系运行成功，还会在文件编写完成后进行一段试运行，为正式实施质量管理体系做准备。

2. 贯彻实施

贯彻实施是指正式发布管理体系，按策划形成的管理制度、程序等，系统地开展组织的质量管理活动。此阶段重点是运行控制，组织要严格执行体系的各项规范要求，并按照PDCA模式，做好监测和测量工作，注意收集体系符合性、有效性的证据，遇到问题及时采取改进措施，使质量管理体系各项活动协调进行，保证质量目标的实现。

三、质量管理体系评价与改进

质量管理体系的运行效果，可通过顾客满意程度的测量、产品和服务过程符合要求的情况以及过程受控情况等来衡量，同时，还要通过质量管理体系内部审核、管理评审对质量管理体系进行全面、系统的评价，以促进其持续地满足要求，并得到不断改进。质量管理体系内部审核，是在质量管理体系运行的一定阶段，对质量管理体系的适用性、符合性和有效性进行的检查。内审须进行系统的策划，建立审核方案，按策划的时间间隔，由胜任的人员（一般是经过培训的内审员）实施。

管理评审是由最高管理者主持，各职能部门领导参加，针对质量管理体系有关各方面的信息进行分析评审，对质量管理体系持续的适宜性、充分性和有效性进行评价的管理活动。管理评审按计划的时间间隔（一般不超过 12 个月）进行。管理评审的输入包括：审核的结果、顾客反馈、主要过程的业绩表现、产品符合性、预防和纠正措施的现状及改进的结果、以往管理评审所确定的措施的实施情况及效果的跟踪、可能影响质量管理体系的各种变更等。管理评审的输出应包括：质量管理体系及其过程有效性改进的决定和措施，与顾客要求有关的产品改进的决定和措施、资源需求的决定和措施等。

管理评审和内审是体系重要的持续改进机制，针对内审和管理评审识别出的问题和改进空间，组织均需要制订计划，采取相应的措施，对体系实施改进，并对改进效果进行跟踪，确保质量管理体系持续的适宜性、充分性和有效性。

第四节　管理体系整合

国际标准化组织（ISO）自 1987 年发布 ISO 9000 系列质量管理体系标准以来，又发布了一些新的管理体系标准，如环境管理体系标准（ISO 14001）、信息安全管理体系标准（ISO 27001）、能源管理体系标准（ISO 50001）、职业健康安全管理体系标准（ISO 45001）等，其他一些国际组织也陆续出台了很多管理体系标准，如社会责任管理体系标准（SA 8000）等。

这些管理体系标准针对组织管理不同方面的目标，构造了系统的管理框架，在各行各业的各类组织中得到越来越广泛的应用，一个组织同时拥有多个管理体系，已渐渐成为一种普遍现象。但是，在管理体系运行过程中出现了诸多问题：其一，组织为了满足不同管理体系标准认证的需要，做了大量重复劳动，编制了多本管理手册和程序文件，重复进行各个体系的内部审核和管理评审，导致管理体系效率低下；其二，依据不同的管理体系构架建立多个不同的管理体系，造成组织内部相互协调的工作量巨大，导致各个管理部门之间争资源、政令不统一、信息难共享甚至互相排斥的情况出现；其三，为了获得各种管理体系认证证书，不得不寻求并接受多种审核，有时可能是由多家认证机构分别进行的。上述问题的存在使得管理体系整合成为必然的发展趋势。

一、管理体系整合的基本原理

国外资深标准化组织在十多年前就开始尝试将多种体系整合成单一的管理体系。成立于1901年的英国标准协会（British Standards Institution，BSI）是全球首个国家标准机构，其于2006年8月发布了世界上第一个整合管理体系规范——《整合管理体系的框架——通用管理体系要求的规范》（PAS 99：2006），并于2012年结合国际标准的发展变化进行了更新。

国际标准化组织（ISO）为了加强管理体系标准之间的协调性和兼容性，在2012年发布的ISO工作指导文件——《ISO/IEC导则 第1部分》附录中，对管理体系标准制定的标准化和有效性提出了规定。该导则规定了ISO/IEC技术工作的通用规则及ISO专用程序，也规定了适用于所有ISO管理体系标准的通用框架，并称之为"High Level Structure"（高阶结构）。该导则中定义的管理体系高阶结构如表3-4所示。根据该导则的要求，从2012年开始，由ISO制定和修订的管理体系标准都要采用高阶结构、通用核心文本内容及相关通用术语和定义。

表3-4 ISO/IEC提出的管理体系高阶结构

章节	内容	章节	内容	章节	内容
1	范围	6	策划	9	绩效评估
2	规范性引用文件	6.1	应对风险和机遇的措施	9.1	监视、测量、分析和评价
3	术语和定义	6.2	××目标及其实现的策划	9.2	内部审核
4	组织环境	6.3	变更的策划	9.3	管理评审
4.1	理解组织及其环境	7	支持	10	改进
4.2	理解相关方的需求和期望	7.1	资源	10.1	总则
4.3	确定××管理体系范围	7.2	能力	10.2	不合格和纠正措施
4.4	××管理体系	7.3	意识	10.3	持续改进
5	领导作用	7.4	沟通		
5.1	领导作用和承诺	7.5	文件化信息		
5.2	方针	8	运行		
5.3	组织的岗位、职责和权限	8.1	运行的策划和控制		

统观不同标准化组织的建议以及企业实践经验，多体系整合在原理上就是抽离出各管理体系中的通用要求，同时保留那些不能合并的各体系的特殊要求，通过体系整合减少文件的数量，提升文件之间的协调性和针对性，从而降低多体系造成的管理成本，提升体系管理的有效性和效率。管理体系整合原理如图3-3所示。

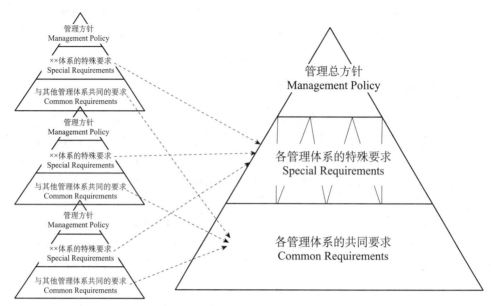

图 3-3　管理体系整合原理示意图

二、管理体系整合的方法

基于管理体系整合的原理，可以有多种方法整合管理体系。

（一）根据高阶结构进行整合

参照《ISO/IEC 导则 第 1 部分》附录中的高阶结构进行体系整合时，编写每一个文件都需要同时考虑不同管理体系中同一个条款的要求。比如 4.1 条款"理解组织及其环境"，从不同管理体系的要求表述来说，相差不大，只是每个管理体系的关注点不同。企业可在同一份管理体系手册中说明，只需要单独列出不同体系的关注点。对于质量管理体系 ISO 9001，标准要求"组织应确定与其宗旨和战略方向相关并影响其实现质量管理体系预期结果的能力的各种外部和内部因素"，落实到实际操作中，就是关注内外部环境对其产品或服务质量的影响。对于环境管理体系 ISO 14001，标准要求"组织应确定与其宗旨相关并影响其实现环境管理体系预期结果的能力的各种外部和内部问题"，落实到实际操作中，就是关注内外部环境对企业生产经营活动有影响或者会被组织所影响的环境状况，如废水、废气、噪声、固体废弃物、生物多样性等方面。对于职业健康安全体系 ISO 45001，标准要求"组织应确定与其宗旨相关并影响其实现职业健康安全管理体系预期结果的能力的各种外部和内部问题"，落实到实际操作中，就是关注可能影响员工职业健康安全造成的危险源的管理。

在具体指导工作的程序文件或者工作指示中，也要尽可能将各种要求整合为一体，用一份文件满足所有管理体系要求。例如：对于生产现场的作业指导书，除了包含指导生产的操作步骤，还应包括职业健康安全、环境、风险管理等方面的要求。

（二）基于过程方法进行整合

过程是指"利用输入产生预期结果的相互关联或相互作用的一组活动"。尽管目前只有质量管理体系中有明确要求使用过程方法，其他管理体系没有强制要求必须使用过程方法，但是过程方法可以用来识别所有的管理要求及控制要素。

基于过程方法进行体系整合时，组织应开展过程的识别与设计、实施、分析和改进。在开展这些活动时，都要考虑不同管理体系的要求。企业通常可以将企业经营所适用的全过程按照过程的性质进行分类管理，一般可分为管理过程、业务过程、支持过程，或者增值过程、非增值过程等。该方法可以打破组织内部门之间的壁垒，以过程为对象，由参与某个过程的人同时进行考虑，有助于所建立的流程文件的完善性。用过程方法进行体系整合的思路如图 3-4 所示。

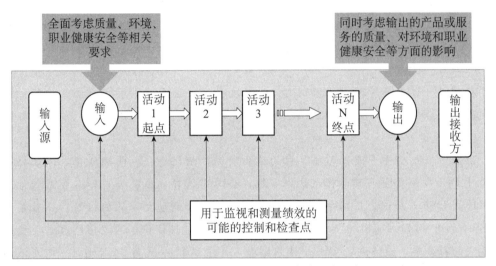

图 3-4 用过程方法进行体系整合的思路示意图

（三）其他整合方法

除上述两种方法之外，企业还可以以企业标准体系［《企业标准体系 要求》（GB/T 15496）］为基础，或者以卓越绩效模式［《卓越绩效评价准则》（GB/T 19580）］为基础，整合不同管理体系的要求。在实际操作中，根据不同企业或者不同过程的特点，将这些方法进行组合也是可行的。

知识拓展：
管理体系整合步骤

实例链接

西排公司质量管理体系建设实践

西峡县内燃机进排气管有限责任公司（以下简称西排公司）自 1985 年成立以来，致力于汽车零部件研发和生产，通过持续技术创新，具备了高强度球墨铸铁、蠕墨铸铁、高镍合金、高硅钼合金、耐热铸钢、不锈钢等材质发动机排气管以及涡轮增压器壳体、差速器壳体等系列产品的研发能力，以进口替代为突破口，累计开发新产品超过 3 000 种，覆盖重、中、轻、轿、微型全系列汽车及轮船、军工等领域，与法国 PSA、意大利 FIAT、一汽轿车、上汽集团、神龙公司、北汽、长城、潍柴、一汽锡柴、玉柴、康明斯、法国佛吉亚、德国道依茨等国内外 120 余家客户配套，排气歧管产品的国内市场占有率连续多年居全球行业首位。

公司于 2016 年 10 月与上海纳威尔格公司签订服务协议，准备导入 QSB＋管理模式。公司先后三次派员参加神龙汽车有限公司组织的"QSB＋质量体系基础"的培训，并在公司内部组织了为期 4 天的"QSB＋质量体系基础"的培训活动。在组织保障和流程保障的基础上，经过试运行、持续保持与提升，逐步提升公司的运营绩效，引领公司走向卓越。

一、实施与运行

（一）组织保障

公司于 2017 年 2 月 23 日下发红头文件，成立了以总经理为组长、质量副总为副组长的"QSB＋推进领导小组"，下设办公室，专门负责 QSB＋体系的推进工作。

（二）流程保障

在 QSB＋体系各管理方法培训之后，为支持"快速反应"管理办法的执行，推进小组成员先后制定了"快速反应管理规范"，完善了"8D 作业管理规范"。

（三）试运行

为强力推进 QSB＋项目各项要求的稳步实施，细化责任、明确任务，保证公司顺利通过 DPCA 的 QSB＋质量体系认证审核，公司邀请咨询公关公司知名专家进行当面授课培训 QSB＋知识。在辅导老师的指导下，为充分调动大家的积极性，公司制定了"QSB＋第 2～4 阶段考核方案"，并先后进行了三轮自我评价，通过持续改进，稳步提高过程的符合率，最终满足 QSB＋体系要求，并于 2017 年 8 月 24 日通过了神龙汽车公司代表法国 PSA 进行的 QSB＋认证审核。

（四）持续保持与提升

为了保持 QSB＋体系所要求的"快速反应"等 13 个管理方法在组织内的持续运行，公司相继出台了 3 个版本的"QSB＋体系运行考核方案"。在公司董事长、总经理等高管团队的大力支持下，以质量体系运行办公室为主体，每月成立考核团队，对 13 个管理方法的支持质量以及 13 个管理方法在生产现场的综合运行质量进行评估，奖优罚劣。公司每月召开 QSB＋自评总结会，董事长、总经理亲自到会，由评审组长对共性问题进行深入剖析，授人以渔。

二、实施效果

经过多年的不断发展，公司的综合竞争力和经营绩效显著提高，在"快速反应"管理方法的有效性、产品质量、财务、顾客与市场等方面都取得了卓越的绩效。

（一）有效性

有效性主要从顾客不良反馈（质量、交付、包装、物流）及内部批量质量事故的发生率以及问题的重复发生率来衡量。2020 年 1—5 月的整体控制水平可以从"质量 Q 图"（见图 3-5）和"快速反应再发问题跟踪情况"（见图 3-6）来展现。

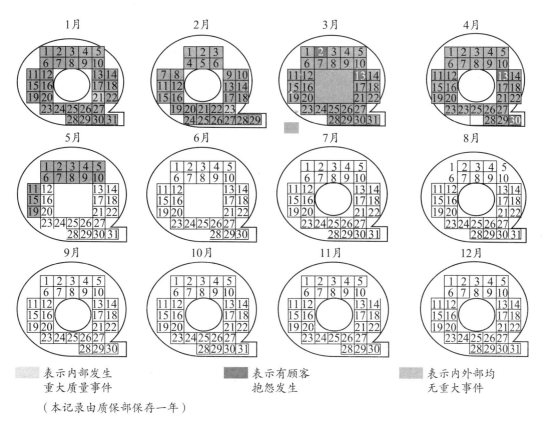

表示内部发生
重大质量事件

表示有顾客
抱怨发生

表示内外部均
无重大事件

（本记录由质保部保存一年）

图 3 - 5 2020 年 1—5 月质量 Q 图

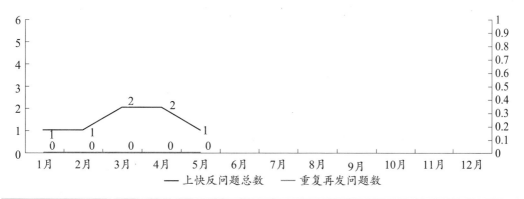

——上快反问题总数 ——重复再发问题数

问题状态	各月份问题数											
	1月	2月	3月	4月	5月	6月	7月	8月	9月	10月	11月	12月
上快反问题总数	1	1	2	2	1							
重复再发问题数	0	0	0	0	0							

图 3 - 6 2020 年 1—5 月快速反应再发问题跟踪情况

（二）产品质量结果

公司主要产品是发动机进排气歧管，产品质量已达到国内领先水平。近三年来所提供产品与服务在国家主管部门抽检中均合格。2017—2019 年排气歧管产品铸造和机加成品不良率指标如图 3-7 所示。

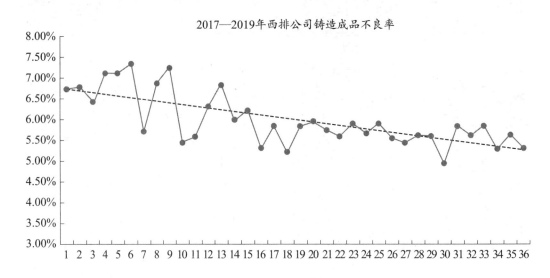

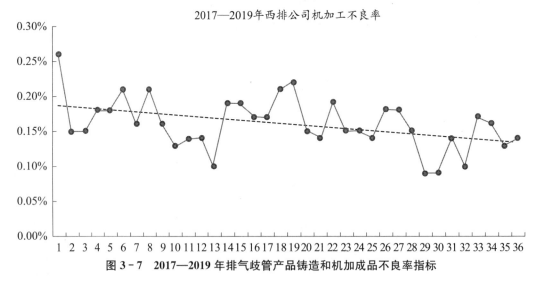

图 3-7　2017—2019 年排气歧管产品铸造和机加成品不良率指标

（三）财务结果

通过"快速反应"管理方法的运行，公司生产出现的问题得到有效解决，公司的质量成本明显下降，2017—2019 年，质量成本下降了 1 个百分点，节约资金折合人民币约 500 万元（见图 3-8）。

（四）顾客与市场结果

公司始终坚持把顾客和市场的需求放在首位，不断提高产品与服务质量，赢得了顾客满意，顾客忠诚度（见表 3-5）和产品市场占有率逐年提升。

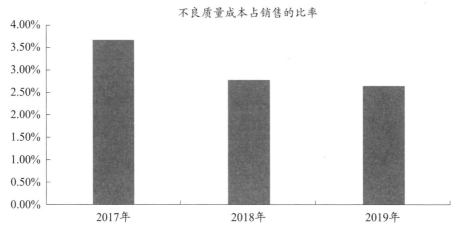

图 3 - 8 2017—2019 年质量成本柱状图

表 3 - 5 2017—2019 年顾客与市场结果指标

服务绩效指标	2017 年	2018 年	2019 年
顾客满意度（分）	91.8	93.9	95.1
顾客忠诚度（分）	77.4	77.8	79.5
顾客投诉处理及时率（％）	100	100	100

本章小结

通过本章的学习，我们掌握了质量管理体系的相关知识。本章主要包括以下内容：ISO 9000 族标准的核心标准包括 ISO 9000、ISO 9001 和 ISO 9004 等；GB/T 19001—2016 采用管理体系高阶结构，包括组织环境、领导作用、策划、支持、运行、绩效评价和改进等内容；一个组织同时拥有多个管理体系，极易出现存在大量重复劳动、组织内部相互协调工作量巨大等问题，使得管理体系整合成为必然趋势。

本章练习

第三章练习

第四章
服务质量管理

● 学习目标

知识目标

- 掌握服务质量的概念。
- 理解服务质量差距模型的主要内容与差距分析。
- 掌握 SERVQUAL 模型的主要内容。
- 掌握顾客满意度指数模型的主要内容。

能力目标

- 能利用 SERVQUAL 模型设计服务质量评价量表。

素质目标

- 树立良好的服务质量意识，增强基于顾客需求实现顾客满意重要性的认识，提高发现问题、解决问题的能力。

● 引　例

星巴克服务质量管理的成功方案

星巴克创立于 1971 年，是世界领先的咖啡连锁零售商。1999 年 1 月，星巴克在北京开设了中国（不含港澳台地区）第一家门店。中国目前已成为星巴克发展速度最快、最大的海外市场。根据星巴克的官方网站得知：目前，星巴克已经在中国 250 多个城市开设了约 6 500 家门店。

顾客服务包括对外（顾客）和对内（单位其他部门）两种，这里指对外的顾客服务。"不卖咖啡卖服务"，星巴克从顾客角度出发，针对不同消费人群采取不同的顾客服务。星巴克通过产品一致性、顾客服务等方式来实现差异化，实现一种"专门定制式"

服务。其还采用了"自助式"的经营方式，使客人在店内获得舒适的自由，如同享受在家的自由舒适感觉，让消费者减少了漫长的等候时间并给了他们更多的控制权。

服务创新可从产品、过程和市场三个方面创新：产品创新方面，星巴克推出新式咖啡，开发符合当地口味的食品和咖啡，还推出如"猫爪杯"的杯形设计；过程创新方面，星巴克推出星享卡，使得顾客的咖啡生活更加便捷迅速，它还营造了除工作场所和生活居所外的"第三方空间"体验；市场创新方面，星巴克传播信息、合理承诺。

星巴克深入挖掘了顾客的实际需求，对顾客需求拥有非常高的控制力，向我们证明了服务质量管理对于一个企业，尤其是服务型饮品店发展的重要性。星巴克利用卓越的服务品质管理，建立起顾客对其品牌的信任，使其竞争对手难以追赶并形成了差异化。

服务业在我国经济发展中的地位越来越重要，2015 年开始，我国服务业产值占 GDP 比重已达到 50.5%，同时我国服务业就业比重达到了 43%。我国由工业主导向服务业主导转型的趋势日益明显。企业不仅要提供高质量的产品，还需要辅以高质量的服务才能真正赢得顾客。因此，企业越来越意识到：从传统的产品设计转向服务设计和系统设计是大势所趋。针对服务的特性，企业如何提供高质量的服务？高质量的服务本身又是什么？本章从服务及服务质量的概念、服务质量管理架构、服务质量差距模型、服务需求与设计、服务质量评价、顾客满意度测评等方面进行介绍。

第一节　服务及服务质量管理

一、服务的概念

ISO 9000 标准将产品定义为过程的结果，而其中一种通用的产品类别就是服务。服务通常是无形的，并且是在供方和顾客接触面上至少需要完成一项活动的结果。

服务的提供涉及以下方面：(1) 在顾客提供的有形产品（如维修的车）上所完成的活动；(2) 在顾客提供的无形产品（如为准备税款申报书所需的收益表）上所完成的活动；(3) 无形产品的交付（如知识传授方面的信息提供）；(4) 为顾客创造氛围（如在宾馆和饭店）。

二、服务质量的概念

一般而言，服务是生产和消费同时进行的、无形的顾客主观感觉，顾客与服务供方之间存在的相互接触，即所谓的买卖之间的相互接触，会对顾客的服务质量感觉和认识产生重要影响。所以，一般认为服务质量是以顾客满意程度的高低为标志的，服务质量知识拓展：
服务质量管理
架构：服务"金三角"

的产生是顾客对服务的预期与实际感受比较的结果。

美国市场营销协会对服务所涉及的大规模市场调查指出，服务质量是一个相对标准，而非绝对观念，顾客对企业服务质量是否满意，取决于其事前所持有的期待与实际所感受到的服务之间的比较。若所提供的服务使顾客感到超过了其事前期待，则顾客满意度高，顾客可能会再度光顾。若实际评价与事前期待相似，则顾客认为感受到了普通服务，不会留下特别的印象。若实际评价低于事前期待，则顾客必定不再光临。

第二节　服务质量差距模型

一、服务质量差距模型概述

服务质量差距模型（GAP 模型）是 20 世纪 90 年代初由美国营销学家帕拉休拉曼、赞瑟姆和贝利等提出的，专门用来分析质量问题的根源。该模型提出者认为企业管理人员、企业员工和顾客之间对服务质量的期待与感知存在差距（见图 4-1）。顾客感知服

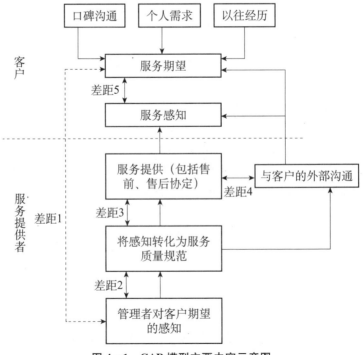

图 4-1　GAP 模型主要内容示意图

务质量的差距（差距5）即顾客实际感知的服务质量与自身期望的服务质量之间的差距，是 GAP 模型的核心，要弥补该差距，需对以下四个差距进行弥合：（1）管理者认识的差距（差距1），即管理者对顾客期望的理解与顾客实际期望之间的差距；（2）服务质量规范的差距（差距2），即服务组织制定的服务质量规范与管理者对顾客期望的认识之间的差距；（3）服务传递的差距（差距3），即服务在传递的过程中表现出的质量水平与服务组织制定的服务质量规范之间的差距；（4）市场信息传播的差距（差距4），即服务组织在市场传播中关于服务质量的信息与组织实际提供的服务质量之间的差距。

该模型说明了服务质量是如何形成的。模型上半部涉及与顾客有关的现象。服务期望是顾客的口碑沟通、个人需求及以往经历的函数，另外，也受到企业服务沟通活动的影响。实际经历的服务，在模型中称为服务感知，它是一系列内部决策和内部活动的结果。在服务传递发生时，管理者对客户期望的感知对确定组织所遵循的服务质量标准起指导作用。

二、服务质量差距分析

顾客亲身经历的服务传递和生产过程是一个与服务生产过程有关的质量因素，生产过程实施的技术措施是一个与服务生产的产出有关的质量因素。分析和设计服务质量时，这个基本框架说明了必须考虑哪些步骤，然后查出问题的根源。要素之间有五种差异，也就是所谓的质量差距。质量差距是由质量管理前后不一致造成的，五个差距及它们造成的结果和产生的原因分述如下。

（一）管理者认识的差距（差距1）

这一差距是指管理者对期望质量的感觉不明确。该差距产生的原因主要有：对市场研究和需求分析的信息不准确；对期望的解释信息不准确；没有需求分析；从企业与顾客联系的层次向管理者传递的信息失真或丧失；臃肿的组织层次阻碍或改变了在顾客联系中所产生的信息等。

（二）服务质量规范的差距（差距2）

这一差距是指服务质量标准与管理者对质量期望的认识不一致。该差距产生的原因主要有：计划失误或计划过程不够充分，计划管理混乱，组织无明确目标，服务质量的计划得不到最高管理层的支持等。第一个差距的大小决定计划的成功与否。但是，即使在顾客期望的信息充分和正确的情况下，质量标准的实施计划也会失败，出现这种情况的原因是，最高管理层没有保证服务质量的实现，质量没有被赋予最高优先权。解决的措施自然是改变优先权的排列。在服务竞争中，顾客感知的服务质量是成功的关键因素，因此在管理清单上把质量排在前列是非常必要的。总之，服务生产者和管理者对服务质量达成共识，缩小质量标准差距，远比任何严格的目标和计划过程重要得多。

（三）服务传递的差距（差距3）

这一差距是指在服务生产和交易过程中员工的行为不符合质量标准。该差距产生的原因主要有：标准太复杂或太苛刻；员工对标准有不同意见，如一流服务质量可以有不同的行为；标准与现有的企业文化发生冲突；服务生产管理混乱，内部沟通不充分或根本不开展内部沟通；技术和系统没有按照标准为工作提供便利等。可能出现的问题是多种多样的，通常引起服务传递差距的原因是错综复杂的，很少只有一个原因在单独起作用，因此解决措施不是那么简单。差距原因粗略分为三类：管理和监督；员工对标准规则的认识和对顾客需要的认识；缺少生产系统和技术的支持。

（四）市场信息传播的差距（差距4）

这一差距是指服务沟通行为所做出的承诺与实际提供的服务不一致。该差距产生的原因主要有：服务沟通计划与服务生产没统一；传统的市场营销和服务生产之间缺乏协作；服务沟通活动提出一些标准，但组织却不能按照这些标准完成工作；有故意夸大其词、承诺太多的倾向等。

引起这一差距的原因可分为两类：一是外部服务沟通的计划与执行没有和服务生产统一起来；二是在广告等服务沟通过程中往往存在承诺过多的倾向。在第一种情况下，解决措施是建立一种使外部服务沟通活动的计划和执行与服务生产统一起来的制度。例如，至少每个重大活动应该与服务生产行为协调起来，达到两个目标：第一，市场沟通中的承诺要更加准确和符合实际；第二，外部营销活动中做出的承诺能够做到言出必行，避免夸夸其谈所产生的副作用。在第二种情况下，由于服务沟通存在滥用"最高级的毛病"，因此只能通过完善服务沟通的计划加以解决。解决措施可能是更加完善的计划程序，不过管理上的严密监督也很有帮助。

（五）顾客感知服务质量的差距（差距5）

这一差距是指感知或经历的服务与期望的服务不一样，它会导致以下后果：消极的质量评价（劣质）和质量问题，口碑不佳，对公司形象的消极影响。第五个差距也有可能产生积极的结果，它可能导致相符的质量或过高的质量。感知服务差距产生的原因可能是本部分讨论的众多原因中的一个或者是它们的组合。当然，也有可能是其他未被提到的因素。

差距分析模型指导管理者发现引发质量问题的根源，并寻找适当的消除差距的措施。差距分析是一种直接有效的工具，它可以发现服务提供者与顾客对服务观念存在的差异。明确这些差距是制定企业发展战略及保证期望质量和现实质量一致的基础，这会使顾客给予质量积极评价，提高顾客满意度。

第三节 服务质量评价模型——SERVQUAL 模型

服务质量评价是服务企业对顾客感知服务质量的调研、测算和认定。1988 年，Parasuraman、Zeithamal 和 Berry（简称 PZB）在 GAP 模型的基础上，提出了著名的

SERVQUAL（Service Quality 的缩写）模型。该模型利用 SERVQUAL 量表，通过统计分析和检验，以因素萃取的方式提取出 5 个质量维度、22 个服务质量衡量项目来进行服务质量评价。

一、SERVQUAL 的 5 个质量维度

SERVQUAL 将服务质量分为 5 个维度：有形性、可靠性、响应性、保证性、移情性。每一维度又被细分为若干个问题，共 22 个。

（一）有形性

有形性是指服务产品中的有形部分，如各种设施设备及服务人员的外表等。由于服务产品的本质是一种行为过程而不是某种实物，具有不可感知的特性，因此顾客只能借助这些有形的、可视的部分来把握服务的实质。服务的可感知性从两个方面影响顾客对服务质量的认识。一方面，它们提供了有关服务质量本身的有形线索；另一方面，它们又直接影响顾客对服务质量的感知。

（二）可靠性

可靠性是指企业准确无误地完成所承诺的服务，特别是有空间和时间及服务人员发生变化后，还能保证服务的一致性。许多以优质服务著称的企业是通过可靠的服务来建立自己的声誉的。

（三）响应性

响应性是指企业随时准备为顾客提供快捷、有效的服务。对于顾客的各种要求，企业能否予以及时满足将表明企业的服务导向，即是否把顾客的利益放在第一位。同时，服务传递的效率从一个侧面反映了企业的服务质量。

（四）保证性

保证性是指服务人员的友好态度与胜任工作的能力。它能增强顾客对企业服务质量的信心和安全感。当顾客同一位友好、和善且学识渊博的服务人员打交道时，他会认为自己找对了公司，从而获得信心和安全感。友好态度和胜任能力二者是缺一不可的。服务人员缺乏友善的态度会让顾客感到不快，而如果他们对专业知识懂得太少也会使顾客失望，尤其是在服务产品不断推陈出新的今天，服务人员应该拥有较高的知识水平。

（五）移情性

移情性不是指服务人员的友好态度问题，而是指企业要真诚地关心顾客、换位思考，了解他们的实际需要，甚至是私人方面的特殊要求，并予以满足，使整个服务过程富于人情味。

二、SERVQUAL 量表

PZB 提出的 SERVQUAL 量表包括 5 个质量维度的 22 个服务质量衡量指标，如表 4-1 所示。

表 4 - 1 　 PZB 的 SERVQUAL 量表

维度	含义	服务质量衡量指标
有形性	指有形的设施与人员的外在	1. 有适宜的设备
		2. 服务设施具有吸引力、充分可靠
		3. 员工仪表整洁、数量适宜
		4. 管理制度和有形产品与提供的服务相搭配
可靠性	指可靠地、准确地履行服务承诺的能力	5. 履行对顾客的承诺
		6. 服务标准一致、效果一致
		7. 是可信赖的
		8. 准确地提供所承诺的服务
		9. 正确记录服务
响应性	指帮助顾客并迅速提供服务	10. 告知顾客准确的服务时间
		11. 提供及时有效的服务
		12. 服务人员愿意帮助顾客
		13. 服务人员能立即提供服务以满足顾客需求
保证性	指员工表达出的自信和可信的知识、礼节和能力	14. 服务人员的能力和态度是值得信赖的
		15. 顾客接受服务时感到放心
		16. 服务人员是有素养的,有适合的沟通能力
		17. 服务人员和公司意愿一致,可以从公司得到适当的支持
移情性	指设身处地为顾客着想和对顾客给予特别的关注	18. 针对不同的顾客提供差异化的服务
		19. 服务人员给予顾客个性化的关怀
		20. 了解顾客的特殊需求
		21. 重视顾客的利益
		22. 服务时间满足所有顾客的要求

三、SERVQUAL 模型对服务质量的评价方法

通过调查问卷的方式,让用户对每个问题的期望值、实际感受值及最低可接受值进行评分,并由其确立相关的具体因素来说明它,然后通过问卷调查、顾客打分和综合计算得出服务质量的分数(SQ)。

SQ 按式(4 - 1)计算。

$$SQ = \sum_{i=1}^{22} (P_i - E_i) \qquad (4-1)$$

式中,SQ 为感知服务质量,P_i 为第 i 个服务质量衡量指标的感知分数,E_i 为第 i 个服务质量衡量指标的期望,$i=1, 2, 3, \cdots, 22$。

由式(4 - 1)获得的 SQ 是在 5 个维度同等重要的条件下的单个顾客的总感知服务

质量，但是在现实生活中顾客对决定服务质量的每个维度的重要性的看法是不同的。因此，通过顾客调查后应确定每个服务质量维度的权重，然后加权平均就得出了更为合理的 SQ 分数，其计算公式为式（4-2）。

$$SQ = \sum_{j=1}^{5} w_j \sum_{i=1}^{k} (P_i - E_i) \tag{4-2}$$

式中，j 代表第 j 个维度，取值为 $1\sim5$，w_j 为第 j 个维度的权重，i 代表第 j 个维度中所包含的第 i 个服务质量衡量指标，取值为 $1\sim4$ 或 $1\sim5$。

SERVQUAL 模型在很多行业内都是适用的。这 5 个维度及期望/感知形式，为服务质量的度量提供了一个基本的框架。必要时，这一框架可以进行调整和补充，以适应某些组织的特定需要。

第四节　服务需求与分析

随着经济全球化和制造智能化的迅猛发展，传统工业的转型与升级成为大势所趋。当前，科技＋服务＋创新已经成为社会发展的潮流。服务型企业逐渐关注服务设计的管理方法与实践，制定具体的、可视化的、可触摸的流程成为服务设计的核心。研究服务流程的触点和顾客行为地图进行服务系统的优化，包括产品交互和环境，可以不断增强顾客体验。

一、服务触点

服务设计关注人与服务系统的交互关系并从中改进或创新服务体验。理解服务的本质，制定具体的、可视化的、可触摸的流程是提高服务质量的前提。例如：汽车属于出行服务，手机属于通信服务，购买和后期的增值服务是环环相扣的生态设计。任何一种产品，都带有服务触点的属性。触点是服务对象（客户、用户）和服务提供者（服务商）在行为上相互接触的地方，如商场的服务前台、手机购物的流程等。对触点的选取和设计可以提供给消费者最好的体验。

为了将服务触点和用户行为视觉化，2002 年英国 Live Work 服务设计咨询公司首次提出了用户体验地图和服务触点的分析方法。用户体验地图是一种用于描述用户对产品、服务或体系使用体验的模型（见图 4-2）。它主要借助描绘用户行为轨迹的地图来呈现用户实现目标或满足需求的过程。对服务流程中的触点进行研究，可以发现用户的消费习惯、消费心理和消费行为。同时，触点不仅是服务环节的关键点，而且也是用户的痛点，触点分析往往可以提供改善服务的思路、方案和设想。

图 4-2　用户体验地图

用户体验地图可以拆分为三个部分：任务分析、用户行为构建、产品体验分析。首先，分解用户在使用过程中的任务流程，找出触点；其次，逐步建立用户行为模型，进一步描述交互过程中的问题；最后，结合产品所提供的服务，比较产品使用过程中有哪些地方未能满足用户预期，在哪些地方体验良好。

以旅客出行服务为例，其行为顺序为：查询和计划→挑选机票服务机构→订票→订票后、出行前→出行或计划变更→出行后。这个过程涉及一系列前后衔接的轨迹和服务触点（见图 4-3），用图形化方式对这些轨迹和触点进行记录、整理和表现，就成为服务设计最重要的用户研究的依据，也是产品制胜的法宝。

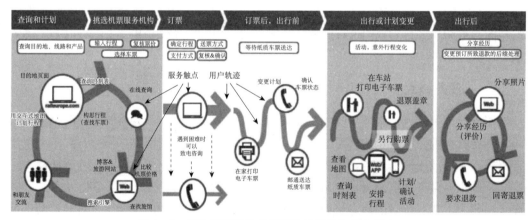

图 4-3　旅客出行服务前后衔接的轨迹和服务触点

二、服务蓝图

从"连接人与信息"到"连接人与服务"，用户体验在产品设计中扮演着越来越重要的角色。那么如何精准地优化服务体验？如何捕捉到遍布产品和服务流程中的每个用户体验痛点？为了解决这个棘手的问题，20 世纪 80 年代，美国金融家兰·肖斯塔克将工业设计、管理学和计算机图形学等知识应用到服务设计方面，发明了服务蓝图（见图 4-4）。

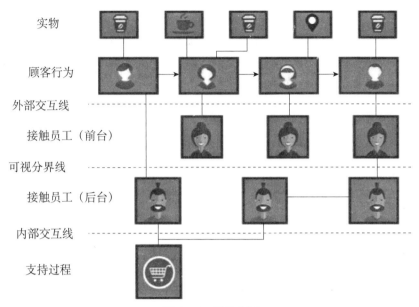

实物

顾客行为

外部交互线

接触员工（前台）

可视分界线

接触员工（后台）

内部交互线

支持过程

图 4-4 服务蓝图

服务蓝图通过可视化、透明化的方式来描述顾客行为、前台员工行为、后台员工行为和支持过程。顾客行为是顾客在购买和消费过程中的步骤、选择、行动和互动。与顾客行为平行的部分是服务人员行为，包括前台和后台员工（如饭店的厨师）。前台和后台员工间有一条可视分界线，把顾客能看到的服务与顾客看不到的服务分开。比如，在医疗诊断时，医生既进行诊断和回答病人问题的可视或前台工作，也进行事先阅读病历、事后记录病情的不可视或后台工作。服务蓝图中的支持过程包括内部服务和后勤系统，如餐厅的后厨和采购、管理机构。

服务蓝图中的外部互动线表示顾客与服务方的交互。垂直线表明顾客开始与服务方接触。内部互动线用以区分服务员和其他员工（如采购经理）。如果垂直线穿过内部互动线，就表示发生了内部接触（如顾客直接到厨房接触厨师的行为）。服务蓝图的最上面是服务的有形展示（如购买产品、点餐或将车开入停车场）。

相比用户体验地图来说，服务蓝图更具体，涉及的因素更全面、更准确。服务往往涉及一连串的互动行为。以旅店住宿为例，典型的顾客行为就可以拆解为网上搜索、选房、下订单、网银支付、前台确认、付押金、住店、清洁服务、退房、退押金、开具发票等，可能还包括取消订单、换房、提前退房、餐饮、叫车、娱乐和投诉等更多的服务环节。

服务蓝图不仅可以描述服务提供过程、服务行为、员工和顾客角色以及服务证据等来直观地展示整个用户体验的过程，更可以全面体现整个流程中的用户体验过程，从而使设计者更好地改善服务设计。

实例链接 ·····

麦当劳服务蓝图实践

美国麦当劳餐厅是大型的连锁快餐集团，主要售卖汉堡包、薯条、炸鸡、汽水和沙拉等。作为餐饮业巨头，麦当劳服务蓝图的控制点体现在四个方面：质量（Quality）、服务（Service）、清洁（Cleanliness）和价值（Value），即 QSCV 原则。

从麦当劳餐厅的服务蓝图（见图4-5）可以看出，从顾客进门到顾客离开的一系列连续性服务都体现了该餐厅的服务效率。前台服务、后台服务分工明确，餐厅支持过程严谨流畅。●表示可以通过一系列的排队附加服务来减轻就餐者等待时烦躁、焦虑的情绪。

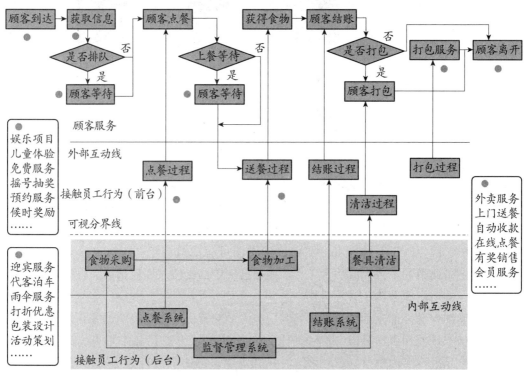

图4-5 麦当劳餐厅的服务蓝图

服务蓝图是服务设计中使用最广泛的一个工具。它可以直观地从几个方面展示服务，描绘服务实施的过程、接待顾客的地点、顾客和雇员的角色以及服务中的可见要素。服务蓝图不仅是服务流程中的顾客和企业行为的参考，也是改善服务的参考，其意义在于：（1）提供了一个全局性视角来把握用户需求；（2）外部互动线阐明了客户与员工的接触点，这是顾客行为分析的依据；（3）可视分界线说明了服务具有可见性和不可见性；（4）内部互动线显示了部门之间的界面，它可加强持续不断的质量改进；（5）该蓝图为计算企业服务成本和收入提供依据；（6）该蓝图提供了一种质量管理途径，可以快速识别和分析服务环节的问题。

第五节　顾客满意管理

提高顾客满意水平目前已成为一种潮流。企业将顾客满意作为追求的最终目标，以此提高在激烈竞争环境中的抗衡能力并获得持续发展。顾客也不再是企业产品的被动接受者，而更像是企业的主人，企业开始倾听顾客的各种声音，并努力将顾客的各种需求转化为他们所需要的产品。倾听顾客的声音，通过各种服务举措让顾客满意，显然已成为这个时代的一种要求。如果无法达到这种要求，企业就无法生存。

一、顾客满意管理的相关概念

（一）顾客

GB/T 19000 标准为顾客下了比较完整的定义：顾客指接受产品的组织或个人。另外，该标准还给出了示例与注解：顾客可以是消费者、委托人、最终使用者、零售商、受益方和采购方；顾客可以是组织内部的或外部的。

从上述定义不难看出，顾客可以分为内部顾客与外部顾客。一般而言，内部顾客是组织不同职能部门或不同工序之间的顾客关系，只要在职能上或前后工序中一个部门或工序有为另一个部门或工序提供服务，那么就存在着内部顾客关系。如技术部门必须为顾客服务部门提供技术支持，顾客服务部门就是技术部门的顾客；流水线中后一道工序是前一道工序的顾客等。服务的内部顾客与外部顾客如图 4-6 所示。

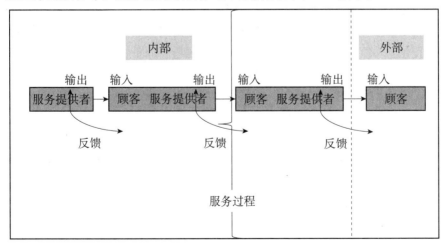

图 4-6　服务的内部顾客与外部顾客示意图

（二）顾客满意

顾客满意是指顾客对其要求已被满足程度的感受。顾客满意与否取决于顾客的价值观和期望与所接受产品或服务状况的比较。顾客的价值观决定了其期望值（认知质量），而组织提供的产品或服务形成可感知的效果（感知质量），两者对比确定了顾客是否满意。

（三）顾客满意管理

顾客满意管理的指导思想是将顾客需求作为企业进行产品开发或服务设计的源头，在产品功能设计、价格设定、分销促销环节建立以及完善售后服务系统等方面以顾客需求为导向，最大限度地使顾客感到满意。因此，顾客满意可以被认为是企业效益的源泉，这一点从以下一些专家调查研究得出的数据结论可以得到证明。

（1）开发 1 位新顾客的成本是留住 1 位老顾客的成本的 5 倍，而流失 1 位老顾客的损失，只有争取 10 位新顾客才能弥补。

（2）1 位不满意的顾客会向 8～10 个人抱怨。

（3）企业只要将顾客保留率提升 5%，就可以将利润提高 85%。

从以上这些数据可以看出，顾客满意问题将直接影响现代企业的利润获得能力。现代企业以提升顾客满意程度为核心，展开其整个经营管理工作。企业的一切经营管理活动都要最大限度地使顾客感到满意，最终通过营造出适合企业生存发展的良好内外部环境，获得一批稳定的客户群来保证企业利润的持续增长。

二、顾客满意测评

顾客满意度是对顾客满意程度的定量化描述。许多国家和公司开发运用了顾客满意度指数（Customer Satisfaction Index，CSI）方法，这种方法能帮助部门和其他组织为它们的顾客满意工作业绩打分，将顾客满意效果用满意度指数来衡量。满意度指数既可以作为一种诊断手段，也可以将企业的顾客满意效果同竞争对手进行比较。顾客满意度需要明确测量的指标，其中很重要的是质量优质、供货及时、技术服务配套、价格适中和积极因素或相反的消极因素——绩效指标。顾客的需求和期望可以归纳为一系列绩效指标，这些指标是顾客判断一个产品或一项服务是否满足其期望的重要目标，因此我们把这些指标作为顾客满意度测量和评价的指标。测量和评价指标因企业和行业不同、产品或服务相异而有所不同。顾客满意度评价不仅应揭示出顾客满意的程度，而且应找出满意和不满意的内在原因。通过制定绩效指标就可以达到这一目的。不过，这些绩效指标应由顾客定义并且企业是可控制的。

目前被普遍认可的顾客满意度指数是由清华大学学者提出的顾客满意度指数（Chinese Customer Satisfaction Index，CCSI）模型。模型中有品牌形象、预期质量、感知质量、感知价值、顾客满意度、顾客抱怨和顾客忠诚 7 个结构变量，如图 4 - 7 所示。

（一）品牌形象

品牌形象是指顾客在购买某公司/品牌产品或服务之前，对该公司品牌的印象。这种印象可能来自顾客过去累积的购买和使用该公司品牌产品或服务的经验，也可能来自

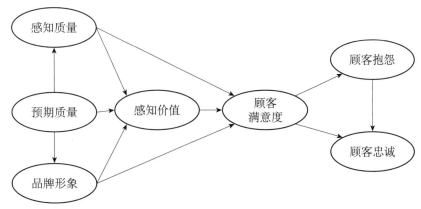

图 4-7　CCSI 模型结构

顾客累积的通过各种渠道主动收集的信息，还可能来自顾客累积的无意识信息沟通的结果。品牌形象受多方面因素影响，如公司发展历史和公司文化，公司对社会的责任感，该品牌方面的质量水平、特色、营销战略，以及顾客个人的一些特征，等等。

（二）预期质量

预期质量是指顾客在购买和使用某品牌产品或服务前对其质量的总体估计。预期质量与品牌形象之间的差别主要有两点：其一，顾客对某品牌产品或服务质量的预期可以在短期内形成，如顾客在听了朋友的推荐后立即形成了对拟采购品牌质量水平的预期，而产品或服务质量的品牌形象通过累积才能形成；其二，预期质量涵盖的内容相对较小，它仅仅涉及作为购买对象的产品或服务质量本身，所以，顾客对某品牌或服务的预期质量除可能来自顾客近期的消费经验及消费需求外，主要来自公司对品牌拥有者近期所实施的沟通策略，包括广告、销售促进和各种推介活动。

（三）感知质量

顾客在购买和使用产品或服务之后，就会根据自己的实际购买和使用经验对产品或服务的客观质量做出主观评判。因此，感知质量既有客观性的一面，又有主观性的一面。产品的实际性能指标是顾客形成感知质量的基础，但感知质量又往往同产品性能的技术指标不完全吻合。有时虽然通过某种仪器可以精确测定出不同品牌性能指标的差别，但顾客却很难分辨出这种产品质量的差别。有时虽然各种品牌的产品性能技术指标基本相同，但因为某种品牌广告较好或定价较高，顾客会对该品牌产生较高的感知质量。

（四）感知价值

感知价值体现了顾客在综合产品或服务质量和价格以后对其所获利益的主观感受。顾客在评价产品和服务时，不仅要看质量满足自身需求的能力，还要看价格与这种质量适应的程度。通过比较质量和价格，顾客将会产生价值的感觉。一般的理解是，在一定的质量下，价格越低，顾客的感知价值越高。感知价值与顾客满意度存在正相关关系，即顾客对某品牌产品服务的感知价值越高，他对该品牌的满意度就越高。

（五）顾客满意度

顾客满意度测定的是顾客直接对某品牌或服务的满意程度，所测定的指标通过线性变换（一种数学方法）就得到最终的顾客满意指数，它反映了顾客对产品或服务满足自身需求程度的总体态度。社会和心理学对满意形成机理问题的研究发现，顾客满意与否，取决于顾客对某种品牌产品或服务的实际感受同参照物的比较。顾客用来评价产品表现的参照物就是满意形成过程中的比较标准，这些参照物包括顾客的预期、理想的产品或服务、竞争品牌的产品或服务。

（六）顾客抱怨

顾客抱怨是一个复杂的心理和行为过程，与顾客满意是相反的状态，指顾客在购买或消费商品（或服务）时感到不满意，受不满驱使而采取的一系列（不一定是单一的）行为或非行为反应。顾客抱怨行为分为直接抱怨、私下抱怨和第三方抱怨，直接抱怨反映了顾客对企业的信任，体现在顾客为改变购买或消费不满意的状况而做出的努力，而保持沉默的顾客很可能已经决定不再和这家企业打交道。有研究表明，在无直接抱怨的情况下，顾客抱怨对顾客忠诚的负面影响较大；在直接抱怨的情况下，顾客抱怨对顾客忠诚的负面影响最小，主要是企业恰当的处理使部分抱怨的顾客成为满意甚至忠诚的顾客。因此，企业需要关注这些直接抱怨的顾客，实现其渴望改变的意愿，把不满意变为满意，这些顾客将更容易对企业产生好感，进而提高顾客对企业的总体满意度。

（七）顾客忠诚

顾客忠诚是模型中最终的结构变量，它是指顾客对某品牌产品或服务的忠诚程度，包括重复采购的意愿，以及对该品牌产品或服务的价格敏感程度。正常情况下，如果顾客对某品牌产品或服务感到满意，就会产生一定程度的忠诚，在行动上表现为对该公司产品或服务的重复购买；反之，顾客就会转向购买其他品牌的产品或服务。顾客忠诚度越高，重复购买的可能性就越大。顾客忠诚这个结构变量体现了顾客满意指数测评模型的目的之一，即提示了顾客满意指数同顾客重复购买意向的关系，进而指导公司通过提高顾客满意度，造就忠诚顾客，提高经营绩效。

实例链接 ··

格力武汉顾客满意管理实践

顾客的声音是公司改进产品和服务质量、进行产品和服务流程再造的根本动力。通过倾听顾客的声音并对顾客的声音进行分析和解决能提高顾客的满意度，培育顾客的忠诚度。为了更好地倾听来自顾客的声音，除产品的故障和投诉意见外，格力采取了多途径倾听方法（见图4-8），旨在倾听到来自不同顾客和市场的真实声音和诉求，获得满意和不满意的参与信息。

格力采取差异化倾听方式，按关系程度围绕战略、重要、一般进行细分，同时将顾客接触方式也进行了区分，以此获取差异化有用信息。格力根据不同群体倾听顾客声音，将获得的满意和不满意参与信息进行整理归纳，找出了不同顾客群关注的要素点。

图 4 - 8　倾听顾客声音的渠道

针对顾客对产品的不满意反馈，公司会对顾客和维修人员进行电话回访，每月对售后数据分析、整改，对售后典型问题组织召开 8D 会议，分析原因、拿出明确的整改措施，及时解决客户反馈的问题。公司在整改完成后形成售后 8D 报告，向顾客及时反馈整改情况，同时通过顾客拜访、上门服务等方式，恢复顾客信息，提升顾客对公司的满意度。

本章小结

通过本章的学习，我们掌握了服务质量管理的相关知识。本章主要包括以下内容：服务质量一般以顾客满意程度的高低为标志，是顾客本身对服务的预期与实际感受比较的结果，其管理模式涉及服务策略、服务组织和服务人员 3 个因素；SERVQUAL 模型将服务质量分为有形性、可靠性、响应性、保证性和移情性 5 个维度，每一维度又被细分为若干个问题，共 22 个问题；顾客满意度指数模型中有品牌形象、预期质量、感知质量、感知价值、顾客满意度、顾客抱怨和顾客忠诚 7 个结构变量。

本章练习

第四章练习

第二篇

质量管理工作内容

第五章
质量策划

学习目标

知识目标

- 掌握质量策划的内涵、目标、原则与工作内容。
- 熟悉质量策划的分类、范围与一般过程。
- 了解质量策划的常用方法与工具。

能力目标

- 能开展质量策划工作。

素质目标

- 培养凡事先策划的意识和习惯，树立质量意识，激发追求真理、勇于创新、精益求精的精神，树立质量报国、质量强国的情怀。

引 例

《质量强国建设纲要》

2023年2月，中共中央、国务院印发了《质量强国建设纲要》，作为指导我国质量工作中长期发展的纲领性文件。《质量强国建设纲要》全文共十一部分三十二条，分为形势背景、总体要求、重点任务和组织保障四个板块。

在形势背景部分，《质量强国建设纲要》指出，质量是人类生产生活的重要保障。当今世界正经历百年未有之大变局，新一轮科技革命和产业变革深入发展，引发质量理念、机制、实践的深刻变革。纲要强调必须把推动发展的立足点转到提高质量和效益上来，培育以技术、标准、品牌、质量、服务等为核心的经济发展新优势，坚定不移推进质量强国建设。

在总体要求部分，《质量强国建设纲要》明确了指导思想，提出了2025年和2035

年两阶段发展目标。到 2025 年，以定性与定量相结合的方式，从 6 个方面对实现质量整体水平进一步全面提高，中国品牌影响力稳步提升，人民群众质量获得感、满意度明显增强，质量推动经济社会发展的作用更加突出，对质量强国建设取得阶段性成效等目标进行了细化。展望 2035 年，《质量强国建设纲要》设定的目标是：质量强国建设基础更加牢固，先进质量文化蔚然成风，质量和品牌综合实力达到更高水平。

在重点任务部分，《质量强国建设纲要》提出了 8 个方面重点任务。一是推动经济质量效益型发展。要增强质量发展创新动能，树立质量发展绿色导向，强化质量发展利民惠民。二是增强产业质量竞争力。要强化产业基础质量支撑，提高产业质量竞争水平，提升产业集群质量引领力，打造区域质量发展新优势。三是加快产品质量提档升级。要提高农产品食品药品质量安全水平，优化消费品供给品类，推动工业品质量迈向中高端。四是提升建设工程品质。要强化工程质量保障，提高建设材料质量水平，打造中国建造升级版。五是增加优质服务供给。要提高生产服务专业化水平，促进生活服务品质升级，提升公共服务质量效率。六是增强企业质量和品牌发展能力。要加快质量技术创新应用，提升全面质量管理水平，争创国内国际知名品牌。七是构建高水平质量基础设施。要优化质量基础设施管理，加强质量基础设施能力建设，提升质量基础设施服务效能。八是推进质量治理现代化。要加强质量法治建设，健全质量政策制度，优化质量监管效能，推动质量社会共治，加强质量国际合作。

《质量强国建设纲要》同步部署了区域质量、产品质量、工程质量、服务品质、品牌建设、质量基础设施、质量安全 7 项重大工程，还提出了培育壮大质量竞争型产业，实施产品和服务质量分级，推动区域质量协同发展，打造质量强国建设标杆，推进质量基础设施分级分类管理，开展质量管理数字化赋能等一系列创新措施。

在组织保障部分，《质量强国建设纲要》从加强党的领导、狠抓工作落实、开展督察评估 3 个方面强化实施保障，明确提出要建立质量强国建设统筹协调工作机制、健全质量监督管理体制、加强中央质量督察工作、建立纲要实施评估机制等重要举措，推动抓好《质量强国建设纲要》目标任务的贯彻落实。

质量策划是质量管理的首要职能，其结果对后续的质量保证、质量评价、质量控制、质量改进等质量管理活动将产生深远影响。如何认识和把握质量策划的基本属性和核心工作，如何开展质量策划工作，将是本章重点探讨的内容。

第一节　质量策划概述

一、质量策划的内涵与分类

（一）质量策划的内涵

随着质量管理的不断发展，人们对质量策划的认识也在逐步深入。朱兰认为"质量策划"是这样的活动,即设定质量目标和开发为达到这些目标所需要的产品的过程。回顾历史,ISO 8402 的 3.3 中将质量策划定义为"确定质量及采用质量体系要素的目标和要求的活动"。GB/T 6583 中对"质量策划"的定义是:"针对特定的产品、项目或合同规定专门的质量措施、资源和活动顺序的文件。"ISO 9000:2008 标准中指出,质量策划是质量管理的一部分,致力于制定质量目标并规定必要的运行过程和相关资源以实现质量目标。下文将对上述关于质量策划的内涵做简要阐述。

(1) 质量策划是质量管理的一部分。质量管理是指导和控制与质量有关的活动,通常包括质量方针和质量目标的建立、质量策划、质量控制、质量保证和质量改进。质量控制、质量保证、质量改进只有经过质量策划,才可能有明确的对象和目标,才可能有切实的措施和方法。因此,质量策划是质量管理诸多活动中不可或缺的中间环节,是质量管理工作得以顺利有序开展的桥梁和纽带。

(2) 质量策划致力于设定目标。质量目标是组织前进方向中期望达到的某一个点,质量策划就是要根据组织的方向结合具体情况来确立这个点,由于质量策划的工作内容不同、对象不同,因而所要达到的质量目标也不尽相同,但质量策划的首要结果就是设定质量目标。

(3) 质量策划要为实现质量目标规定必要的作业过程和相关资源。质量目标设定后,如何实现呢?这就需要有相关的作业过程、措施来将其实现,包括"5W1H",质量策划必须清楚地确定和描述这些内容:1) What (做什么?目标与内容);2) Why (为什么做?原因);3) Who (谁去做?人员);4) Where (何地做?地点);5) When (何时做?时间);6) How (怎么做?方式、手段)。在实现质量目标的过程中离不开人、机、料、法等资源的支持,因此质量策划除了设定质量目标外还要规定作业过程和相关资源,才能保障质量目标的实现。

(4) 质量策划的结果应形成质量计划。质量策划要求将质量策划设定的质量目标及其规定的作业过程和相关资源用书面形式表示出来,最终形成的文件就是质量计划。

（二）质量策划的分类

在组织中,质量策划按不同的划分要求可以有不同的分类,根据时间、对象、层次、内容、综合程度等可以将质量策划进行如下划分。

(1) 按照策划时间长短区分,质量策划可以分为长期质量策划、中长期质量策划、短期质量策划。

(2) 按照策划对象区分,质量策划可以分为质量管理体系策划、质量目标策划、过程策划、改进策划。

(3) 按照策划组织的层次区分,质量策划可以分为战略层质量策划、管理层质量策划、执行层质量策划和操作层质量策划。

(4) 按照策划内容区分,质量策划可以分为综合性质量策划、临时性质量策划。

(5) 按照策划综合程度区分,质量策划可以分为战略质量策划、战术质量策划。

二、质量策划的目标与原则

（一）质量策划的目标

质量策划的目标是组织努力所要达到的目的,为后续的质量控制、质量保证、质量改进提供标准和方向。质量目标有很多来源，多数质量目标来源于顾客需求，这些目标可能是市场推动的，也可能是技术推动的。此外，人类的内在驱动（如维持整洁的家庭、追求廉价的商品等），社会强加的法律、政府规章、同行压力等都可能成为质量目标的来源。由于质量策划按照不同的标准可以有多种划分，因此不同质量策划的目标也不尽相同。质量策划只有在目标设定之后才能进行，因此质量目标可以说是质量策划的起始点。

（二）质量策划的原则

为制订一个清晰、明确的质量策划，制订策划的过程中要遵循一定的原则，具体包括层次性、系统性、可考核性、可操作性、权变性。

1. 层次性

质量策划按照策划组织的层次可以划分为战略层质量策划、管理层质量策划、执行层质量策划、操作层质量策划。不同层次的质量策划所关注的重点及要解决的问题都不相同，且具有独特的特点：从战略层到操作层，质量策划期越来越短，质量策划的时间单位越来越细，覆盖的空间范围越来越小，质量策划的内容越来越详细，质量策划过程中的不确定性越来越小。

2. 系统性

质量策划是一项复杂工程，在质量策划过程中要将组织内在有限的人员、材料、机械等资源同外在的顾客需求、质量目标等纳入一个系统，从系统的角度明确各部分之间的关系，并在此基础上确定质量策划的内容以使质量策划更加符合组织的实际情况。

3. 可考核性

质量策划的可考核性原则主要是指质量目标的可考核性，其考核途径是将目标量化。目标量化是指人们必须能够回答这样一个问题：在质量策划实施中我们如何知道既定的质量目标已经完成了？比如，企业要求产品有"合理的返修率"目标，可以表示出产品质量返修率合格情况，这并没有说明产品应该是多少返修率，因为人们对于"合理"的解释是不同的。如果人们明确地将目标定量为"本年度维持产品返修率不超过5％"，那么就对质量目标做出了明确的回答，从而为质量策划的实施成果提供了考核的标准。

4. 可操作性

质量策划要建立在组织现实条件基础之上，只考虑要求，不考虑能力，质量策划所设定的质量目标就可能过高从而导致质量策划的失败。反之，只强调自己的能力，不考虑要求，易设定较低的质量目标从而使质量策划难以满足利益各方的要求，导致顾客和其他相关方的不满。一个不具有操作性的质量策划可能给组织造成无可挽回的损失。因此质量策划必须建立在实事求是的基础上，一方面要明确自己的能力条件；另一方面要尽力满足各方要求，从而制定合理的、满足各方要求的、可实现的质量目标。

5. 权变性

质量策划是质量管理循环的开始，其制定过程包含很多未知因素（如员工的离职、资金的短缺、宏观调控等），因此质量策划在实施过程中难免会出现一定的偏差。为使制定的质量策划能够按照既定的轨迹实施，我们就需要在实施过程中根据具体的实施环境和现实条件进行灵活性变通，因此质量策划要有一定的权变性。

三、质量策划的依据与要求

（一）质量策划的依据

为制定一个具有可操作性的质量策划，在其制定之初首先要明确质量策划的制定依据。一般而言，质量策划的制定依据主要体现在以下四个方面。

1. 顾客和相关各方的需要和期望

顾客和相关各方满意度的提高是组织进行质量管理的重要目标之一，因此顾客和相关各方的需要和期望也就成为质量策划的重要依据，需要对其进行详细、全面的分析。

2. 组织内外部环境

任何组织都不能够脱离环境而独立存在，组织的生存环境是质量策划能否成功的关键因素，一个脱离组织生存环境的质量策划难以具有可操作性，因此质量策划的制定必须建立在其生存环境的基础之上。这个环境既包括组织内部的环境（如员工数目、资源数量、业务范围等），也包括组织外部的环境（如行业发展方向、政策支持力度、宏观经济状况等）。

3. 质量方针

质量方针是由组织最高管理者正式发布的该组织总的质量宗旨和方向，是组织经营总方针的组成部分，体现出管理者对质量的指导思想和承诺。通常质量方针为制定质量目标提供框架。例如：某组织提出"质量，顾客满意"的质量方针，该质量管理班提出"下一道工序就是我的顾客，提供无可挑剔的交付成果"的质量方针，从而与组织总的质量方针保持一致。质量方针一旦确定和颁布，就对组织每个成员产生强有力的约束力，各成员都应理解、贯彻和执行。

4. 标准和规范

不同行业和领域的项目都有相应的质量标准和规范，质量管理委员会在进行质量策划时，应明确对项目质量产生重要影响的一系列国家、行业、地方标准和法律法规等。

（二）质量策划的要求

质量策划在制定过程中要符合相应的要求，尽管不同质量策划的要求不同，但一般都包括以下基本要求。

1. 充分考虑质量策划的所有输入条件

质量策划的输入实际上主要包括两方面：一是"要求"，来自质量方针、上一级质量目标、顾客和其他相关方的需要和期望；二是能力条件，也就是组织的实际情况。

2. 充分征求意见

质量策划是一项内容广泛、过程复杂的工程，对策划人员具有较高要求，需要其充分调动自己的知识能力和经验教训。然而"智者千虑，必有一失"，如果质量策划仅依靠有限的策划人员来完成，很可能会出现意想不到的差错和漏洞。因此质量策划活动应当充分征求意见、集思广益。必要时，质量策划会议可以邀请有关专家或负责具体工作的人员（包括操作者）参加。与其在实施中受阻，不如事先消解阻力，从而保障质量策划顺利、高质量地进行。

3. 注重质量策划的落实

质量策划的最终成果能否按照既定的计划有序、按时高品质的完成，是质量策划是否成功的关键。为此，质量策划的制定、实施要遵循 PDCA 方法循环向上地进行。首先，在策划时，每一项措施（过程）都应规定相应的责任部门或责任人及相应的完成时间；其次，在质量策划实施过程中，组织在相应的节点要进行必要的检查，督促、协调、指导和帮助相关人员的工作；最后在质量计划完成之后，组织需要进行必要的验证（验收），并对质量策划的参与人员及实施成果进行考核和奖惩。PDCA 循环中，质量策划属于计划（P）阶段，是循环的起点，但关键还在于 D（执行）、C（检查）和 A（行动）阶段，若没有执行、检查和处理，PDCA 循环就是不成功的。

4. 实施质量策划的评审

质量策划的评审包括两个方面：一是质量策划的最终成果形成质量计划的书面文件之后，视其计划的内容广泛征求意见，使其更加完善；二是当质量策划在实施中遇到重大困难时，也可以对质量策划进行评审。如果质量策划所涉及的内容较多、时间较长（如中长期质量计划）或当环境发生变化时（如组织的状况发生变化、顾客的要求发生变化、市场发生变化、政府的经济政策发生变化等），应当进行定期的评审，并在必要时予以修订。但是对质量策划的评审和修订是建立在更好地满足要求的基础之上的，不能因为遇到一点困难就随意修订计划。

四、质量策划的范围

（一）质量管理体系策划

质量管理体系策划是一种宏观的质量策划，是建立或完善组织质量管理体系必不可少的一步，应由最高管理者负责执行。最高管理者要根据质量方针确定的方向设定质量目标，确定质量管理体系要素，分配质量职能等，从而建立质量管理体系的大体框架，设计出质量管理体系的蓝图。策划的质量往往决定了质量管理体系的质量，特别是能否结合组织实际情况进行策划非常重要，因此质量管理体系策划在组织质量管理中具有重要的意义。

（二）质量目标策划

按质量策划的定义，任何质量策划都有设定质量目标的任务。组织已建立的质量管理体系虽不需要进行重大改变，但却需要对某一时间段（如中长期、年度、临时性）的业绩进行控制，或者需要对某一特殊的、重大的项目、产品、合同和临时的、阶段性的任务进行控制时，就需要进行这种质量策划，以便调动各部门和员工的积极性，确保策划的质量目标得以实现，如每年进行的综合性质量策划（策划结果是形成年度计划）。这种质量策划的重点在于确定具体的质量目标和强化质量管理体系的某些功能，而不是对质量管理体系本身进行改造。

（三）过程策划

过程是指一组将输入转化为输出的相互关联或相互作用的活动，产品是过程的结果，服务也是过程的结果，而程序则是为进行某项活动或过程所规定的途径。过程方法是 ISO 9000 标准遵循的质量管理七大原则之一，在组织质量管理中具有不可忽视的地位。过程策划是针对具体的项目、产品、合同进行的质量策划，同样需要设定质量目标，但重点在于规范必要的过程和相关的资源。这种策划包括对产品实现全过程的策划，也包括对某一过程（如设计和开发、采购、过程运作）的策划，还包括对具体过程（如某一次设计评审、某一项检验验收过程）的策划。也就是说，有关过程的策划，是根据过程本身的特征（大小、范围、性质等）来进行的。对于组织来说，对过程的策划不必过细，不必涉及员工个人的活动（工作），其重点应放在组织过去尚未开展或开展得不太好的、ISO 9000 标准规定的一些新的过程上，如与顾客有关的过程、设计和开发评审、内部审核等方面。

（四）质量改进策划

质量改进虽然也可视为一种过程，但却是一种特殊的、可能脱离组织常规的过程，因此更应当加强质量策划。质量策划活动具有一定的可重复性，一般在确定质量策划后就可以按策划规定的内容重复进行。然而质量改进策划则不同，一次质量改进策划只可能针对一次质量改进项目，因此质量改进策划相对而言可重复性较低，而且其制定是分层次（战略层、管理层、执行层和操作层）进行的。

第二节　质量策划的工作内容

一、质量策划的需求识别

识别质量策划的需求是质量策划工作的首要任务，一个清晰、明确的需求对于组织质量策划的顺利进行具有重要的意义。识别质量策划的需求首先要明确需求的来源，这一阶段主要是在寻找质量策划的输入，尽管不同的质量策划会有不同的需求，产生不同的质量策划输入，但几乎所有的质量策划的需求都可以在下列项目中找到。

（一）质量方针

质量目标一定程度上产生于质量策划的需求，它是建立在组织的质量方针基础上的，一般来说，组织中长期的质量目标就是从质量方针直接引出的，其他质量目标仍然必须遵循质量方针所规定的原则，不得有违背或抵触的地方，因此，质量方针是质量策划的重要需求来源。

（二）上一级的质量目标

质量策划有可能是有关组织优化过程的策划，因此，上一级的质量目标也就成为本次质量策划的需求来源。上一级的质量目标包括两个方面：一是从层次上来说，是上一级；二是从时间来说，是上一级（如年底质量目标相对于长期目标是下一级，相对于季度质量目标就是上一级）。

（三）组织存在的问题

组织在日常的生产运营中不可避免会产生一系列的问题，质量策划一定程度上正是为解决这些各式各样的问题而存在的。问题是为实现质量方针和质量目标所必须要解决的重要问题，包括不合格、缺陷、不足、与先进水平的差距等。也就是说，未能满足质量目标要求或有碍于质量目标完成的资源、过程、产品、程序等都可能成为问题点，这样的问题点也就成为质量策划的需求来源。

（四）现状和未来的需求

现状是实现质量策划的基础，实现质量策划的内容在满足未来需求的同时可以改变组织的现状，但需要时间和资源。但二者的矛盾不能仅靠降低要求来解决，还要考虑未来的需求。

（五）所有相关方的满意程度

组织所有相关方满意度的提升是质量策划的重要目的之一，在这里我们所说的所有相关方包括顾客（内部的和外部的）、员工、所有者、供方（内部的和外部的）、社会，质量策划应当充分考虑他们的利益，当组织相关各方的满意度出现问题时（顾客购物体验下降、物流配送时间延长等），对于质量策划的需求就会产生。

以上是质量策划的绝大部分的需求来源。为使组织能够更加明确质量策划需求的表现情形，当组织出现下列情况之一时，就应进行质量策划：

（1）当顾客提出要求，组织根据这种要求建立质量管理体系或对其进行重大改进时。

（2）政府（包括出口对象国的政府）对组织的质量管理体系有强制要求时。

（3）组织需要改进质量管理，提升（包括建立和改进）自己的质量管理体系时。

（4）组织的质量管理经过审核（包括内部审核和外部审核），达不到预期的或规定的要求，需要进行重大改进时。

（5）组织的质量管理体系经过较长时间的运行，需要通过改进或重组来重新焕发生机和活力，以使组织的质量管理再上新台阶时。

（6）组织引进或创新的管理理念、管理方法，需要对质量管理体系进行重大调整时。

（7）组织的内外环境发生重大变化，原有的质量管理体系已不适应新环境的要求时。例如：内部组织机构或人员发生重大变化、外部市场发生重大变化等。

（8）组织的产品结构发生重大变化，原有的质量管理体系已不适应新产品的需要时。

（9）其他情况需要建立质量管理体系或对其进行重大改进时。

二、质量策划的输入

质量策划是针对具体的质量管理活动进行的。在进行质量策划时，力求将涉及该项活动的信息全部搜集起来作为质量策划的输入。不同的质量策划可能有不同的输入内容，但下面这些是任何质量策划都必须要考虑的：（1）质量方针或上级质量目标的要求；（2）顾客和其他相关方的需求和期望；（3）与策划内容有关的业绩或成功经历；（4）存在的问题点或难点；（5）过去的经验教训；（6）质量管理体系已明确规定的相关的要求或程序。

在进行质量策划时，必须首先明确要求。不管这种要求是来自内部还是来自外部，不管是顾客提出的（或隐含的）还是政府规定的，不管是现实情况迫切需要达到的，还是可以在将来达到而现在早一点达到更好的，都必须明确，最好能够形成书面的"要求"，以供策划时认真考虑。具体来说，这些"要求"可能是：（1）合同的规定；（2）市场调研的结果；（3）对顾客的需求和期望及对市场变化的预测；（4）有关法律法规，政府或上级主管部门（母公司）的规定；（5）质量审核（包括内部审核和外部审核）的结果报告；（6）管理评审的决定；（7）最高管理者的指令；（8）经最高管理者批准的有关建议或报告；（9）有关的质量计划。

在质量策划的初始，这些要求可能是不明确、不具体的。在进行质量策划时，首先要将那些不明确、不具体的要求进行分析和确定，以使其明确化、具体化。质量策划为实现这些"要求"而存在，但其实现要建立在实际情况的基础之上，因此质量策划既要满足质量目标的要求，又要符合组织实际情况。所谓情况，是组织现实存在的各种主客观条件，也需要进行分析和确定。具体来说，包括以下一系列内容：（1）组织的规模、性质及在市场上的地位；（2）组织质量管理体系的现状和取得的业绩；（3）产品结构、发展方向和市场占有率；（4）组织的组织结构、人员结构和文化背景；（5）过去的有关经验、教训要结合现实情况加以分析而不能盲目照抄照搬；（6）组织所处的地理位置及由此而带来的外部客观环境，包括政策环境；（7）组织的财力状况和预计投入的经费；（8）组织存在的重大缺陷和问题，包括质量管理体系存在的缺陷和问题；（9）组织的需要和利益目标。

一般来说，现实情况与质量策划的目标往往是一对矛盾，目标要求"提升"而现实情况要求"降低"。在分析和确定"情况"时，可能存在两种偏差：一是忽视现实情况或忽视现实情况对质量目标的制约，对现实情况不加以认真分析和确定；二是过分强调现实情况中存在的问题或负面效应，而忽视了其中的业绩和正面效应。为避免这两种情况，应深入分析"情况"，既确定其问题，又确定其业绩。组织在策划时，应当把"要求"和"情况"结合起来，将"要求"和"情况"作为质量策划必不可少的一种输入，在符合"情况"的基础上制定尽可能满足"要求"的质量策划，最终最好能够形成相关的文件材料，并且这些材料应尽早交与参与策划的所有人员。

三、质量策划的形成

一般来说，涉及组织层次的质量策划，应由最高管理者负责，由相关的管理人员组成相应的质量策划委员会或小组召开会议，质量策划的形成需要质量管理委员会的全程参与和指导。如果质量策划的内容涉及的范围很大，还可以扩大会议参与人员的范围，并利用头脑风暴的方法来进行质量策划。

为了提高质量策划会议的效率，可以选择由最高管理者自己或委托他人，在质量策划会议开始前根据质量策划的输入材料，事先拟订质量策划草案，并分发到质量策划会议的成员手中，让会议成员能够对会议内容有一个大致的了解，在质量策划会议上进行讨论、删减和修改。这种形式实际上是由某个人或某几个人先进行了一次质量策划，从而可提高质量策划的效率和质量。但如果参与质量策划的其他人员对此不感兴趣，质量策划会议将流于形式，起不到集思广益的作用，这就可能使质量策划产生漏洞或不足，从而对质量策划的完成产生很大的负面影响。因此，质量策划形成的关键在于如何召开质量策划会议，如何使参与质量策划的所有人员积极投入，充分发表意见和建议。

质量策划是一项十分复杂的工作，不仅需要有专门的机构和人员来进行，而且需要组织所有的部门和全体员工予以配合，其形成过程应当符合以下要求：（1）最高管理者或者管理者代表必须亲自主持，自始至终参与策划；（2）质量策划领导小组对策划形成的方案和计划进行评审；（3）质量策划人员负责编制方案和计划；（4）吸引员工参与质量管理体系策划，使策划过程形成一个开放系统。

四、质量策划的输出

质量策划都应形成文件输出，即形成质量计划文件。一般来说，质量策划输出应包括以下内容：（1）为什么要进行质量策划或为什么要制定该项质量策划（将质量策划的输入进行简单表述），适当分析现状（问题点）与质量方针或上一级质量目标要求，以及顾客和相关方的需求和期望之间的差距；（2）通过质量策划设定的质量目标；（3）确定各项具体工作或措施（即各种过程）及负责部门或人员（即职责和权限）；（4）确定实现质量策划的资源、方法和工具；（5）确定其他内容（其中包括质量目标和各项措施的完成时间）。

如果质量计划草案是预先准备好的，应根据质量策划会议的决定对其进行必要的修改，如果未预先准备好草案，则应委托或指令相关人员根据会议的决定起草。质量策划应由负责该项质量策划的质量管理委员会批准后下发实施。

五、质量策划的修正

从广义上说，质量策划的修正从属于质量改进的内容，因为质量策划的修正一定程度上与一般的质量改进策划相似，二者都按照了解现状、分析原因、找出主因、制定措施四个步骤来进行。但是相较于质量改进，质量策划的修正更强调：（1）确定和评审不合格或潜在的不合格；（2）确定不合格的原因。

由此可见，质量策划的修正不是由上级或他人选定了项目之后才开始策划的，它应当成为一项定期开展的活动。不管是组织的战略层、管理层、执行层还是操作层，都应当通过固定的或规定的渠道（主要是监视和测量的渠道、内部或外部顾客信息反馈的渠道）来获得不合格的信息，通过定期分析来确定潜在不合格的信息，然后通过分析原因、制定具体措施的方式来进行质量策划。

第三节　质量策划的一般过程

一、设定质量目标

任何一种质量策划，都应根据其输入的质量方针或上一级质量目标的要求，以顾客和其他相关方的需求和期望来设定具体的质量目标。组织的质量目标为组织全体提供了其在质量方面关注的焦点。同时，质量目标可以帮助组织有目的地、合理地利用资源，以达到策划的结果。一个有魅力的质量目标可以激发员工的工作热情，引导员工自发地为实现组织的总体目标做出贡献，对提高产品质量、改进作业效果具有其他激励方式不可替代的作用。

在制定质量目标之前我们有必要了解所要制定的质量目标的类别，一般将质量目标分为战略质量目标和战术质量目标两种。

（一）战略质量目标

战略目标是由公司一级设定的，并作为公司整个经营计划部分。战略质量目标的概念是把质量列为公司目标中最优先考虑的目标。这一概念采用广义的质量管理概念而得到加强。战略质量目标是外加的，不能代替战术目标，它对战术质量目标的设定和实现都具有深刻的影响。

（二）战术质量目标

人类各式各样的需求形成了不同的质量目标，如产品特性特征及过程控制特征。我们称这些质量目标为战术质量目标，以区别于战略质量目标。

要想使质量目标真正地符合组织的实际情况，在质量管理中起到作用，需要对目标涉及的问题进行综合考虑，这是质量策划的重要内容之一。在质量目标的制定中要着重考虑以下四个方面：（1）确保质量目标与质量方针保持一致；（2）充分考虑组织的现状及未来的需求；（3）考虑顾客和相关方的要求；（4）考虑组织管理评审的结果。

二、确定达到目标的途径

要实现组织既定的质量目标，首先要将质量目标进行分解、层层展开，各级质量目标的实现也就保证了组织总质量目标的实现。质量目标展开后，组织相应的部门要明确自身的质量目标要求，并根据自身的人员、资源情况对每项质量目标编制实施计划或实施方案，在活动计划书或措施计划表中，应详细列出实现该项质量目标存在的问题、目前的状况、必须采取的措施、将要达到的目标、什么时间完成、谁负责执行等，从而使质量目标的实现步骤一目了然，以确保其顺利实施。

实现质量目标的过程多种多样，这些过程可能是链式的，从一个过程到另一个过程，最终直到目标的实现；也可能是并列的，各个过程的结果共同指向目标的实现；可能是上述两种方式的结合，既有链式的过程，又有并列的过程。事实上，任何一个质量目标的实现都是多种过程的组合。例如：要实现产品合格率的目标，既需要产品生产运作的过程（链式过程），也需要各种管理控制过程（很可能是并列的）。

因此，在质量策划时要充分考虑所需要的过程。当然，如果其中某一种或某一个过程对组织来说是已经存在的并且是较为完善的，也可以不再纳入质量策划中考虑，需要指出的是，质量策划考虑的重点应当放在那些新建的、需要改进的和需要加强的过程上。

三、确定相关的职责和权限

质量策划是对相关的质量活动进行的一种事先的安排和部署，而任何实现质量目标的过程必须由人员来完成，因此质量策划的难点和重点就是落实相应质量策划人员的职责和权限，这又被称为质量职能展开，从而使质量目标纵到底横到边，做到千斤重担大家挑，人人肩上有指标。将质量目标分解落实到各职能部门和各级人员，使质量目标更具有操作性的同时，各部门、各级人员也能明确自身的质量目标，知道努力的方向，明白应该干什么、什么时候干、怎样去干、干到什么程度，充分调动其积极性，以确保质量目标的顺利完成。

在质量策划会议上，当进行相关职责和权限的划分时，有关人员很可能为此而发生矛盾和争执，出现推诿（无利时）、包揽（有利时）等现象。如果某个质量过程所涉及的质量职能过去未能明确，没有相关文件给予具体规定（这种情况事实上是常见的），推诿扯皮现象可能更严重。这时，需要有相应权限的人员（如最高管理者）来"拍板"予以确定，不能因此而使质量策划受到损害。

四、确定所需资源

质量策划中既定内容的实现是建立在组织各种资源输入的基础之上的。具体而言，这些资源包括人员、设施、材料、信息、经费、环境等。但是，需要指出的是，并不是所有的质量策划都需要确定这些资源。也就是说，一个质量策划不需要事无巨细地将质量策划过程中所需要的所有人员、设施、材料、信息经费、环境等资源一一罗列，这会导致质量策划的工作量超出所能承受的范围，而且在现实的组织运营中也是不可行的。事实上，如果质量职责已经落实，相应的资源准备工作理应由承担该项工作的部门或人员负责。而且，绝大多数质量策划所需的资源，完全可以从现有资源中予以调整解决，只有那些新增的、特殊的、必不可少的资源才需要纳入质量策划中来。

五、确定实现目标的方法和工具

对于质量目标的实现，不同类型的质量策划可能会有不同的方法和工具，需要说明的是这些方法和工具的确定也不是所有的质量策划都需要的。一般情况下，具体的方法和工具可以由承担该项质量职能的部门或人员去选择，但质量目标产生于新工作或者质量改进工作时，就需要确定实现目标的方法和工具。例如：在策划某一设计和开发项目时，就需要对其所使用的新的设计方法、验证方法、设计和开发评审方法等予以确定。

六、制定考核形式和时间节点

由于现实情况的复杂多变性，质量策划在实施过程中可能会出现与既定内容相偏离的情况。因此，为了能够识别出各阶段质量策划的进展情况，需要制定详细的考核形式。具体的考核形式来源于质量目标中所要求的内容，这一工作包括质量目标和具体措施（也就是已确定的过程）完成的时间、检查或考核的方法、评价其业绩成果的指标完成后的奖励方法、所需的文件和记录等。一般来说，完成时间是必不可少的，应当确定下来，而其他策划要求则可以根据具体情况来确定。

七、输出质量计划文件

质量策划都应形成文件输出，也就是说，质量策划都应形成质量计划文件。输出的质量计划文件应当包括前文所述质量策划的输出部分包含的内容。

实例链接

明阳智能质量策划实践

作为全球化清洁能源整体解决方案提供商，明阳智慧能源集团股份有限公司（简称明阳智能）致力于能源的绿色、普惠和智慧化，业务涵盖风、光、储、氢等新能源开发运营与装备制造，位居中国企业 500 强和全球新能源企业 500 强前列，全球海上风电创新排名第一位，正奋力打造全球知名的千亿级新能源产业集团。

公司基于"自主创新、产品升级、先进制造、规模发展"的发展战略，在公司层面制定"预防为主、质量领先"的质量战略，覆盖产品设计、制造、交付全过程，通过建立顾客导向的设计开发流程和"过程稳健性管理"流程，应用 QFD、FMEA、防错等质量工具开展质量策划活动。

一个公司的质量策划活动，体现在产品设计和产品实现两大阶段。在产品设计端，主要围绕产品高质量定义和产品失效预防两大部分进行；在产品实现端，重点围绕过程稳健性展开。

图 5-1 为产品质量策划循环图，即产品质量策划周期。各个阶段均按照计划时间进行先后排序，遵循典型的计划—执行—检查—行动（PDCA）循环。供应商应制定一项产品质量计划，其中包含供应商执行各种质量保证活动后的可交付成果清单，以作为产品质量策划的成果。产品质量计划中的活动级别根据开发的产品会有所不同。

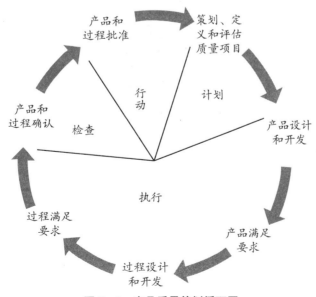

图 5-1　产品质量策划循环图

知识拓展：
明阳智能公司
产品质量策划过程

产品质量策划循环的目的在于：

（1）前期质量规划可以确保质量及保证活动高效、按期实施并完成。

（2）确保供应商和分供方按照规定的质量和数量交付产品；确保按时交付，一次成功。

（3）产品质量策划循环通过质量保证活动，为策划、实施和验证符合要求的产品提供了清晰的路径。

（4）该循环强调制造商和供应商之间跨职能合作，从而改进整个产品质量循环中的沟通与协作。

本章小结

通过本章的学习，我们掌握了质量策划的相关知识。本章主要包括以下内容：质量策划致力于制定质量目标并规定必要的运行过程和相关资源以实现质量目标；质量策划需要遵循层次性、系统性、可考核性、可操作性、权变性等基本原则，通常包括设定质量目标、确定达到目标的途径、确定相关的职责和权限、确定所需资源、确定实现目标的方法和工具、制定考核形式和时间节点、输出质量计划文件等核心环节。

本章练习

第五章练习

第六章

质量控制

知识目标
- 掌握质量控制的内涵、一般过程与主要内容。
- 理解设置质量控制点的重点、注意事项和一般过程。
- 熟悉质量控制目标的具体分类和设定原则。
- 掌握质量控制标准的制定依据、分类和制定过程。
- 了解常用质量控制方法和工具的主要用途。

能力目标
- 能用所学知识分析和解决实际的质量控制问题。

素质目标
- 培养严谨求实、一丝不苟、精益求精的工匠精神，树立良好的质量控制意识。

引 例

像修炼生命一样修炼质量

制造业高质量发展对传统制造企业智能化、信息化发展提出了更高的要求，5G商用技术在质量检测上的应用加速了企业检测技术信息化发展的步伐，对于量级庞大的企业来说更是意义非凡。全工序的信息化检测技术已经应用于格力电器的常规生产中，它能够精准定位每个部件的全部信息，进一步提升了生产效率，缩减了人工成本。

谢工是格力电器质控部检测技术板块的负责人，他说："2020年4月格力电器建成国内首个家电智能制造领域5G+MEC独立下沉工业专网，2021年3月在该专网基础上实现了全国首个智能制造领域5G端到端硬切片专网商用，主要是将5G技术与质量控制技术融合创新，实现制造过程质量管控技术突破。同时我们还在尝试推进更多5G技术质量检测项目，这对我们质控来说是有很多好处的。信息化能够帮助我们更快地构建完整的检测模型，将效益发挥到最大。"

完善的质控体系建设和质控技术升级为格力产品的高质量打下了坚实的基础。格力电器已经构建了完整的质量监控组织架构，从生产车间到领导小组都设有质量监管的人员，而检测技术的日益精进为质检员们提供了称手的"兵器"。

检测技术本身也是一项关键技术。负责该工作的冯工说道："在检测技术板块，格力电器有良好的研发条件和氛围，让我们能够有机会去自主研发和升级检测技术，也能有渠道去学习和吸收其他相关的先进技术，做到两边同时推进。"

测试性实验是针对整机模拟各种极限工况和恶劣环境，从而验证运行可靠性、机构可靠性等，对每一台格力电器出品的空调的运转可靠性、舒适性、安全性和外界环境适应性进行检测把关。具体到不同的环节，格力电器都有专人针对检测技术进行研究并提出改进方案，不断推动检测质量的提升。

自从20世纪早期出现"质量控制"这一术语以来，在很长的一段时间里，世界各国对其有多种理解和认识。国际标准化组织对这一术语的界定得到了广泛认可。本章从质量控制的内涵、一般过程、主要内容，质量控制标准的分类、质量控制标准的制定等方面进行介绍。

第一节　质量控制概述

一、质量控制与质量控制点

国际标准化组织对质量控制的定义为：质量控制是质量管理的一部分，致力于满足质量要求的活动。为了满足质量要求，需要监视质量形成过程及其相关质量体系要素，发现和消除引起不合格或不满意效果的因素。在企业领域，质量控制活动主要是企业内部的生产现场管理，它与有无合同无关，是指为达到和保持质量而进行控制的技术措施和管理措施方面的活动。

在质量管理活动中，我们将那些需要重点控制的对象或实体称为质量控制点。一般说来，凡属下列情况的都应设定为质量控制点：对产品的适用性（性能、精度、寿命、可靠性、安全性等）有严重影响的关键特性、关键部件或重要影响因素；对工艺有严格要求，对后续过程有严重影响的关键质量特性、部件；由于质量过程不稳定，出现不合格的项目；对用户反馈的重要不良项目；紧缺物资可能对生产安排产生重大影响的项目等。

设置质量控制点时应该注意以下几点：一是要尽量定量表达控制点的质量特性；二是要明确控制点的责任单位；三是要以产品的质量特性或过程的质量特性为控制对象；四是有计划、有目地设置控制点；五是设置控制点还要突出重点管理的原则。一般说来，应当首先在主导产品、创优产品、出口产品、量大面广的产品上建立控制点。就一个重点产品来说，应首先对其关键零件，选择其关键过程的关键质量特性进行重点控制。

在设定质量控制点时，一般分为如下六个步骤：（1）结合有关质量体系文件，按质量环节明确关键环节和需要特殊管理的质量特性的主导因素；（2）由设计、工艺和技术等部门确定本部门所负责的需要特殊管理的质量控制点，编制质量控制点明细表，并经批准后纳入质量体系文件中；（3）编制质量控制点流程图，并以此为依据设置质量控制点；（4）编制质量控制点作业指导书，包括工艺操作卡、自检表和操作指导书；（5）编制质量控制点管理办法；（6）正式纳入质量体系控制点，所编制的文件都要和质量体系文件相结合，并经过批准正式纳入质量体系中进行有效运转。

二、质量控制的一般过程

质量控制的关键是使所有质量过程和活动始终处于完全受控状态。事先应对受控状态进行安排，并在实施中进行监视和测量，一旦发现问题应及时采取相应措施，恢复受控状态，把过程输出的波动控制在允许的范围内。质量控制的基础是过程控制。无论是制造过程还是管理过程，都需要严格按照程序和规范进行。控制好每个过程特别是关键过程，是达到质量要求的保障。

质量控制通常包括制定质量控制操作规程、编制质量控制计划、巡视与质量评估、质量问题分析、提出问题解决方案、质量控制信息汇总存档六个主要环节。

（一）制定质量控制操作规程

根据国家、行业和地方的质量标准和规定，结合本企业的实际情况，编制《质量控制操作规程》，报送主管领导审核，审批后下发各部门，各部门组织学习并且贯彻实施。《质量控制操作规程》的具体内容包括但不局限于：质量控制的组织管理及各部门质量控制人员职责；质量控制的实施流程及具体操作规范；质量工作各环节的质量目标与标准；质量控制的相关制度。

（二）编制质量控制计划

编制《质量控制计划》，作为企业质量控制工作方案及具体的实施依据。《质量控制计划》应包括的内容有以下几个方面：企业的质量控制目标；质量控制活动的职责和权限；质量控制工作过程中需采取的质量保证措施；出现问题的解决程序等。

（三）巡视与质量评估

在企业的运作过程中，各部门质量控制人员按照《质量控制操作规程》的规定对本部门各项工作实施监督与质量控制，确保各环节按照质量标准执行。各部门质量控制人员定期将《质量控制工作报告》以电子邮件的形式上交质量管理部质量控制主管，及时反馈质量管理状态和存在的质量问题等。质量管理部在各部门质量控制人员的配合下，定期进行现场质量巡视，并对企业质量控制的重要环节和关键环节的质量状况进行评审。质量评审的组织形式可采用会议或会签的方式进行，评审的具体内容参照各相关过程的程序文件执行。评审记录可以以《评审报告》或《会议纪要》的形式体现。

（四）质量问题分析

各部门在质量管理过程中，随时将出现的质量问题反馈给质量管理部门或相关部门，质量管理部门就评审中的质量问题进行讨论和分析。

（五）提出问题解决方案

经判断，如果出现的问题属于常规问题，由相关部门按照以前的处理方案进行处理；如果出现的问题不属于常规问题，则质量管理部门组织相关部门讨论问题的解决方案，直到最终文案的确定与下发实施。

（六）质量控制信息汇总存档

质量控制过程中产生的相关资料、文件等由质量管理部门收集、存档，为今后企业质量控制活动提供有效信息，以便高效率地开展质量控制工作。

三、质量控制的主要内容

不同组织由于组织目标、质量方针和质量目标等各不相同，其质量管理体系、质量形成过程和产品也不尽相同，这使得它们的质量控制内容也各有侧重。尽管存在上述差异，但是对任何组织而言，质量控制的内容主要可以从产品、过程和质量管理体系要素的角度加以区分。

（一）产品质量控制

产品是过程的结果，通常可以分为服务、软件、硬件、流程性材料等产品类别。不同类型的产品由于属性和表现形式不同，其质量控制内容也存在明显差异。服务和软件通常都是无形的，其质量控制重点可以从顾客消费和使用这些产品的实际反馈结果中加以发现，尤其要重视顾客或组织内部成员提出的引起产品不合格或缺陷的关联过程和质量管理体系要素。通常，可以通过增强生产或提供产品的规范、方法、程序和流程的适用性和执行力，来预防和纠正可能产生的产品质量问题。硬件和流程性材料通常是有形产品，其质量水平通常是可以通过相应的指标、方法和工具测量的，其质量控制重点是预防和纠正引起这些产品的特性值的不合格或缺陷。在现实生活中，组织提供的许多产品由不同类别的产品构成，服务、软件、硬件或流程性材料的区分取决于其主导成分。例如：外供产品"汽车"是由硬件如轮胎、流程性材料（如燃料、冷却液）、软件（如发动机控制软件、驾驶员手册）和服务（如销售人员所做的操作说明）组成的。对这种复合型的产品的质量控制，在确定质量控制重点内容时，通常可以按具体构成成分性质和属性差异将其分解为子类产品，运用系统的视角，分类控制产品及其子类产品的质量水平。

（二）过程质量控制

过程是一组将输入转化为输出的相互关联或相互作用的活动，一个过程的输入通常是其他过程的输出。按过程的输出结果是否可以验证区分，过程一般可以分为两类：一类是输出结果是否合格能经济地进行验证的过程，可以称为"普通过程"；另一类是输出结果是否合格不易或不能经济地进行验证的过程，通常称为"特殊过程"。尽管组织为了增值通常对过程进行策划并使其在受控条件下运行，但是对上述两类过程进行控制时，其质量控制的侧重点是不同的。一般说来，对普通过程的质量控制可以重点关注相关技术和管理活动的规范性、可靠性、适应性和适宜性，对特殊过程的质量控制则重点关注与这些过程相关的关键质量管理体系要素是否处于受控状态。总体而言，无论是哪种类型的过程，预防、发现、诊断和纠正组织的各类过程的异常波动并使其始终处于受控状态始终是组织的过程质量控制的核心工作。

（三）质量管理体系质量控制

质量管理体系要素主要包括组织质量发展战略和质量计划、质量的管理队伍、组织资源等。其中，质量控制重点主要反映在如下几个方面：一是质量发展战略和计划对实现组织总体战略和规划的支持力度，以及对具体质量活动的适用程度和指导作用；二是组织各层次质量管理队伍的素质、能力和绩效水平；三是组织的人力资源、财务资源、物料和设备资源、信息资源、设施资源、软环境条件、测试方法和计量工具等各类资源要素配置的合理性、有效性和效率。对任何一个组织而言，质量管理队伍是组织的质量要素的集成者和调配者，选拔和任用合适的质量领域的领导队伍始终是确保质量管理体系要素资源有效运作的关键，预防和撤换能力、素质不合格的质量管理人员是组织质量控制工作顺利开展的前提和基础。

组织的产品、过程和质量管理体系要素之间不仅相互联系，而且具有内在的因果关系，组织在确定其质量控制工作内容时也需要坚持联系的观点和系统的观点。此外，从产品质量形成过程来看，组织质量控制主要涉及产品设计、产品生产、产品提供和售后服务等诸多环节，其核心工作内容在于及时发现和分析与上述环节相关的产品（包括中间产品）、过程和质量体系要素的异常波动，采取必要措施预防和纠正不合格和缺陷。

第二节　质量控制目标与标准

一、质量控制目标

质量控制目标是指受控对象需要达到的绩效水平。按目标的描述情况区分，质量控制目标可以分为定量目标和定性目标。定量的质量控制目标，通常是组织的定量质量目标具体化的结果，是指能够通过定量方法加以精确描述的质量控制的绩效指标，如产品的合格率、技术性能指标等。定性的质量控制目标，通常是组织的定性质量目标具体化的结果，是指通过文字方式加以定性描述的质量控制的绩效状态，如舒适、灵敏、操作方便等。有些定性的质量控制目标可以通过一定的方法和手段将其定量化，进而转化为定量的质量控制目标。质量控制目标无论定量的还是定性的，其根本出发点都是为了更好地满足组织内外部顾客的需要和期望。质量控制目标一般可以细化为产品控制目标、过程控制目标、质量管理体系控制目标三类。

质量控制目标针对部门或个人，这些目标所衡量的绩效结果成为公司建立奖惩制度的根据。制定质量控制目标应该遵循如下原则：

（1）正当性。目标应该具有不容置疑的正式地位，可以作为奖惩制度制定的依据。

（2）可测性。目标应该是可以测量和评价的，这样有利于有效的沟通和控制。

（3）可达性。目标应该是可以达到的或是有事实表明有人达到过。过高的目标会使员工失去士气，不利于企业文化的建设和绩效的提高。

（4）公平性。对于职责相当的人员，目标应该是具有大致相同的可达性。

二、质量控制标准的分类

设定质量控制标准，为组织发现和纠正质量偏差提供了衡量标准，也为组织达到顾客的各种要求提供了客观依据。质量控制标准的表现形式多种多样，按照不同的依据进行划分，有不同的表现形式。

（一）按照业务内容划分

按照业务内容进行划分，质量控制标准可以分为技术标准和管理标准。

1. 技术标准

技术标准是指对标准化领域中需要协调统一的具有技术属性的事物所制定的标准。技术标准包括：

（1）基础标准。基础标准包括通用技术语言标准，量和单位标准，数值和数据标准，以及公差配合、精度等标准。其中通用技术语言标准包括术语标准，符号、代号、代码及标志标准，技术制图标准等，这些标准是为使技术语言统一、准确，便于相互交流和正确理解而制定的。

（2）产品、工艺、设备和工艺装备标准。这是制造企业在生产制造过程中最重要的标准。其中产品标准是规定产品应满足的要求以确保其适用性的标准；工艺标准是指依据产品标准要求，在产品实现过程中对原材料、零部件、元器件进行加工、制造、装配的方法，以及有关技术要求的标准；设备和工艺装备标准是指对产品制造过程中所使用的通用设备（各种机床）、专用工艺装备（包括刀具、夹具、模具、工位器具等）、工具及其他生产器具的要求制定的技术标准。

（3）检验和试验标准。检验和试验标准通常分为两类：检验和试验的方法标准，保证试验、监视和测量精度的计量器具标准。

（4）其他标准。除了上述标准之外，技术标准还包括信息标识、包装、搬运、储存、安装、交付、维修、服务标准，以及基础设施和能源标准、职业健康标准、安全标准、环境标准等。

2. 管理标准

管理标准是指对标准化领域中需要协调统一的具有管理属性的事物所制定的标准。管理标准包括：

（1）管理体系标准。管理体系标准通常是指 ISO 9000 质量管理体系标准、ISO

14000 环境管理体系标准、ISO 45001 职业健康安全管理体系要求及使用指南、ISO 50001 能源管理体系标准以及其他管理体系标准。

（2）管理程序标准。管理程序标准通常是在管理体系标准的框架结构下，对具体管理事务（事项）的过程、流程、活动、顺序、环节、路径、方法的规定，是对管理体系标准的具体展开。

（3）定额标准。定额标准是指在一定时间、一定条件下，对生产某种产品或进行某项工作消耗的活动、物化劳动成本或费用所规定的数量限额标准。定额标准是进行生产管理和经济核算的基础。定额标准通常分为劳动定额标准和物资消耗定额标准两大类。

（4）期量标准。期量标准是生产管理中关于期限和数量方面的标准。在生产期限方面，主要有流水线节拍、节奏，生产周期、生产间隔期、生产提前期等标准；在生产数量方面，主要有批量、在制品定额等标准。

（5）工作标准。工作标准是为实现整个工作过程的协调，提高工作质量和工作效率，对工作岗位所制定的标准。通常，企业中的工作岗位可以分为管理岗位和生产岗位两大类，因此工作标准也可分为管理工作标准和作业标准两类。

（二）按照适用范围和领域划分

按照标准化活动的范围，质量控制标准又可以分为国际标准、区域标准、国家标准、行业标准、地方标准、团体标准和企业标准。

1. 国际标准

国际标准是指国际标准化组织（ISO）、国际电工委员会（IEC）和国际电信联盟（ITU）制定的标准，以及国际标准化组织确认并公布的其他国际组织制定的标准。

2. 区域标准

区域标准是指由国际上的区域标准化组织通过并公开发布的标准。区域标准的种类通常按制定区域标准的组织进行划分。目前在全球范围内有影响力的区域标准主要有欧洲三个标准化组织制定的标准，包括欧洲标准化委员会（CEN）标准、欧洲电工标准化委员会（CENELEC）标准、欧洲电信标准学会（ETSI）标准。截至目前，全球范围内分布了近十个区域标准化组织。除了欧洲标准化组织之外，也有其他区域标准化组织制定了很少量的区域标准，如阿拉伯标准化与计量组织（ARMO）标准、非洲地区标准化组织（ARSO）标准。也有些区域标准化组织本身并不制定标准，而仅仅是协调成员之间的国家标准，以及成员在国际标准化活动中的立场。

此外，国家标准、行业标准、地方标准、团体标准与企业标准的说明详见第二章第二节。

三、质量控制标准的制定和完善

质量目标是质量方针在组织各层次具体展开的结果，也是制定组织质量控制目标的基础。通常而言，质量控制标准是根据质量方针、质量目标和质量控制目标而制定的。质量控制标准的制定和完善一般包括以下四个主要环节。

（一）拟订质量控制标准草案

质量管理部成立质量控制标准编写小组，负责企业质量标准的编写工作。质量标准编写小组收集国内外、地方和行业等的相关质量标准与规定，并选取本企业的相关资料、文件和规定等。企业各相关部门提供质量管理的相关文件资料。编写小组根据收集汇总的文件资料，组织编写本企业质量标准文件，形成质量控制标准文件草案。

（二）形成质量控制标准文件

在质量控制标准文件草案编制完成后，编写小组根据有关领导的建议、意见及企业质量管理的实际情况，对草案进行补充完善，最终形成《质量控制标准文件》等文件。内容应包括但不限于以下项目：原料质量控制、辅料质量标准、半成品质量标准、成品质量标准、包装材料质量控制、工艺质量标准和制造质量标准。

（三）下发执行质量控制标准文件

质量控制标准文件形成后，根据企业质量管理审批程序规定，上报质量管理部经理、主管副总经理和总经理等相关领导审核、审批。之后，质量管理部负责发送至各相关部门，企业实行标准化作业管理，以保证企业产品质量。

（四）质量控制标准修正与调整

在实施质量控制标准过程中，会遇到许多问题，如制定标准人员对于目标认识不明确、标准不适合实际应用、标准设计得过高或者过低等，都会影响产品的质量、企业的绩效、员工的士气等。因此，质量控制修正与调整过程不可或缺。质量控制标准由质量管理部门审核之后，必须在各个相关部门实际应用，并且及时获得相关部门领导和员工的反馈，然后进行修正，以期适应各个部门的工作流程。这是一个循环的过程，直到标准调整到最佳状态。

知识拓展：
质量问题溯源法

知识拓展：
四检法

实例链接

格力武汉可控可追溯质量控制体系

格力武汉在格力电器"让世界爱上中国造"格力电器完美质量管理模式的基础上，始终把质量控制放在核心位置，实践和构建了可控可追溯质量控制体系，充分发挥领导带头作用，在全员、全过程、全企业的共同努力下，实现产品质量全面提升。在管理方面，设计制度并开展检查监督确保制度有效落实；在技术方面，运用 PDPC 图识别工序质量风险，运用以下检测技术手段确保产品过程可控。

（1）自上而下的管理结构与人才队伍建设为质量改进建立组织优势。

（2）不断演进的工序质量风险分析方法为开展质量改进提供对策。

（3）形式多样的质量技术项目和管理制度驱动控制体系自我完善。

（4）最大化的过程可控与可追溯手段保障质量改进的成果不断巩固。

应对工序质量风险点和对策方向，以下从人、机、料、法、环分别列举了格力武汉在可控可追溯方面的质量控制技术实践。

一、人——关键重点岗位员工上岗管理

利用信息化技术，将关键重点岗位人员信息录入系统，与生产岗位相匹配，员工通过打卡上岗，系统识别此人是否通过培训验收，是否持有上岗证，以此来控制人员状态。系统后台能导出员工打卡信息，可依据操作时间追溯责任员工。现场配置显示屏实时播放岗位应知应会及工作标准，直接指导员工操作，时刻提醒员工按标准执行。关键重点岗位视频监控如图6-1所示。

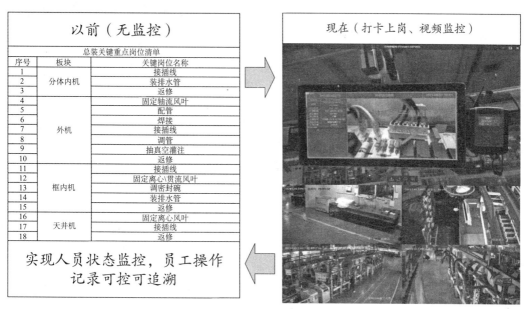

图6-1　关键重点岗位视频监控

二、机——整机外围印刷品视觉检测设备的应用

产品生产需要专门对整机商标、彩条、顶盖螺钉等内容进行检验，传统的人工检验因检验内容较多、检验时间短及检验位置不统一等因素容易发生漏检、错检的质量隐患，以致引起顾客的售后投诉。格力武汉应用视觉自动检测设备，创建检测模板创建区域，并对检测整机机型的各类检测点进行模板维护。正常生产时，选取已创建机型的型号，视觉检测设备会对整机拍照，然后调取已创建的模板进行后台自动对比检验，以此实现对整机产品外观标贴等缺陷进行自动检测判定。

视觉检测设备在正常生产时，如发现产品外观商标、彩条、铭牌、感温包、包扎带、警告标识、顶盖螺钉等与已创建模板设定标准不符，设备屏幕将会自动显示故障点并开启声光报警，同步联动生产线体停线等待。当分厂员工核实具体故障现象，点击解除报警按钮后，设备重新自动运行，同时设备后台将检验结果进行记录和保留追溯。整机外围印刷品视觉检测项目开展前后对比如图6-2所示。

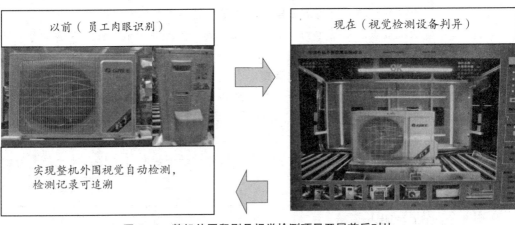

图 6-2　整机外围印刷品视觉检测项目开展前后对比

三、料——入厂检验管理信息化管理系统

利用信息化管理，通过软件平台收集入厂检验的数据，按照物料来货数量、不合格数量、不合格类别、检验人员等进行系统数据自动分析。通过不合格率、不合格类别来分析厂家生产过程异常点，协助厂家提高过程管控水平。通过不同外检员的检出率（同类物料）分析检验员的技能水平，用于管理人员的精准帮扶。

通过建立零部件性能试验台信息化监控平台提升检验检测能力，平台对所有设备的温度、湿度、运行时间等进行智能监控，取代传统依靠人员进行点检和记录，杜绝员工犯错，实时确保试验精准控制，试验结果安全可靠。外协外购件信息化前后对比如图 6-3 所示。

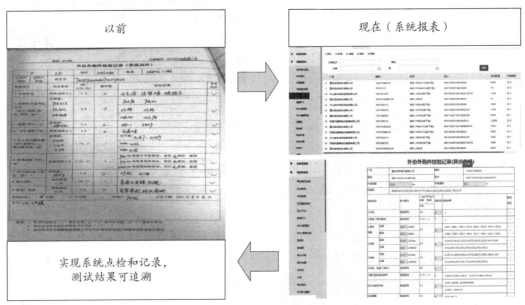

图 6-3　外协外购件信息化前后对比

四、法——信息化首检项目

首件检验是产品生产制造的重要环节，其重要程度不在此做说明。格力武汉以往的首检由首检员手动书写，人工写首检过程会出现漏写物料编码及涂改现象，且填写时没

有对照工艺标准和要求，靠员工提前拍照后核对，有首检失效隐患，也不便于追溯。

格力武汉利用信息化手段，开发无纸化首检系统，由纸质版首检改为无纸化首检，员工可直接在平板电脑上面填写首检，也可同步查询最新工艺要求和首检明细，方便员工操作，管理人员也可随时在后台查询首检记录，追溯性高。信息化首检项目实施前后对比如图6-4所示。

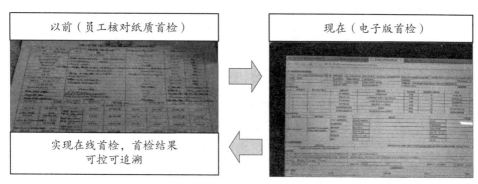

图6-4 信息化首检项目实施前后对比

五、环——空调器静电防护控制系统

静电控制是电子产品制造品控的基础，静电的危害无处不在，静电敏感器件在日常生产操作、储存、周转、测试过程中容易因静电放电引起损伤，而行业内静电防控失效问题普遍存在，亟须通过信息化技术手段改变管理现状。

该项目通过从物联网的组建、信息化软件、ESD硬件改善三个方面实现管理突破创新，解决了传统的接地、离子中和、温湿度控制无异常预警功能、无信息可视化监督管理机制、无数据记录追溯分析，主要依靠人工巡线点检各点位的有效性，异常整改无法做到时效性，有ESD盲区无法有效监督、监督管理耗费人力、生产过程品质安全得不到保障、日常检查静电防护应用点失效普遍存在、静电防泄控有效性无法全面受控的问题。

（1）物联网组建创新：联合供应商开发无线监控模块，涉及腕带、设备、台垫、工具、离子风机等，实现岗位ESD有效性实时监控，异常可声控报警；采用Zigbee无线工业物联，实现无干扰ESD数据共享到邮件或短信，进行技术跟踪；首创ESD物联技术，满足静电智能监控，提高ESD整改的时效性。物联网的组建示意图如图6-5所示。

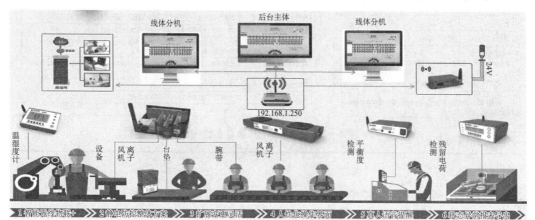

图6-5 物联网的组建

（2）信息化软件创新：联合供应商开发信息化监控软件平台，利用无线收发技术提取监控数据，实现监控信息化集中管控，电脑手机随时随地智能管理，监控画面可模拟现场编辑设计，监控点位通过红、黄、绿、灰四种颜色目视化区分监控点状态，提升ESD监管的有效性。监控点位状态图如图6-6所示。

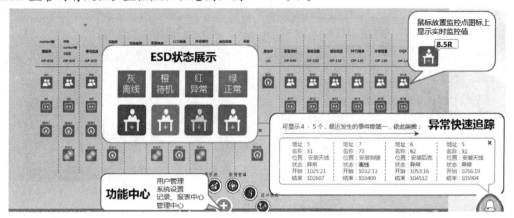

图6-6　监控点位状态图

（3）ESD硬件改善创新：腕带、设备、台垫、工具都使用双线管控，以及线材对接使用防脱耦合双线对接方式，防止单线接触不良或松脱，满足接地应用的可靠性。智能ESD产品可靠性报告如图6-7所示。

智能ESD产品可靠性报告

Zigbee是一组基于IEEE批准通过的802.15.4无线标准研制开发的组网、安全和应用软件方面的技术标准。与其他无线标准如802.11或802.16不同，Zigbee和802.15.4以250Kbps的最大传输速率承载有线的数据流量，Zigbee是新近推出的一个低数据率的无线通信技术。它具有复杂度低、成本少、功耗小的特点，主要适用于自动控制、远程监控等领域。

无线技术：	2.4G(Zigbee)
频段：	868M - 2.4GHz（13-26信道）
输出功率：	≤8dBm
谐波：	-41.2dBm/MHZ
波长：	13cm
带宽：	2MHZ
速率：	250Kbps

大数据解决方案

数据分池技术（采用Facebook开源技术）
1．实时数据放入采集池；
2．把采集的实时数据镜像至查询池（记录查询可连续7天，存本月数据）
3．跨月数据分表存储，多技术手段结合，确定数据有效存储及系统的响应速度

软件语言环境	JAVA
软件构架	C/S
网络支持	支持网络访问及远程访问
数据库	mysql
用户权限	超级管理员、管理员、操作员
ESD管理员模式	支持管理员对多电脑、多线体同时ESD管控
接口输出	可开放数据库结构及指定数据的输出
无线有效范围	一个收发器（网关）有效面积500m²
收发器负载量(网关)	信号范围内支持无线监控点300个
多收发器组网	无缝支持
信号强度	支持信号强度测试
状态响应速度	1-2s
断网(离线)提示	监控点与收发器信号中断时，监控点警报、电脑警报、ESD报警灯警报
状态及数据记录	正常、异常状态及数据存储，待机、离线状态存储
离线数据存储	每个独立监控点支持30分钟离线保存存储，当信号正常后，数据开始回传到电脑存储记录（包括状态+监控值）
离线防范措施	若监控点离线5分钟，自动邮件上报到现场ESD人员，若监控点离线10分钟，自动邮件上报到管理员，依次上报
异常邮件上报	支持1-10s的持续异常，层级上报
ESD日统计报表	支持定时发送ESD日统计报表至指定邮箱
存储频率	1-10s可调

图6-7　智能ESD产品可靠性报告

本章小结

通过本章的学习，我们掌握了质量控制的相关知识。本章主要包括以下内容：质量

控制通常包括制定质量控制操作规程、编制质量控制计划、巡视与质量评估、质量问题分析、提出问题解决方案、质量控制信息汇总存档等主要环节；设定质量控制目标应该遵循正当性、可测性、可达性、公平性等原则；质量控制标准的制定和完善一般包括拟订质量控制标准草案、形成质量控制标准文件、下发执行质量控制标准文件、质量控制标准修正与调整等主要环节。

本章练习

第六章练习

第七章
质量改进

学习目标

知识目标

- 掌握质量改进的内涵、目标、原则、分类与途径。
- 熟悉质量改进的环境要求与一般步骤。
- 了解两种质量改进策略的优缺点。
- 了解质量改进的组织。
- 掌握质量改进的推进工作要点。
- 熟悉质量改进的常用方法与工具。

能力目标

- 能用所学知识开展质量改进工作。

素质目标

- 培养在学习与生活中运用 PDCA 的理念，树立良好的闭环管理和持续改进意识。

引 例

质量预防五步法

2015 年，格力电器中标人民大会堂"永磁同步变频离心机组"项目，这是中国民族品牌空调产品首次进入国家级重点场所。格力电器高度重视，由董事长挂帅，组织全公司最精干人员成立项目攻关团队。项目团队通过应用"质量预防五步法"开展工作，解决了质量创新的路径和方法问题，确保项目高质高效地按期完成。

第一步，需求调研。客户要求采购的中央空调在工作期间必须零故障，"性能、可靠性要求做到完美"。因此，项目团队从功能、性能结构、可靠性、维修性、安全性等几大板块展开调研，将客户需求利用 QFD 等工具对产品的关键功能特性进行展开，提炼出具体需求点，以确定关键的质量指标。

第二步，计划制订。项目团队根据客户提出的产品质量需求和交付时间要求，多次组织会议讨论，利用甘特图和关键路线图，制订包括技术创新和工艺研发、供应链管理、生产制造、检验检测等环节的极为周密的全流程质量控制计划。

第三步，执行落实。为达成完美质量目标，项目团队根据项目计划书，从技术开发环节、供应链环节和过程制造环节，配置足够的技术和管理资源，保证质量控制计划的有效执行。

第四步，检验检查。项目团队将检验检查细化融入日常生产制造的每一个工序，运用数字射线技术、激光平面测试技术等，实现每个工序、每个零件、每个部件的质量可控。项目团队专门制订了《重点订单项目机组质量验收大纲》，在机组发货环节采用"四方代表"验货模式，确保出货的机组万无一失。

第五步，改进优化。项目团队通过需求调研、项目的精心策划，以及各环节的有效落实，共发现 20 多项质量整改项。项目团队通过 FMEA 分析与仿真技术、检验检测技术的结合，研究清楚一系列失效机理，形成一整套机组表面防腐处理、抗震性能、元器件可靠性等企业技术质量标准。格力电器最终交货的机组以出色的表现迎接了全国人民乃至全世界的检阅，得到了使用单位和维保单位的高度评价。

质量改进是质量管理的一部分，致力于增强满足质量要求的能力。改进对于企业保持当前的绩效水平，对其内外部条件的变化做出反应，并创造新的机会，都是非常必要的。改进的对象可以涉及产品、过程和质量管理体系等方面的薄弱环节。本章从质量改进的内涵、目标、原则、分类与途径，质量改进的环境要求与一般步骤，质量改进的组织与推进工作要求等方面进行介绍。

第一节　质量改进概述

一、质量改进的基本内涵

ISO 9000:2015 对质量改进的定义为：质量改进是质量管理的一部分，致力于增强满足质量要求的能力。质量改进就是通过采取各项有效措施提高产品、体系或过程满足质量要求的能力，使质量达到一个新的水平、新的高度。由此，我们可以进一步来理解质量改进的内涵。

质量改进是质量管理活动的组成部分，质量改进的范围十分广泛，内容丰富，贯穿于质量管理体系的所有过程中（包括大过程及子过程），既包括管理职责、资源管理、产品实现、测量分析过程的改进，也包括产品、过程、体系的改进。

质量改进与质量控制存在紧密联系。组织的质量管理活动，按其对产品质量水平所起的作用不同可分为两类：一类是质量"维持"，为保持现有水平稳定的活动，通常通过质量控制来实现；另一类是质量"突破"，是根据用户需求和组织经营的需要对现有的质量水平在维持的基础上加以突破和提高，使产品质量水平上一个新的台阶的活动。

通常以有效性和效率作为质量改进活动的准则。有效性是指完成策划的活动和达到策划结果的程度；效率是指达到的结果与所使用的资源之间的关系。对于企业质量管理活动而言，有效性和效率之间的关系是密不可分的。离开效率，将付出高昂的代价换得有效性的结果；离开有效性，高效率的后果将是很可怕的。

质量改进要持之以恒。持续改进是指增强满足要求的能力的循环活动。质量要求是多方面的，除了有效性和效率之外，还有可追溯性等。可追溯性是指追溯所考虑对象的历史、应用情况或所处场所的能力。当考虑的对象为产品时，可追溯性涉及原材料和零部件的来源、加工过程的历史（如经过的工序和场所、使用过的设备、操作者等）、产品交付后的分布和场所，等等。为此，企业的质量管理活动必须追求持续的质量改进。持续改进是贯彻 ISO 9000:2015 标准的核心，是一个组织的永恒主题，只有坚持持续改进，才会使顾客日益增长的需求和期望得到最终满意，才能使质量管理体系动态地提高，以确保生产率的提高和产品质量的改善。

二、质量改进的目标与原则

（一）质量改进的目标

质量改进必须有具体的目标做指引，以使组织及其成员产生合乎目的的具体的改进行动。质量改进的目标可以从以下三个角度来理解。

1. 顾客价值的角度

从顾客价值的角度来看，质量改进应注重提高顾客满意度和过程的效果和效率，这也是质量改进的宗旨或总目的。质量改进应以顾客价值为导向，顾客的满意就是质量，质量改进就是使顾客不断得到物质和精神两个方面的满意。物质满意就是顾客在对组织提供的产品核心层的消费过程中所产生的满意程度，物质满意的影响因素是产品的使用价值，如功能、可靠性、设计包装等；精神满意是客户在对组织提供的产品形式层和外延层的消费过程中所产生的满意程度。精神满意的影响因素包括产品的外观、色彩、防护、装饰、品位和服务等。

2. 组织绩效的角度

从组织绩效的角度来看，质量改进的核心是提高组织的整体素质和竞争力，质量改进应贯穿于组织的各个层面。所以，应将组织的总质量改进目标逐级分解、落实到各个部门、各个小组乃至各个成员，为它们分别确立相应的质量改进目标，使每项具体的质量改进活动都有具体的目标。这样，促使组织的各个层次的人员都能为了组织的生存和发展积极投身于质量改进活动中去，从而保证总质量改进目标的实现。

3. 社会效益的角度

从社会效益的角度来看，组织进行质量改进不仅是为了增加因顾客需求得到满足所获得的利润，而且要符合顾客和社会的长远利益。质量改进不仅要使顾客和组织成员满意，也要考虑到所进行的改进工作是建立在维护顾客利益的基础上的，并确保社会效益有所保障。

有效的质量改进目标应具备以下特点。

（1）目标应具体，并且应是可考核的。空洞的、泛泛的目标不能产生明确而有效的指导作用；不可考核的目标难以指明或评价具体行动结果的强度或程度，从而降低目标对具体行动的指导作用。所以，目标应尽可能是量化的目标，以便能对目标实施的过程和活动的结果进行适当的测量和比较。

（2）目标应富有挑战性，同时通过努力又是可以实现的。富有挑战性的目标可以增加质量改进的水平和程度，为顾客和组织增加更多的利益，还可能对活动者产生更大的激励作用，增强他们的个人成就感和改进的积极性。但过高的目标，由于实际可行性小，有可能带来相反的结果；而过低的目标，可能作用不大或很小，甚至产生相反的不利作用。

（3）目标应明确易懂，为相应的员工所理解并取得共识。明确易懂的目标才能为成员正确地理解，并把握住目标的实质性内容。组织员工带着各自的不同目标和多重目标在组织中工作，只有当他们对组织的质量改进的目标达成共识时，才能使他们各自的行动和个人的目标在组织的共同目标下统一协调起来，产生一致性的行为。

（二）质量改进的原则

为突破原有质量水平，实现新的质量水平目标，企业在研究与实施质量改进时，应充分考虑和遵循下列基本原则。

1. 顾客满意原则

一个组织输出的产品、服务或其他的质量，取决于顾客的满意程度及相应过程的效果和效率。顾客不仅存在于组织的外部，也存在于组织的内部。内部顾客是指企业内部结构中相互有业务交流的那些人，包括股东、经营者、员工；相对而言，外部顾客是指组织外部接受产品或服务的组织和个人，包括最终消费者、使用者、获得收益者或采购方。因此，进行质量改进必须以内外部顾客的满意程度及追求更高的效果和效率为目标。

2. 系统改善原则

产品固有质量水平或符合性质量水平方面存在的系统性问题或缺陷，都涉及众多的因素，其质量突破的难度是很大的，它涉及对质量改进必要性、迫切性的认识，关键因素的寻找与确认，人们的知识与技能的发挥，改进的组织、策划与实施过程等。所以进行质量改进时，必须从企业实际需要与可能出发，实事求是地进行系统性的分析和研究，考虑系统性的改善措施，这样才能取得成功。

3. 突出重点原则

质量改进是一种以追求比过去更高的过程效果和效率为目标的持续活动。要突破产品固有质量水平或符合性质量水平所存在的问题或缺陷，必须从众多的影响因素中抓住"关键的少数"，集中力量打歼灭战，求得彻底的改善，才能取得总体改进的效果。

4. 水平适宜原则

进行产品质量改进，必须从客观实际需要出发，确定适宜的质量水平，防止产生质量"过剩"。对产品固有质量水平的突破，一定要从用户对产品质量的实际需求及质量标准、法规规定的约束条件出发，不能增加不必要的功能或追求过剩的高质量。因为这种质量过剩既不经济，也不实用，无助于提高产品的使用价值。对产品符合性质量的突破，也要从客观需要和企业的客观条件出发，讲究经济效益，尽可能地使用科学、简便的办法，求得产品符合性质量的突破性提高。

5. 项目制原则

质量改进活动是以项目的方式实施的，因此，质量改进活动的整个过程应该是全面的，即不仅包括项目最终的质量，也包括项目服务质量和形成项目过程中的工作质量。以项目形式开展的质量改进应该是基于项目全过程，即项目整个生命周期的质量改进。

6. 持续改进原则

质量改进主要是解决生产过程中出现的深层次问题，它的改进对象是正在执行的质量标准。通过质量突破，制定新的过程控制标准；通过执行新的质量标准，实现质量提高。持续的质量改进将会不断地提高产品质量和服务质量，不断减少质量损失，降低质量成本，增强组织竞争能力，获得更高的顾客满意度与过程的效果和效率，从而为本组织和顾客提供更多的收益，同时还为组织的发展创造机遇。

7. 主动改进原则

进行积极、主动的质量改进，应是企业一种必要的主观态度和精神。改进是无穷的，因而，改进的机会也是无穷的。抓住了改进的机会，改进才有可能发生。但是，机会不会自动进入"手"中。所以质量改进工作应不断地寻求改进的机会，并抓住机会，促使改进的发生，而不是坐等机会的出现。改进的机会存在于企业内部各种活动之中，已出现的问题和尚未出现的潜在问题大量存在，尤其是后者，它们都是改进的机会所在。对于已出现的问题要当即抓住分析，不能忽视，否则就会错失良机；对于尚未出现的潜在问题，更要积极地去感受、发现、分析各种各样的微小变化和差异，从而发现一些问题的迹象、苗头和趋势，进而探索潜在问题的所在，发现或创造改进的机会。

8. 预防性改进原则

质量改进的重点在于预防问题的再发生，而不仅仅是事后的检查和补救。单纯的事后检查和补救，只可能使已产生的质量损失有所减少，但不能完全消除质量损失，更不能杜绝今后类似的质量损失的再发生。这种补救性质的改进，如返修、返工或调整既不能保证在原有的质量水平上的稳定，更不能保证在原有质量水平上的提高。质量改进的关键是要消除或减少使问题再发生的因素，即进行预防性的改进。消除或减少使问题再发生的因素，是永久性的、根本性的改进，唯此能使组织和顾客长期受益。已经导致质量损失的问题，是已存在的问题，需根据问题的性质查明导致问题产生的原因，并采取纠正措施进行纠正，不仅要纠正过程中出现的不良结果，以尽可能地挽回损失，而且要消除或减少导致不良结果的因素，以防止其再发生，避免其造成的质量损失再出现。预防措施和纠正措施都是质量改进的重要手段，它们都是预防性的措施，能够实质性地改进组织的过程。

三、质量改进的分类与途径

（一）质量改进的分类

1. 按改进对象划分

按改进对象划分，质量改进可以分为产品改进、过程改进和质量管理体系改进三类。

（1）产品改进。产品改进是一种工程技术改进，其结果可能使产品质量提高，也可能使产品的成本下降，甚至可以促成产品的创新。

（2）过程改进。过程改进可以是工程技术活动改进，也可以是管理活动改进。

（3）质量管理体系改进。质量管理体系改进是从最高管理者到基层管理者都应针对自己的管理对象来进行，它包括组织目标的调整、发展战略的更改、组织机构的变动、接口方式的改进、资源的重新分配、奖励制度的改变、产品的调整等，可以说涉及组织的方方面面。

2. 按待改进的缺陷来源划分

按待改进的缺陷来源划分，质量改进活动可以分为管理者可控缺陷改进和操作者可控缺陷改进两类。

（1）管理者可控缺陷改进。这类改进主要是针对管理方面造成的缺陷，是研究有关的技术和管理方法，其改进措施一般包括技术和管理方法的改进两个方面。

（2）操作者可控缺陷改进。这类改进主要是针对操作方面造成的缺陷，是研究员工的操作方法，其改进措施通常包括改进操作方法和加工顺序，但有时也有技术上的改进。

以上两种改进过程应采取不同的做法。在改进管理者可控缺陷时，通常是依靠少数领导和技术人员做出较大的努力；而在改进操作者可控缺陷时，通常要求多数员工做出努力。

（二）质量改进的途径

根据质量改进项目课题的大小、难度、所涉及的范围及采用的方法不同，质量改进可分为过程改进、员工改进和组织改进三种途径。这三种途径的质量改进活动虽然各自的出发点不同，但其相互间具有紧密关系，是相辅相成的。

1. 过程改进

ISO 9000 标准明确指出，组织的任何一项工作都是通过一个过程来完成的。任何一个过程必须是增值的，否则应视为无效过程。过程改进的目的在于不断提高过程增值的幅度，为组织创造高的工作质量、高的工作效率和高的经济效益。过程改进是针对过程的要求而提出的：一是要提高过程的技术能力（使过程处于技术稳态）；二是要提高过程的稳定性（使过程处于统计稳态）。

2. 员工改进

员工改进是指每一位员工根据自己身边存在的质量问题，通过自主管理活动或 QC 小组活动而开展的质量改进。改进项目大多是由系统因素作用而发生的异常质量波动的结果。员工改进开展得是否普遍，从一个侧面反映了组织"以人为本"的质量文化启动的程度。根据美国心理学家马斯洛的分析，人类均有自我实现的需要，这种需要能促使人们具有一定的目标导向。希望需要得到满足，就会导致人们产生自主管理或参与 QC 小组活动的积极性，即员工改进。

3. 组织改进

组织改进是对整个组织所进行的质量改进活动，其针对的大多是因随机因素的作用而使质量水平达不到顾客要求或不理想，而必须采取系统改造措施解决的课题。这往往会涉及质量管理体系运行的有效性、技术能力的先进性、组织内外部环境的相关性，甚至质量改进的基本概念还会涉及组织文化和员工队伍的素质等，大多属于宏观管理的改进项目。组织改进涉及范围大、难度大、课题大，需要组织的高层领导亲自主持、参与，并且需要在人力、物力、财力等方面有较大的投入，但其效果往往是非常显著的。

四、质量改进的环境要求

质量改进的环境要求主要涉及管理者职责、价值观和行为规范、交流和合作、认可和奖励、教育和培训等方面。

（一）管理者职责

组织管理者积极参与并领导质量改进活动，是质量改进持续不断地进行并取得成效的关键。它应成为各级领导实现其工作的质量方针，是质量体系有效运行的手段和途径，并应纳入领导的工作考核之中。不同层次的管理者在质量改进活动的职责各有侧重。组织高层管理者必须加强对质量改进的领导，负责并领导创造持续质量改进的环境，应以自身的行动、持久的努力和资源配置来体现对质量改进的重视，并承担必要的义务。与质量改进相关的管理者职责主要包括：（1）传达质量改进的目的和目标，持续地改进自己的工作过程；（2）培育公开交流和互相合作的环境，并尊重每个人员；（3）使组织中每个人都能改进自己的工作过程。

组织基层管理者是落实质量改进活动的主要责任者，他们通常组织并亲自参与质量的改进工作。基层管理者要以身作则持续地改进自己的工作过程，培育公开交流和互相合作的环境，尊重每个人员，提高他人的质量改进意识，使单位中的每个人都能改进自己的工作过程，并通过他们的工作过程来实现质量改进的目的和目标。基层管理者的关键任务是学会管理群体，并通过自己的行动来改变员工对质量问题的态度，使他们自觉参与质量改进，从而实现对质量改进的领导。

（二）价值观和行为规范

质量改进环境往往需要一套以满足顾客要求和设置更强竞争目标为中心的新的共同的价值观和行为规范，主要包括：（1）重视并满足内部顾客和外部顾客的需要；（2）质量改进应贯穿于从供方到顾客的整个供应链；（3）表明管理者所承担的义务，领导并要求他们参与质量改进；（4）强调质量改进是每个人工作的一部分；（5）通过改进过程找到问题并加以解决；（6）持续不断地改进所有过程；（7）利用数据和信息进行公开交流；（8）促进个人之间的相互合作和尊重；（9）根据对定量和定性资料的分析进行决策。

（三）交流和合作

公开的交流和合作能够消除组织和人员间影响整个过程效果、效率和持续改进的障碍，并促使和加快质量改进。组织应在包括供方和顾客在内的整个供应链上加强这种公开的交流和合作。

（四）认可和奖励

在鼓励组织中每个人参与质量改进、改进自己工作过程的同时，认可和奖励他们在质量改进中所做的贡献，这也体现了管理者的态度和对每个人的尊重。认可过程要强调个人的发展和成长，并考虑到影响个人工作绩效的一些因素（如机会、组织、环境等）。此外，要强调集体绩效，培养集体的荣誉感。奖励认可应形成积极向上的奖励认可制度，鼓励每个人积极进取，不断改进自己的工作过程。

（五）教育和培训

对组织内全体成员，包括最高层管理者的教育和培训都是必需的，而且是一项长期的任务。教育和培训的目的在于强化员工的质量意识，掌握质量管理的原理和方法，及时推广新的技术和经验，不断更新员工的知识和技能。组织管理者要根据质量改进需要，切合实际地制定并实施教育和培训大纲。教育和培训的内容可以是质量原理和实践，以及在质量改进中采用的合适的方法，其中也包括质量改进工具技术的应用。应对教育和培训大纲进行评审，并定期评估其实施效果。

第二节　质量改进的策略与步骤

一、质量改进的两种策略

组织开展质量改进活动可以采取如下两种策略：一种是渐进型质量改进策略，另一种是突破型质量改进策略。

渐进型质量改进策略具有改进步伐小、改进频繁等特点。这种策略认为，最重要的是每天每月都要改进各方面的工作，即使改进的步子很微小，但可以保证无止境地改进。渐进型质量改进的优点是，将质量改进列入日常的工作计划，保证改进工作不间断地进行。渐近型质量改进由于改进的目标不高，课题不受限制，所以具有广泛的群众基础。它的缺点是缺乏计划性、力量分散，所以不适用重大的质量改进项目。

突破型质量改进策略具有两次质量改进的时间间隔较长、改进目标值较高、每次改进均需较大投入等特点。这种策略认为，当客观要求必须进行质量改进时，公司或组织的领导者就要做出重要的决定，集中最佳的人力、物力和时间来从事这一工作。该策略的优点是能够迈出相当大的步子，成效较大，但不具有"经常性"的特征，难以养成在日常工作中"不断改进"的观念。

质量改进的项目是广泛的，改进的目标值的要求相差又是很悬殊的，所以很难对上述两种策略进行绝对的评价。组织要在全体人员中树立"不断改进"的思想，使质量改进具有持久的群众性，对于日常工作中的常态化质量项目，可采取渐进式策略，而对于某些具有竞争性的重大质量项目，则可采取突破式策略。

二、质量改进的一般步骤

质量改进是质量管理的一项十分重要的内容，贯穿于产品和服务形成的全过程，存在于任何过程和活动中。为了有效地实施各种形式的具体的质量改进并取得成效，质量改进工作应按以下步骤进行。

（一）选择改进项目

任何组织需要进行质量改进的项目会很多，所涉及的方面可能会包括质量、成本、交货期、安全、环境及顾客满意度等。选择改进项目时，通常围绕降低不合格品率、降低成本、保证交货期、提高产品可靠性（降低失效率）、减少环境污染、改进工艺规程、减轻工人劳动强度、提高劳动生产率及提高顾客满意度等几个方面来选择。

选择改进项目时，通常需要做好如下几项工作：

（1）明确所要解决问题的必要性和重要性，这个问题为什么必须当前解决。

（2）明确有关问题的背景，包括历史状况、目前状况、影响程度（危害性）等。

（3）将不尽如人意的结果用具体的语言表达出来，并说明希望问题具体解决到什么程度。

（4）选定课题和目标值，若有子题目也决定下来。

（5）正式选定任务负责人，若成立改进团队，应确定课题组长及成员。

（6）如有必要，应对质量改进活动的经费做出概算。

（7）拟定质量改进活动的时间表，初步制订改进计划。

选择改进项目时，需要注意如下几个事项：

（1）一般在组织内存在着大大小小数目众多的质量问题，为了确定主要质量问题，应最大限度地灵活运用现有的数据，应用排列图等统计方法进行排序，从诸多质量问题中选择最主要的问题作为质量改进课题，并说明理由。

（2）必须向有关人员说明解决问题的必要性和重要性，否则可能会影响解决问题的有效性，甚至半途而废。

（3）设定目标值必须有充分的依据，目标值应当具有经济上合理、技术上可行的特点。设定的目标值既要具有先进性，又要保证经过努力可以实现，以激励团队成员的信心，提高其参与活动的积极性。要制订质量改进计划，明确解决问题的期限，否则往往会被以后出现的"更重要、更紧急"的问题拖延。

（二）掌握现状

当确定质量改进项目后，应进一步掌握有关课题的历史状况和目前状况等背景资料，并尽可能详尽。为了更好地把握待改进的质量项目的基本现状，需要做好如下几项工作：（1）掌握解决问题的突破口，必须抓住问题的特征，需要详细调查时间、地点、问题的类型等一系列特征。（2）针对要改进的质量问题，从影响质量的人、机、料、法、测、环（简称5M1E）等因素入手进行广泛、深入的调查。（3）最重要的是要到发生质量问题的现场去收集数据和相关信息。

为更好地把握待改进项目的突破口，需要明确质量问题的内部特征，可以从时间、地点、种类、特征等四个方面进行深入调查分析。

（1）从问题发生的时间上调查，如早晨、中午、晚上，不合格品率有何差异？一个星期中，每天的合格品率是否相同？从月份、季节节假日等不同时间角度观察其结果有什么不同？

（2）从导致产品不合格的部位出发，如从部件的上部、侧面或下部零件的不合格情况来考虑，从较长部件的前面、中央、后部不同部位去考虑，产品形状复杂，考虑不合格是发生在笔直的部位还是拐角部位等。

（3）从问题种类的不同进行调查，如某一组织生产的不同产品，它们不合格品率有无差别；现在生产的产品与原过程生产的同类产品相比，不合格品率有无差异。此外，还可从生产标准、等级、消费者、市场等不同角度进行考虑。

（4）从问题的特征方面进行调查，如从产品不合格项的形状、部位和排列等考虑。

以上4点是针对任何问题都必须调查，但并不充分，还必须掌握结果波动的特征。一般来说，解决问题应尽量依据掌握的客观数据进行，其他信息如记忆、想象等，仅供参考。但在没有数据的情况下，应充分发挥其他信息的作用。

（三）分析问题原因

在上述现状调查中，调查人员收集到了大量待改进项目的质量问题的数据和信息，接下来是诊断分析产生质量问题的各种影响因素，进而确定主要影响因素。在分析质量问题的原因时，可以通过建立假说与验证假说两个环节得以实现。

1. 建立假说

在设立假说（即根据已收集材料选择可能的原因）的过程中，需要根据收集有关可能的全部原因信息，包括所有认为可能有关的因素，绘制因果图；根据前一阶段所掌握的现状信息，消去所有已明确认为无关的因素，然后用剩下的因素重新绘制因果图；在新绘出的因果图上，标出认为可能性较大的主要原因。

2. 验证假说

在验证假说（用新收集的材料从已设定因素中找出主要原因）的过程中，需要再次搜集新的数据或信息，综合全部调查到的信息，确定可能性较大的原因对问题有多大影响，并决定主要影响原因；如果条件允许，可以有意识地将问题再现一次，确认对问题影响较大的原因。无论是假说还是验证，均应采用一系列科学方法。日本玉川大学著名质量管理专家谷津进教授曾将这几个阶段活动形象地用图表示出来，如图7-1所示。

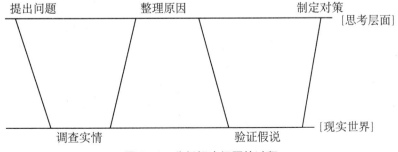

图7-1 分析解决问题的过程

（四）拟订与实施改进方案

通过充分调查研究和分析，产生质量问题的主要原因明确了，就要针对主要原因拟订改进方案并加以实施。

1. 拟定改进方案

在拟订改进方案时，首先，要将现象的排除（应急对策）与原因的排除（永久对策）严格加以区分；其次，要尽可能防止某一项对策产生副作用（并发其他质量问题），若产生副作用，应同时考虑采取必要的措施消除副作用；最后，对策方案应准备若干个根据各自的利弊，通过方案论证选择最有利于解决质量问题而且参加者都能接受的方案。

2. 实施改进方案

在实施改进方案过程中，需要注意如下几项工作。首先，要正确处理应急方案与永久方案之间的关系问题。一般说来，通过返工、返修使不合格品转变为合格品，只借助应急方案，不能防止不合格的再次发生，要使不合格品今后不再出现，必须采取消除产生质量问题的根本原因的永久方案。其次，要处理好在实施改进方案中可能会引起的其他质量问题（称之为副作用）。最后，要多听取有关人员的意见和想法，注重有关人员有效合作的问题。这是因为方案实施过程中往往要使许多工作程序做调整和变化。

（五）确认改进效果

质量改进方案的实施效果如何，直接关系质量改进活动的成败，为此需要对质量改进的效果进行确认。在确认质量改进的效果时，可以采用与现状分析相同的方法，将改进方案实施前后的质量特性值、成本、交货期、顾客满意度等指标做成对比性图表并加以观察、分析。若质量改进的目标是降低质量损失或降低成本，应将特性换算为货币形式表达，并与目标值相比较。对质量改进后取得的大大小小的效果应一一列举。

在确认质量改进效果时，需要关注如下几个事项。首先，要确认在何种程度上防止了质量问题的再次发生。用于显示改进前后效果的对比性图表应前后一致，这样会更加直观，具有很强的可比性。其次，尽可能将质量改进的效果用货币的方式表达是非常必要的，这样会让经营管理者认识到该项工作的重要性。此外，当改进方案实施后，若没有达到预期的效果，应首先确认是否严格按照对策计划去实施的，若确实是，则意味着所采取的方案有问题，应重新回到"掌握现状"阶段。若确认采取的对策无误但没有达到预期效果时，应考虑计划是否有问题。

（六）防止再发生和标准化

经过验证，对确实有效的措施进行标准化，纳入质量文件，防止同类质量问题再次发生。在对有效的改进措施标准化的过程中，首先，要对有效的质量改进措施再次确认其人、机、料、法、测、环等方面的内容，并将其标准化，制定成工作标准，然后准备、宣传和贯彻有关新标准的文件。其次，要建立保证严格执行新标准的质量经济责任制。最后，可以组织培训教育，要求所有相关人员对新标准正确理解和坚决执行。

在对有效的改进措施标准化过程中，还需要注意如下几个问题：一是制定防止同类不合格或缺陷的纠正措施，纠正措施必须进行标准化并形成标准。二是导入新标准时，引起混乱的主要原因是标准没有充分地被准备和传达。例如：系统性很强的作业，一部分工作做了调整，另一部分未做相应调整，容易出现产品问题。三是导入新标准后，必须反复、充分地进行适宜的教育培训，使员工在作业中不再出现以前同样的问题。

（七）总结

对改进效果不显著的措施及改进过程中发现的新问题，应进行全面的总结，为持续质量改进提供依据。在质量改进的总结阶段，需要重点做好如下几个方面的工作。首先，应用对比性排列图等工具，找出本次循环的遗留问题，作为下一轮质量改进活动中需要解决的问题。其次，考虑为解决这些问题，下一步应当怎样做。最后，总结本次循环中哪些问题得到顺利的解决，哪些问题解决的效果不理想或尚未得到解决。

在质量改进的总结阶段，需要注意如下两个问题。首先，不要就一个问题长期地、没完没了地开展活动，应该在开始时定下期限，到期时总结完成情况，将经验和教训带入下一轮的质量改进活动中去。其次，应制订解决遗留问题的下一步的行动方案和初步计划。

知识拓展：
PDCA 循环

知识拓展：
业务流程再造

第三节　质量改进的组织与推进

一、质量改进的组织

质量改进的组织形式分为正式和非正式，这主要取决于项目的规模。质量改进的组织分为两个层次：一是能为质量改进项目调动资源的管理层；二是具体实施质量改进活动的实施层。一般将质量改进组织称为质量改进小组或质量改进团队。质量改进的责任部门是组织的质量管理委员会。

质量管理委员会通常由高级管理层的成员组成，当他们亲自担任质量管理委员会的领导或成员时，委员会的工作效率最高。当组织规模较大时，除总公司设立质量管理委员会外，其下属分公司也可设有质量管理委员会。各委员会之间相互关联，上一级委员会的成员担任下一级委员会的领导，使上下协调一致。

质量管理委员会的主要职责是推动、协调质量改进工作并使其制度化，包括以下具体工作职责：（1）制定质量改进的方针、策略和目标，明确指导思想，支持和协调组织内各单位、部门的质量改进活动。(2)组织跨部门质量改进的活动,确定其目标并配备所需资源以满足质量改进活动的需要。(3)识别过程中内外部顾客的需求和期望,并转化为具体的顾客要求,寻找过程质量改进的机会。(4)组织质量管理小组活动,实现质量改进目标。(5)鼓励组织内每个成员开展与本职工作有关的质量改进活动,并协调这些活动的开展。(6)评审和评估质量改进活动的进展情况,并予以公开认可,将工资及奖励制度与改进成绩挂钩。

质量管理小组不在公司的组织结构图中,是一个临时性组织。它的主要职责有:识别并策划本单位的质量改进活动,并能持续开展;测量与跟踪质量损失减少的情况,开发和保持一个使各员工有权力、有能力和有责任持续改进质量的环境。

二、质量改进的障碍

质量改进即使按照严密的步骤实施,也有可能出现各种各样的问题。因此在质量改进前,应先了解开展质量改进活动主要会遇到哪些障碍。

(一)对自身质量水平认识的局限性

有些组织的产品在国内已较有知名度,自认为自己的产品质量已经不错,没有什么可改进的。即使有改进的地方,也认为投入产出比太小,没有必要;或现在产品已处于国内领先水平,暂时没必要改进等。但实际情况是,它们与世界上质量管理先进组织相比,无论是实物水平还是质量管理水平都有很大差距。这种错误认识往往成了质量改进的最大障碍。

(二)对失败没有正确的认识

对质量的改进同其他事物的进步一样,失败为成功奠定基础。不是每次质量改进活动都能取得成功,但真正实施质量改进活动,就会为其他组织或今后的质量改进活动提供借鉴的经验和教训。

(三)错误认为"高质量意味着高成本"

质量的改进不仅靠增强检验和提高产品特性改进,也可以靠减少长期的浪费、节省不必要的工艺步骤等,成本通常会降低。事实上降成本也是质量改进的主要内容,质量改进的根本目的是让顾客满意,让组织经营有效。

(四)管理者对权力下放的错误认识

在质量改进方面,部分组织的管理者对权力的下放不够适宜。有的组织管理者将自己的与质量管理相关的权力全部交给下属,以让自己有更多的时间来处理其他工作;还有的组织管理者对下级或基层员工的能力不够信任,从而在质量改进的支持和资源保障方面缺乏力度,使质量改进活动难以正常进行。成功的组织却并非如此,每一个管理者都负责改进的决策工作,亲自担负某些不能下放的职责,质量改进实施者负责其应承担的质量改进职责。

(五)员工的顾虑

质量改进会使组织原有的状况发生变化,对组织文化产生深远影响。如增添新工种,岗位责任中增添新的内容,组织管理中将增添团队精神这一概念,质量的重要性得到承认,部分其他工作的重要性相对降低,要求对改进的标准、规定进行培训等。这些变化对员工而言,有可能使他们的工作和地位受到威胁。员工对这类变化大部分是有顾虑的。但质量改进是保持竞争力的关键，组织的进步是维持组织生存的重要保证。因此，组织在改进的同时，要兼顾到员工的顾虑，积极沟通，使他们理解改进的必要性。

三、质量改进的推进

质量改进过程不是一次性工作，持续开展质量改进活动是质量管理体系的根本，也是组织获得成功的关键。必须持续推动组织的质量改进活动，这也是本组织员工获得长久利益的需要。

（一）质量改进制度化

公司主要应做到以下几点：首先，在公司年度计划内增加质量改进目标，使质量改进成为员工岗位职责的一部分，质量改进的进度和效果成为管理评审内容之一；其次，在技术评定和工资制度中体现考核质量改进的绩效；最后，建立质量改进成果表彰制度。

（二）上层管理者必须履行不宜下放的职责

质量改进必须有上层管理者的参与，只参与意识教育、制定目标而把其余的工作都留给下属是不够的。上层管理者不宜下放的职责有：一是参与质量管理委员会的工作，领导质量改进工作；二是审批质量目标和质量方针；三是为质量改进提供必要的资源，包括人力资源、设施设备、工作条件、环境等；四是制定奖励制度，参与表彰活动。

（三）质量改进活动结果考核

组织管理者按计划、定期考核质量改进活动成效。考核时，不要只注重进度和绩效，更应注意发现并及时解决问题。首先，要对不同类型的质量改进活动结果实行分类考核，尤其要重视关键的质量改进项目。其次，要核查改进小组提供的质量改进报告相关数据和资料的客观性和真实性。最后，要客观评估质量改进活动的成效。在成效评定时，必须将多个项目的成果考虑进来，对项目和质量改进与人员同时进行评定，评定范围扩大到主管和经理。

（四）及时表彰

根据评定的结果及时表彰，使表彰对象知道自己的努力得到承认和赞赏。

（五）对积极推动质量改进的员工计以报酬

质量改进是组织的一项职能，不是一种短期行为。它对公司保持其竞争力至关重要。因此岗位职责考核中加入质量改进指标，并反映到工资及奖励制度中去，使持续质量改进得到足够的重视。

（六）对新内容进行培训

通过培训增强员工的质量改进意识，提高他们自发、自主解决质量问题的能力。

实例链接

H公司产品质量管理改善方案

H公司是一家工业制动器专业生产商和工业制动系统解决方案提供商。该公司质量控制手段主要分为原材料检验、工序检验、成品检验、出货检验等重点质量控制环节，并制定了相应的质量控制操作规程、管理制度和内控标准。H公司坚持让用户用得开心、用得放心的质量承诺，通过近年来管理的不断提升，取得了行业中较好的质量业绩。

然而，H公司2014—2016年产品质量满意率平均只有90.12%，售后服务满意率平均只有90.25%，由此可以看出H公司内外部损失成本偏高，H公司需要尽快解决这个问题。

一、H公司产品质量管理存在的问题

(一)设计开发阶段问题

产品设计开发阶段的主要问题是设计稳健性差，设计预防性欠缺，具体表现为：(1)设计过程中对客户的需求信息了解不全面，设计输入不完整；(2)设计验证不够充分，造成的正式投产后产品质量问题不断；(3)开发后设计变更多、设计错误多；(4)设计的产品可制造性差，加工制造难度大；(5)设计选材标准化和产品结构设计的标准化程度不够，微小差异零部件较多。

(二)供应链管理问题

1.供应商评价管理问题

供应商准入比较随意，对新供方的选择流程执行不到位、出现紧急问题或临时采购任务时，往往是通过网络平台等渠道随机采购，然后再补充相应资料，导致供方选择程序流于形式；对供应商的考评不严谨，考评依据或数据不充分，靠人为印象打分，主观评价因素较多，这导致供应商质量能力参差不齐，外购件质量不稳定。

2.采购过程管理问题

采购过程主要存在的问题包括采购要求不明确、对来料验收标准要求不明确、PPAP执行不到位、对供应商提供零件的变更管理控制不力。

3.仓库物流管理问题

尽管公司物料在进仓、储存、出仓管理过程中有明确的流程运作，对仓库物料的搬运、储存、包装、保存与交货管制做了相应的规定，但是在实际的进仓、储存和出仓过程中依然存在职责不明确、验收标准不规范、储存管理方法不恰当、产品标识及区位不规范及库存盘点不准确等问题。

(三)生产制造过程问题

1.生产计划流程管理问题

采购部和制造部根据销售订单和技术BOM清单各自拟定采购计划和零件加工计划，总装车间根据出货通知安排总装计划，采购计划、零件加工计划、总装计划职能分散且脱节。计划部门执行计划时以数量来衡量和主导，对时间的管控则由人为来把握，而现场检验流程是各工序完工后报相应检验员检验确认，若该工序漏掉了计划安排，则检验也会同时漏检，经常出现因漏排工序而到下道环节才发现不良的情况，存在较大质量失控隐患。

2.生产过程管理控制问题

由于工艺标准缺失，工序移转未在系统中进行，无法从系统中跟进零件加工进度，人工安排施工进度及工艺路线，施工票手工开立，灵活性较大，费时且在加工过程中容易遗漏工序，也不便于后续统计；制造过程能力不稳定，缺乏防错能力，持续改进能力不足，失效重复发生等也是H公司目前制造过程中体现的主要问题。

(四)产品交付与服务保障存在问题

1.产品交付问题

产品客户要求及技术要求信息不完善，市场合同评审执行不健全；产品检验判定标准不清晰、产品测试验证手段不完备。

2. 产品售后服务问题

售后服务信息化程度低，业务未纳入公司系统管理，不能进行顾客投诉事件处理的系统跟催；售后服务人员技能单一，对事故原因分析能力欠缺，服务管理水平较低，快速响应水平和服务质量水平有待于提升。

二、H 公司产品质量管理改善方案

H 公司以满足顾客要求为导向，以实现顾客满意为目标，结合公司实际情况，提出了产品质量管理改善方案（见图 7-2）。

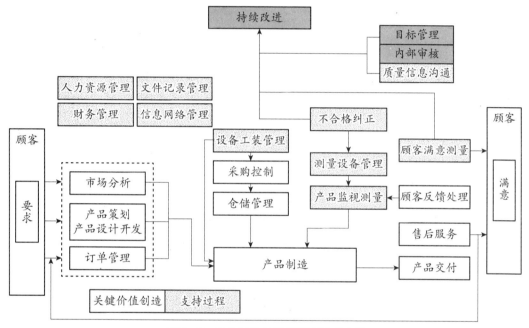

图 7-2　H 公司产品质量管理改善方案

（一）设计开发问题改善方案

1. 完善产品设计开发流程，提高设计的标准化

完善当前的设计开发流程，明确设计标准，提升设计稳健性。对于新产品，通过型式检验后才能正式投入生产，对于批量生产的产品，为检查其质量稳定性，进行定期型式检验。

2. 充分利用 FMEA 工具，建立失效模式及后果分析流程，识别高风险特性，策划实施控制。

FMEA 主要用于分析和识别工艺生产或产品制造过程可能出现的失效模式，以及这些失效模式发生后对产品质量的影响，从而有针对性地制定出控制措施以有效减少工艺生产和产品制造过程的风险。

3. 顾客要求确认和验证

将顾客的声音转化为产品的外部指标信息，再通过质量映射等方式转化为内部指标，策划监控和改进措施，实现质量的控制、持续提升并使顾客满意；通过识别并制定顾客要求清单，对顾客要求（包括顾客书面要求、隐含要求等）进行评审、制定实施措施、进行实施效果验证。H公司产品研发与设计过程实施控制表如表7-1所示。

表7-1 产品研发与设计过程实施控制表

过程内容	实施要求	实施手段	控制管理
产品研发与设计	开发出领先适用的产品	研发信息管理系统 关键绩效指标 APQP过程流程 PM项目管理 信息来源：企业目标、市场调研；项目组策划结果；开发过程测量；产品验证和使用反馈；标准化	目标管理 APQP策划 FMEA潜在失效分析 PPAP生产件批准 矩阵式项目管理 作业文件化 成果标准化

（二）供应链管理问题改善方案

1. 完善供应商管理系统，提升供应链水平

建立和完善供应商二方审核机制，严格实施供应商二方审核制度。完善供应商评价体系，对供应商的评价内容在原来的业绩（产品质量、供货情况、合作情况）评价基础上，增加对供应商能力（生产规模、技术水平、管理水平）的评价，使评价内容更全面、更合理，从而更有效地对供应商进行激励。不断完善"供方开发、评审和管理程序"，明确供方开发、评审和再评审的具体操作过程及职责。供应商管理流程如图7-3所示。

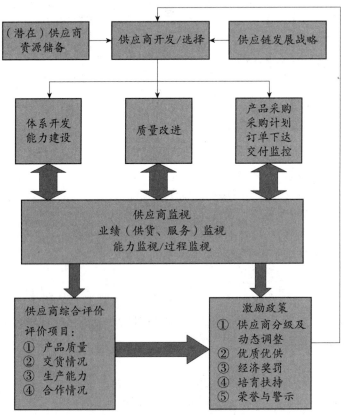

图7-3 供应商管理流程图

2. 采购过程管理问题改善方案

加强采购过程控制，优化采购流程设置，严格按照流程执行，明确供应商提供的产品质量检验要求，公司检验员按照有关技术要求从严控制。

3. 仓库物流管理改善

通过 ERP 系统管理，坚持"见系统单发料、见系统单收货"的原则，严格要求库存出入库单据先审核后过账，确保信息流与实物流同步，实现日清日结，从而保证账实相符。通过系统盘点流程组织盘点，提高库存盘点准确率等。

（三）产品制造过程问题改善方案

1. 生产计划管理改善

通过系统的 MRP 运算机制，建立起统一的产供销协调平台，促使产供销的计划在统一平台上拟订执行，为计划部门统一计划的职能发挥提供平台工具支撑。依据销售订单和备货计划，通过 MRP 模拟，灵活调整安排生产计划和采购计划，降低影响生产采购安排的可变因素，减少生产断料影响，充分挖掘和提升产能。定期开展工序稽核，确保过程一致性。改善后的 ERP 计划管理流程图如图 7-4 所示。

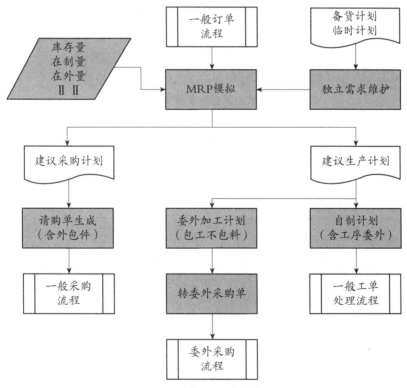

图 7-4　改善后的 ERP 计划管理流程图

2. 生产过程管理改善

建立防错管理系统，对高质量风险项目，实施防错管理。开展"三百"活动，确保：百分之百的产品要求落实到工艺文件中，百分之百的工艺要求得到执行，百分之百的变差得到识别和控制。建立变化点管理流程，针对影响过程的变差实施管理。

（四）产品交付与服务保障问题改善方案

1. 加强客户沟通管理，完善合同评审程序，正确传递客户需求

准确及时传递产品信息，规范评审记录保存和应用管理，并完善当前的顾客满意度测量流程。结合 H 公司现状及当前正在实施的交付生产线改造升级和产品质量信息追溯系统策划，并分阶段有序实施。

2. 产品售后服务问题改善方案

完善以快速响应为特征的、售后信息完整、准确、及时传递，以保护顾客为目标的围堵系统。售后服务信息收集和传递流程如图 7-5 所示。

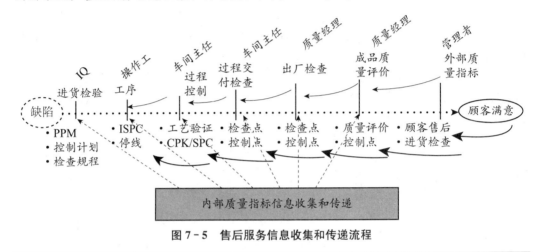

图 7-5　售后服务信息收集和传递流程

本章小结

通过本章的学习，我们掌握了质量改进的相关知识。本章主要包括以下内容：质量改进的目标可以从顾客价值、组织绩效、社会效益三个角度来理解；开展质量改进活动时应遵循顾客满意、系统改善、突出重点、水平适宜、项目制、持续改进、主动改进、预防性改进等原则；开展质量改进工作通常按照选择改进项目、掌握现状、分析问题原因、拟订与实施改进方案、确认改进效果、防止再发生和标准化、总结等基本步骤进行。

本章练习

第七章练习

第八章
质量检验及抽样技术

○ **学习目标**

知识目标
- 掌握质量检验的定义、分类与职能。
- 掌握抽样检验的内涵、特点、常用术语与分类。
- 了解我国抽样检验标准体系。
- 理解计数型抽样检验的抽样原理。
- 理解计量型抽样检验的抽样原理。

能力目标
- 能制定计数型抽样检验方案。
- 能制定计量型抽样检验方案。

素质目标
- 提升对质量检验技术重要性的认识，树立良好的质量风险控制意识。

○ **引　例**

空调要经过风吹、日晒、雨淋才上市

　　格力空调就像是一位值得信赖的"朋友"，它的每一个零部件都有过硬的质量，品牌有良好的信誉，一年四季关心你的冷暖。更重要的是，它是在格力电器质量斗争哲学的指导下，经过了风吹、日晒、雨淋重重考验，"拼了命"才来到你身边的。

　　一台空调由上千个零部件组成，任何一个元器件出现问题，都会直接影响空调的性能。因此，从零部件外协外购到自主生产，格力电器对空调的"体格"监控没有放松过，在与各种可能存在的质量问题进行斗争的过程中，最终造就完美质量。

在格力电器"健康新生活"品牌日直播活动中，嘉宾在参观格力电器的实验室后感叹："格力的每一项'黑科技'都令人印象深刻，比如能够模拟—40℃冰雪天气的环境气候模拟实验室、测试产品噪声的全消声实验室……我也知道了一个家电企业被亿万客户高度信任的原因。"

为了获得这份信任，格力电器对质量把控从未松懈。为严格控制外协外购零部件质量，格力电器在1995年专门建立了当时"行业唯一"的筛选分厂，对零部件进行"海关式"筛选。格力电器严格的筛选机制，虽然给供应商带来巨大的压力，但从源头上促使了格力电器和数千家配套供应商产品质量的提升。

格力空调在出厂前需要经过多道检测工序，包括生产环节检测和性能检测等，甚至还包括模拟空调在极端环境下的运行情况。在产品淋雨实验室中，处在工作状态的空调室外机，要直面强力喷洒的180°旋转水柱；在高温高速实验室中，所有用在格力空调上的风叶，都要抽样在70℃以上的高温下，高速运转24小时；在高低温实验室中，空调室外机放置于60℃的高温环境，连续运行几十个小时，各种元器件需要经历冰火两重天的交替考验和紫外线的暴晒；在高空跌落实验室，格力空调需要连包装箱一起从高处持续跌落……这些极端实验为的是模拟格力空调从出厂运到客户家中再到客户实际使用过程中可能出现的情况，以保证空调能够在复杂的环境中带给用户舒适的体验。

质量检验是质量管理工作中一个不可缺少的组成部分。从质量管理发展史来看，质量检验曾经是保证产品质量的主要手段，质量管理理论就是在过去质量检验的基础上发展起来的。现代质量管理强调一切以预防为主，预防和把关是质量检验不可分割的两个重要职能，而质量检验的报告职能，以及由质量检验而获得的信息与数据又是质量改进的前提条件。因此，质量检验是企业质量管理的基础。

第一节　质量检验概述

一、质量检验的定义

检验是通过观察和判断，适当地结合测量、试验所进行的符合性评价。质量检验就是对产品的一项或多项质量特性进行观察、测量、试验，并将结果与规定的质量要求进行比较，以判断每项质量特性合格与否的一种活动。通过质量检验，企业可以分离并剔除不合格品，对生产过程及时做出分析，评鉴工序质量状况，并且获得信息回馈，采取矫正及改善措施。同时，通过质量检验，企业可以及时预测不合格品的产生，保证做到不合格的原料不投产，不合格的半成品不转序，不适用的成品不出厂，以保证满足顾客的要求，建立与维护企业的信誉。

二、质量检验的分类

（一）按产品形成的阶段分类

按产品形成的阶段分类，质量检验可分为进货检验、过程检验及最终检验。

1. 进货检验

进货检验是指对企业购进的原材料、辅料、外购件、外协件和配套件等入库前的接收检验。它是一种外购物的质量验证活动，其目的是防止不合格品投入使用，流入生产工序，从而影响产品质量。

2. 过程检验

过程检验也叫工序检验，是指对生产过程中某个或多个工序（过程）所完成的在制品、半成品、成品，通过观察、试验、测量等方法，确定其是否符合规定的质量要求，并提供相应证据的活动。过程检验的目的有两个：一是判断产品是否符合规定要求，防止不合格的在制品流入下一工序；二是判断工序是否稳定。过程检验通常可分为首件检验、巡回检验和末件检验。

3. 最终检验

最终检验是指对制成品的一次全面检验，包括性能、精度、安全性、外观等。它是产品质量控制的重点，也是产品放行出厂的重要依据。

（二）按检验的场所分类

按检验的场所分类，质量检验可分为固定场所检验和流动检验。

1. 固定场所检验

固定场所检验是指在企业的生产作业场所、场地、工地设立的固定检验站（点）进行的检验活动。固定检验站（点）相对工作环境较好，也有利于保护检验工具或仪器设备。

2. 流动检验

流动检验是指检验人员到产品加工制作的操作人员和机群处进行的检验设备的使用和管理。流动检验适用于检验工具简单、精度要求不高及产品重量大不适宜搬运等场合。它的优点是可以及时发现问题，节省零件的搬运工作量及操作者排队等待检验的时间。

（三）按检验的性质分类

按检验的性质分类，质量检验可分为破坏性检验和非破坏性检验。

1. 破坏性检验

破坏性检验是指将受检样品破坏了以后才能进行的检验，或在检验过程中，受检样品必然会损坏或消耗的检验，如寿命试验、强度试验等。破坏性检验只能采用抽样检验方式。

2. 非破坏性检验

非破坏性检验是指对样品可重复进行检验的检验活动。随着检验技术的发展，破坏性检验日益减少，而非破坏性检验的适用范围在不断扩大。

（四）按检验的手段分类

按检验的手段分类，质量检验可分为理化检验和感官检验。

1. 理化检验

理化检验是指用机械、电子或化学的方法，对产品的物理和化学性能进行的检验。

它通常能测得检验项目的具体数值，精度高，人为误差小。

2. 感官检验

感官检验是指凭借检验人员的感觉器官，对产品进行的检验。对产品的形状、颜色、气味等往往采用感官检验。它要求检验人员有较丰富的经验和判断能力。

（五）按判断方式分类

按判断方式分类，质量检验可分为计数检验和计量检验。

1. 计数检验

计数检验是指根据给定的技术标准，将单位产品简单地分成合格品或不合格品的检验。

2. 计量检验

计量检验是指根据给定的技术标准，将单位产品的质量特性用连续尺度测量出具体量值并与标准进行对比的检验。

（六）按检验的数量分类

按检验的数量分类，质量检验可分为全数检验和抽样检验。

1. 全数检验

全数检验也叫全面检验或100％检验（简称全检），是指对全部产品逐个进行测定，从而判断每个产品是否合格的检验。它能提供较多的质量信息，而且在人们心理上有一种安全感，但工作量大，检验费用高，检验的质量鉴别能力受到各种因素的影响，差错难以完全避免。全数检验常用于下列场合：（1）非破坏性检验；（2）检验费用低、检验项目少的检验；（3）精度要求较高的产品和零部件的检验；（4）对后续工序影响较大的质量项目的检验；（5）质量不太稳定的工序的检验。

2. 抽样检验

抽样检验是指从一批产品或一个过程中抽取一部分单位产品组成样本，根据对样本的检验结果进而判断产品批或过程是否合格的活动。它主要适用于下列场合：（1）破坏性检验；（2）数量很多、全数检验工作量很大的产品的检验；（3）连续性检验；（4）检验费用比较高的检验；（5）希望促使生产方加强质量管理等场合。

三、质量检验的功能

质量检验的功能就是在正确鉴别的基础上，通过判定把住产品质量关，通过质量信息的报告和反馈，采取纠正和预防措施，从而达到防止质量问题重复发生的目的。

（一）鉴别功能

根据技术标准、产品图样、作业（工艺）规程或订货合同的规定，采用相应的检测方法观察、试验、测量产品的质量特性，判定产品质量是否符合规定的要求，这是质量检验的鉴别功能。鉴别是把关的前提，通过鉴别才能判断产品质量是否合格。不进行鉴别就不能确定产品的质量状况，也就难以实现质量把关。鉴别主要由专职检验人员完成。

（二）把关功能

质量把关是质量检验最重要、最基本的功能。产品实现的过程往往是一个复杂的过程，影响质量的各种因素（人、机、料、法、环）都会在这个过程中发生变化和波动，各过程（工序）不可能始终处于同等的技术状态，质量波动是客观存在的。因此，必须通过严格的质量检验，剔除不合格品并将其隔离，实现不合格的原材料不投产，不合格的产品组成部分及中间产品不转序、不放行，不合格的成品不交付（销售、使用），严把质量关，实现质量检验的把关功能。

（三）预防功能

现代质量检验不单纯是事后把关，同时还起预防的作用。检验的预防作用体现在以下几个方面。

1. 通过过程（工序）能力的测定和控制图的使用起预防作用

无论是测定过程（工序）能力还是使用控制图，都需要通过产品检验取得一批数据或一组数据，但这种检验的目的不是判定这一批或这一组产品是否合格，而是计算过程（工序）能力的大小和反映过程的状态是否受控。如发现能力不足，或通过控制图发现了异常因素，须及时调整或采取有效的技术、组织措施，提高过程（工序）能力或消除异常因素，恢复过程（工序）的稳定状态，以预防不合格品的产生。

2. 通过过程（工序）作业的首检与巡检起预防作用

当一个班次或一批产品开始作业（加工）时，一般应进行首件检验，只有当首件检验合格并得到认可时，才能正式投产。此外，当设备进行了调整又开始作业（加工）时，也应进行首件检验，其目的都是预防出现成批不合格品。而正式投产后，为了及时发现作业过程是否发生了变化，还要定时或不定时到作业现场进行巡回抽查，一旦发现问题，可以及时采取措施予以纠正。

3. 广义的预防作用

对原材料和外购件的进货检验，以及对中间产品转序或入库前的检验，既起把关作用，又起预防作用。对前过程（工序）的把关，就是对后过程（工序）的预防，特别是应用现代数理统计方法对检验数据进行分析，就能找到或发现质量变异的特征和规律。利用这些特征和规律就能改善质量状况，预防不稳定生产状态的出现。

（四）报告功能

报告功能也就是信息反馈的功能，这是为了使高层管理者和有关质量管理部门及时掌握生产过程中的质量状态，评价和分析质量管理体系的有效性。为了能做出正确的质量决策，了解产品质量的变化情况及存在的问题，必须把检验结果用报告的形式，特别是计算所得的指标，反馈给管理决策部门和有关管理部门，以便做出正确的判断和采取有效的决策措施。

（五）监督功能

监督功能是新形势下对质量检验工作提出的新要求，它包括：参与企业对产品质量实施的经济责任制考核；为考核提供数据和建议；对不合格产品的原材料、半成品、成品包装实施跟踪监督；对产品包装的标志及出入库等情况进行监督管理；对不合格品的返工处理及产品降级后更改产品包装等级标志进行监督；配合工艺部门对生产过程中违反工艺纪律现象的监督等。

第二节　抽样检验概述

1944 年，道奇和罗米格发表了合著《一次和二次抽样检查表》，这套抽样检查表目前在国际上仍被广泛应用。1974 年，ISO 发布了《计数抽样检查程序及表》(ISO 2859：1974)，又于 1989 年、1999 年进行了两次修订。我国在等同和等效采用 ISO 标准的基础上，也制定和适时修订计数抽样检验方面的国家标准，如《计数抽样检验程序 第 1 部分：按接收质量限（AQL）检索的逐批检验抽样计划》(GB/T 2828.1—2012)、《计数抽样检验程序 第 2 部分：按极限质量（LQ）检索的孤立批检验抽样方案》(GB/T 2828.2—2008)。

一、抽样检验的内涵与特点

（一）抽样检验的内涵

抽样检验不是逐个检验批中的所有单位产品，而是按照规定的抽样方案和程序从一批产品中随机抽取部分单位产品组成样本，根据样本测定结果来判定该批产品是否合格。在生产实践中，工序与工序、库房与车间、生产者与使用者之间进行产品交换时，要把产品划分为批。抽样检验就是从批产品里抽取一部分产品进行检验，然后根据样本中不合格产品数或质量特性的规定界限，来判断整批产品是否合格。

（二）抽样检验的特点

因为抽样检验不是检验批中的全部产品，所以相对于全数检验，它具有如下特点：

(1) 检验的单位产品数量少、费用少、时间省、成本低。

(2) 检验对象是一批产品。

(3) 合格批中可能包含不合格品，不合格批中也可能包含合格品。

(4) 抽样检验存在两类错判的风险，即把合格批误判为不合格批，或把不合格批误判为合格批的可能。但从统计检验的原理可知这两类错误都可以被控制在一定的风险之下。

二、抽样检验常用术语

有关抽样检验的常用术语介绍如下。

（一）单位产品

可单独描述和考察的事物，称为单位产品。单位产品是为实施抽样检验的需要而划分的基本产品单位。例如：一个有形的实体，定量的材料，一项服务、一次活动或一个过程，一个组织或个人，上述项目的任何组合。

（二）检验批

汇集在一起的一定数量的某种产品、材料或服务，称为"批"。这里所说的"批"都是交验批或检验批，检验批是提交进行检验的一批产品，也是作为检验对象而汇集起来的一批产品。批分连续批和孤立批。在同一生产过程中连续生产的一系列批，只要人、机器、材料、方法、环境、测量（Man、Machine、Material、Method、Environment、Measurement，5M1E）基本相同，一般来说可定为连续批。连续批的统计特征是：现时的抽样检验结果包含前后一些批的有关被检质量特性的有用信息。不能定为连续批的批可定为孤立批。例如：单个批、少数的几个批，一系列质量信息相互独立的交验批等。

（三）批量

批量是指检验批中单位产品的数量，常用 N 表示。

（四）样本与样本量

样本是指取自一个批并且提供有关该批的信息的一个或一组产品。样本量是指样本中单位产品的数量，常用 n 表示。

（五）不合格

不合格是指单位产品的任何一个质量特性不满足规范要求。根据质量特性的重要性或不符合的严重程度，不合格分为 3 种：A 类、B 类和 C 类不合格。

A 类不合格，又称致命缺陷，被认为应给予最高关注的一种不合格的类型，也可以认为单位产品的极重要的质量特性不符合规定，或单位产品的质量特性极不符合规定。

B 类不合格，又称严重缺陷，关注程度稍低于 A 类的不合格，或者说单位产品的重要的质量特性不符合规定，或单位产品的质量特性不符合规定。

C 类不合格，又称轻微缺陷，单位产品的一般质量特性不符合规定，或单位产品的质量特性轻微不符合规定。

（六）不合格品

有一个或一个以上不合格的单位产品称为不合格品。与不合格的种类相对应，不合格品也分为 3 种：A 类、B 类和 C 类不合格品。

A 类不合格品，有一个或一个以上 A 类不合格，也可能有 B 类和 C 类不合格的单位产品。

B 类不合格品，有一个或一个以上 B 类不合格，也可能有 C 类不合格，但没有 A 类不合格的单位产品。

C 类不合格品，有一个或一个以上 C 类不合格，但没有 A 类和 B 类不合格的单位产品。

（七）批质量

批质量是指单个提交检验批产品的质量。由于质量特性值的属性不同，衡量批质量的方法也不一样。计数抽样检验衡量批质量的方法有如下几种：

1. 批不合格品率

批不合格品率是指批中不合格单位产品所占的比例，计算公式为式（8-1）。

$$p = \frac{D}{N} \times 100\% \tag{8-1}$$

式中，p 为批不合格品率，D 为批中的不合格品数，N 为批量。

实例链接 --

求批不合格品率

有一批电视机，批量 $N=2\,000$，已知其中 1 996 台是合格品，求批不合格品率。

解：批不合格品数 $D=2\,000-1\,996=4$ （台）

批不合格品率 $p=\dfrac{D}{N}\times100\%=\dfrac{4}{2\,000}\times100\%=0.2\%$

---

2. 批每百单位产品不合格品数

批每百单位产品不合格品数是指批的不合格品数除以批量，再乘以 100，计算公式为式（8-2）。

$$100p=\frac{D}{N}\times100 \tag{8-2}$$

批不合格品率（p）、批每百单位产品不合格品数（$100p$）这两种表示方法常用于计件抽样检验。

实例链接 ···

求批每百单位产品不合格品数

续上例，求批每百单位产品不合格品数。

解：批不合格品数 $D=2\,000-1\,996=4$ （台）

批每百单位产品不合格品数 $100p=\dfrac{D}{N}\times100=\dfrac{4}{2\,000}\times100=0.2$

---

3. 批每百单位产品不合格数

批每百单位产品不合格数是指批中每百个单位产品平均包含的不合格数，计算公式为式（8-3）。

$$批每百单位产品不合格数=\frac{C}{N}\times100 \tag{8-3}$$

式中，C 为批中的不合格数。

这种表示方法常用于计点抽样检验。

实例链接 ···

求批每百单位产品不合格数

有一批电视机，批量 $N=1\,000$，已知其中有 30 台电视机各有一个不合格，有 20 台各有两个不合格，求批中每百单位产品不合格数。

解：批中的不合格数 $C=30+20\times2=70$ （台）

批每百单位产品不合格数 $=\dfrac{C}{N}\times100=\dfrac{70}{1\,000}\times100=7$

（八）过程平均

在规定的时段或生产量内平均的过程质量水平，即一系列初次交检批的平均质量。其表示方法与批质量的表示方法相同，但意义不同。过程平均表示的是在稳定的加工过程中一系列批的平均不合格品率，而不是某个交检批的质量。

假设有 k 批产品，其批量分别为 N_1，N_2，$\cdots$，N_k，经检验，其不合格品数分别为 D_1，D_2，$\cdots$，D_k，每批产品不合格数分别为 C_1，C_2，$\cdots$，C_k，则过程平均的计算公式为式（8-4）和式（8-5）。

$$不合格品百分数\ P = \frac{D_1 + D_2 + \cdots + D_k}{N_1 + N_2 + \cdots + N_k} \times 100 \tag{8-4}$$

$$每百单位产品不合格数\ P = \frac{C_1 + C_2 + \cdots + C_k}{N_1 + N_2 + \cdots + N_k} \times 100 \tag{8-5}$$

用来估计过程平均不合格品率的批数，一般应不少于 20 批。如果是新产品，开始时可以用 5～10 批的抽检结果进行估计，以后应当至少用 20 批抽检结果进行估计。一般来说，在生产条件基本稳定的情况下，用于估计过程平均不合格品率的产品批数越多，检验的单位产品数量越大，对产品质量水平的估计就越可靠。

（九）接收质量限（AQL）

接收质量限是指当一个连续系列批被提交验收抽样时，可允许的最差过程平均质量水平。它是对生产方的过程质量提出的要求，是允许的生产方过程平均的最大值。

（十）极限质量（LQ）

对于一个孤立批，为了抽样检验，必须限制在低接收概率的质量水平。它是在抽样检验中对孤立批规定的不应接收的批质量水平的最小值。

（十一）两类风险（α、β）

抽样检验是通过样本来推断产品的批质量是否合格，它不可避免地会存在两类风险：第一类风险是将合格的产品批判断为不合格，导致整批产品拒收，使生产方蒙受损失，成为生产方风险，其风险率用 α 表示；第二类风险是将不合格产品批错误判为合格，在用户验收时得以通过，使用户蒙受损失，称为用户风险，其风险率用 β 表示。

三、抽样检验的分类

（一）按检验特性值的属性不同进行分类

按检验特性值的属性不同，抽样检验可以分为计数抽样检验和计量抽样检验。

（1）计数抽样检验包括计件抽样检验和计点抽样检验。计件抽样检验是根据样本中包含的不合格品数来推断整批产品是否合格的活动。计点抽样检验是根据样本中包含的不合格数的多少来推断整批产品是否合格的活动。

（2）计量抽样检验是通过测量被检样本中的产品质量特性的具体数值并与标准进行比较，进而推断整批产品是否合格的活动。

（二）按抽样的程序不同进行分类

按抽样的程序不同，抽样检验可以分为一次抽样检验、二次抽样检验、多次抽样检验和序贯抽样检验。

1. 一次抽样检验

一次抽样检验仅需抽取一个样本，便可对批做出接收与否的判断。

2. 二次抽样检验

二次抽样检验可能分两次进行，对第一个样本检验后，可能有三种结论：接收、拒收、继续抽样。在第三种结论时，抽取第二个样本，然后最终做出接收与否的判断。二次抽样检验与一次抽样检验相比，在两类风险 α、β 相同的情况下，二次抽样检验的平均抽检量少。

3. 多次抽样检验

多次抽样检验可能要多次进行，抽样分级的次数越多，平均抽检量越少，但手续越麻烦。

4. 序贯抽样检验

序贯抽样检验是指每次仅抽检一个单位产品，并且每次均有三种可能结论：接收、拒收、继续抽检。在进行有限次抽检后，最终可做出接收与否的判断。序贯抽样检验的平均抽检量最少。

四、我国抽样检验标准体系

知识拓展：
我国抽样检验国家标准

我国对抽样检验的研究起步较晚。20 世纪 60 年代中期开始研制抽检标准，到 20 世纪 70 年代统计抽样技术才由原内机部标准化所引进。1978 年参照 MIL-STD-105D 制定了计数调整型抽样标准《计数抽样检验程序及抽样表》（SJ 1288—1978），抽样检验研究与应用才得以发展。该标准经过一段时间的试用效果很好，1981 年上升为国家标准《逐批检查计数抽样程序及抽样表》（GB/T 2828—1981）。同时我国又根据例行试验的需要，独立制定了《周期检查计数抽样程序及抽样表》（GB/T 2829—1981），并在全国试行。1987 年对这两个标准进行了修订，2003 年对 GB/T 2828—1987 又一次做了重要修改，形成了 GB/T 2828.1—2003。

目前我国的抽样检验标准体系表如图 8-1 所示。

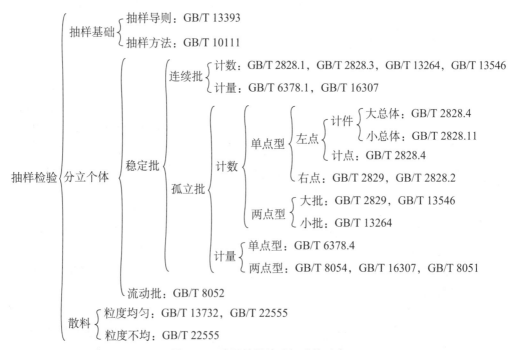

图 8-1　我国抽样检验标准体系表

第三节 计数型抽样检验

一、计数型抽样方案及函数

（一）计数型抽样方案

计数型抽样方案由样本大小 n 和合格判定数 Ac 组成。

一次抽样方案是由一组（n；Ac）组成，是最常用的抽样方案，其实施程序如图8－2所示。二次抽样方案的实施程序也参照图8－2所示。

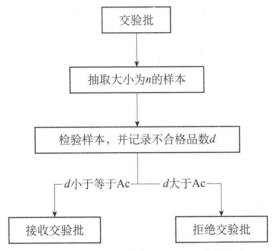

图8-2 一次抽样方案（n；Ac）实施程序

（二）OC 函数

OC 函数亦称为操作特性函数，它表明不合格品率为 P 的交验批被抽样方案（n，Ac）判为接收的可能性，其计算公式为式（8－6）。

$$P_a(p) = P(d \leqslant Ac) = \sum_{d=0}^{Ac} C_n^d p^d (1-p)^{n-d} \qquad (8-6)$$

一个理想的 OC 函数具有如下性质：

（1）$P_a(0)=1$。当交验批没有不合格品时，应被百分之百地接收。

（2）$P_a(1)=0$。当交验批全部为不合格品时，应被百分之百地拒收。

（3）$P_a(p)$ 为 p 的减函数。

但实际上，由于抽样检验存在两类错误，抽样检验很难达到理想状态，因此希望当交验批好于或者等于规定的接收标准，高概率接收；当交验批的不合格品率变大时，被接收的概率应相应减小。OC 函数的示意图如图 8-3 所示，OC 函数也常被称为 OC 曲线。

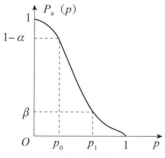

图 8-3　OC 函数的示意图

二、计数标准型抽样检验原理及方案设计（GB/T 13262—2008）

（一）制定原理

设交验批的不合格品率为 p，接收上界为 p_0，拒收下界为 p_1，则当 $p \leqslant p_0$ 时，交验批为合格批，应予接收。故称 p_0 为接收上界，亦称为可接收的不合格品率。而当 $p \geqslant p_1$ 时，交验批为不合格批，应予拒收。故称 p_1 为拒收下界，或称为允许的极限不合格品率。

标准型抽样方案是在预先限制两类风险 α 和 β 的前提下制定的，依据图 8-3 的 OC 曲线可以看出：

（1）$p \leqslant p_0$ 时，$P_a(p) \geqslant 1-\alpha$。

（2）$p \geqslant p_1$ 时，$P_a(p) \leqslant \beta$。

$\dfrac{p_1}{p_0}$ 被称为抽样方案的灵敏度，反映了抽样方案的鉴别能力。$\dfrac{p_1}{p_0}$ 越接近于 1，抽样方案的灵敏度越高，鉴别能力越强，样本大小 n 越大。若要求 $\dfrac{p_1}{p_0}=1$，则势必导致 n 无限大，即只能全检，而不存在灵敏度为 1 的抽样方案。

根据 OC 函数 $P_a(p)$ 的递减性，上述要求等价于 $(n; Ac)$ 满足式（8-7）所示方程组。

$$\begin{cases} \sum_{d=0}^{Ac} C_n^d p_0^d (1-p_0)^{n-d} = 1-\alpha \\ \sum_{d=0}^{Ac} C_n^d p_1^d (1-p_1)^{n-d} = \beta \end{cases} \qquad (8-7)$$

于是，只要预先给定 α、β 的大小，即可由式（8-7）求得计数标准型一次方案 $(n; Ac)$。国家标准 GB/T 13262—2008 正是在 $\alpha \approx 5\%$、$\beta \approx 10\%$ 的前提下按式（8-7）制定的。

（二）制定程序

下面举例说明如何采用国家标准 GB/T 13262—2008 制定计数标准型一次抽样方案。

实例链接 ---

求计数标准型一次抽样方案

一批产品交验，规定 $p_0=1\%$，$p_1=10\%$，$\alpha\approx5\%$，$\beta\approx10\%$，求计数标准型一次抽样方案（n；Ac）。

解：（1）查表检索方案。查 GB/T 13262—2008，$p_0=1\%$ 在 0.901%~1.00% 范围内，$p_1=10\%$ 在 9.01%~10.0% 范围内，查得（n；Ac）=（39；1）。

（2）求方案（39；1）的 OC 函数。

$$P_a(p) = \sum_{d=0}^{1} C_{39}^d p^d (1-p)^{39-d} = (1-p)^{39} + 39p(1-p)^{38}$$

给定 $p=0$，1%，5%，10%，100%，计算 $P_a(p)$，所得结果如表 8-1 所示。

表 8-1　给定 p 值计算 $P_a(p)$

p	0	1%	5%	10%	100%
$P_a(p)$	1	0.94	0.41	0.09	0

由表 8-1 可见，方案（39；1）的两类风险实际值分别为：

$$\alpha = 1 - P_a(0.01) = 1 - 0.94 = 6\%$$
$$\beta = P_a(0.1) = 9\%$$

计数标准型一次抽样方案的制定程序可以概述如下：（1）规定单位产品的质量特性；（2）规定质量特性不合格的分类与不合格品的判断准则；（3）双方商定 p_0、p_1 与 α、β 的大小；（4）组成交验批；（5）检索抽样方案（n；Ac）；（6）随机抽取大小为 n 的样本；（7）检验样本，并记录样本中的不合格品数 d；（8）交验批的判断，若 $d\leqslant$Ac，接收交验批，若 $d>$Ac，拒收交验批；（9）交验批的处置。

三、计数调整型抽样检验原理及方案设计（GB/T 2828.1—2012）

（一）基本概念

计数调整型抽样是以不合格品百分数或每百单位产品不合格数为质量指标，接收质量限为质量标准，抽样方案视批质量优劣作放宽或加严检验，根据样本中的不合格品数（不合格数）与判定组比较，判断合格或不合格的抽样检验。

调整型抽样方案对提供交验的连续批进行连续抽样检验时，不采用固定的抽样方案，而是根据交验批的检验结果，按照预先规定的原则对抽样方案的宽严程度进行调整。

（二）制定原理

1. 确定接收质量限（AQL）

确定 AQL 是实施 GB/T2828.1—2012 中的关键，也是难点之一。在合同环境下，当有供需双方时，AQL 的大小应由双方协商而定，力求合理。AQL 值太大，需求方得不到质量满意的产品，会造成使用方风险太大的情况出现；AQL 值过小，导致生产成本增加，造成生产方风险太大的情况出现。在非合同环境下，企业也要认真而慎重地选择 AQL。

确定 AQL 的方法通常有下述几种：

（1）按使用方要求确定 AQL。使用方根据自己的技术要求和经济承受能力，提出可允许的最差过程平均质量水平，即 AQL 值。

（2）根据不合格的类别确定 AQL。致命或严重不合格会导致生命安全或重大经济损失的，AQL 应小些；相反，一般或轻微不合格的，AQL 应大些。A 类不合格的 AQL 值应比 B 类不合格的 AQL 值小，B 类又比 C 类小。确定 AQL 值的一般原则是：①超特殊军用品 AQL＜特殊军用品 AQL＜一般不用品 AQL；②重要检验项目 AQL＜次要检验项目 AQL；③A 类不合格 AQL＜B 类不合格 AQL＜C 类不合格 AQL；④电气性能 AQL＜力学性能 AQL＜外观质量 AQL；⑤检验项目少 AQL＜检验项目多 AQL。

（3）根据生产方能力的最大值来确定。当无任何参考资料借鉴时，可以采用"过程平均法"来确定 AQL 值。

1）用全数检验数批产品的质量，取其平均值，即过程平均 $\bar{p}$，在此基础上确定 AQL。此方法是通过实际统计测量数据计算出 AQL 值，是一种很实用的方法。

2）根据历史资料估计产品的过程平均不合格品率 $\bar{p}$，再选择适当的系数 k，由式（8-8）计算出产品的 AQL 值。

$$\mathrm{AQL} \approx \bar{p} + k \sqrt{\frac{p(1-p)}{\sum_{i=1}^{N} n_i}} \tag{8-8}$$

式中，$\bar{p}$ 为产品的过程平均不合格品率，N 为批次数，一般 $N=10\sim20$，n 为样本量，k 为系数，$k=2\sim3$。

值得注意的是，AQL 不应取过程平均不合格品率 $\bar{p}$，否则将会导致 $\alpha \approx 50\%$，即几乎一半的交验批会被拒收。

（4）双方协商确定 AQL。这是指根据需方接收和使用一个不合格品所造成的损失费用与供方为检验和剔除一个不合格品所花的费用的比例大小来确定 AQL 值，也称损益平衡法。损益平衡点的计算公式为式（8-9）。

$$损益平衡点 f = \frac{检验和剔除一个不合格品所需费用}{接收和使用一个不合格品造成的损失费用} \times 100\% \tag{8-9}$$

一般说来，f 值越大，AQL 值也越大，反之亦然。使用 AQL 时，需要注意以下几点：

1）GB/T 2828.1—2012 中 AQL 共分 26 个等级，从 0.010 到 1 000，前 16 个等级，即 AQL 从 0.010～10 适用于交验批质量水平表示为不合格品百分数的情况，26 个等级均适用于交验批质量水平表示为每百单位产品不合格数的情况。

2）GB/T 2828.1—2012 中给出的 AQL 值是优先的 AQL 系列。任何产品，如果指定的 AQL 值不是 GB/T 2828.1—2012 中的数值中的某一个，则不能用该标准的各个表，即 AQL 值要标准化。

3）AQL 是抽样计划的一个参数，不应与描述制造过程操作水平的过程平均相混湑，在 GB/T 2828.1—2012 抽样系统下，为了避免过多的批产品被拒收，要求过程平均比 AQL 更好。

4）可以给不合格组（包含 A 类和 B 类不合格）或单个的不合格（只包含某一类不合格）指定不同的 AQL。

2. 规定检验水平

反映批量 N 与样本大小 n 之间的等级对应关系的指标为检验水平。GB/T 2828.1—2012 把检验水平分为七个等级，依次为 S—1、S—2、S—3、S—4、Ⅰ、Ⅱ、Ⅲ。检验水平从低向高选取，抽样比例 n/N 从小到大变化，判断能力也由低向高变化。

S—1~S—4 为特殊检验水平，适用于军品检验或破坏性检验、检验费用高、检验时间特别长的场合。

Ⅰ、Ⅱ、Ⅲ为一般检验水平，适用于一般民品的检验，且常选用一般检验水平Ⅱ。

从上可见，检验水平高，样本量增加；样本量大，判断能力提高。反之亦然。所以，不要盲目追求高的检验水平，防止增加检验费用。

3. 检索样本大小字码

为简化抽样表，在调整型抽样方案中，样本大小 n 用一组字码表示，而字码的检索取决于批量 N 和检验水平的等级。GB/T 2828.1—2012 的样本大小字码表如表 8-2 所示。

表 8-2 计数调整型抽样字码表（GB/T 2828.1—2012）

批量	特殊检验水平				一般检验水平		
	S—1	S—2	S—3	S—4	Ⅰ	Ⅱ	Ⅲ
2~8	A	A	A	A	A	A	B
9~15	A	A	A	A	A	B	C
16~25	A	A	B	B	B	C	D
26~50	A	B	B	C	C	D	E
51~90	B	B	C	C	C	E	F
91~150	B	B	C	D	D	F	G
151~280	B	C	D	E	E	G	H
281~500	B	C	D	E	F	H	J
501~1 200	C	C	E	F	G	J	K
1 201~3 200	C	D	E	G	H	K	L
3 201~10 000	C	D	F	G	J	L	M
10 001~35 000	C	D	F	H	K	M	N
35 001~150 000	D	E	G	J	L	N	P
150 001~500 000	D	E	G	J	M	P	Q
500 001 及以上	D	E	H	K	N	Q	R

4. 转移规则

调整型抽样方案根据连续交验批的产品质量及时调整方案的宽严。当交验批的质量水平处于 AQL 时，采用正常方案；当交验批质量稳定提高时，采用放宽方案；而当交验批质量明显下降时，则采用加严方案。通过调整方案的宽严可以刺激生产方主动、积极地不断改进质量。调整型抽样方案的转移规则和程序如图 8-4 所示。

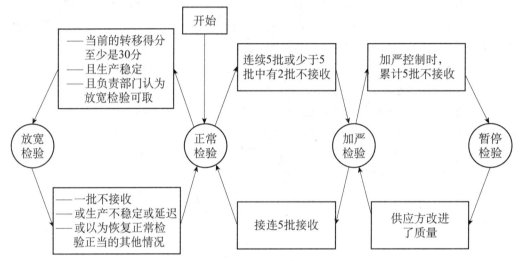

图 8-4　调整型抽样方案的转移规则简图（GB/T 2828.1—2012）

转移得分是在正常检验情况下，用于确定当前的检验结果是否足以允许转移到放宽检验的一种指示数。除非负责部门另有规定，在正常检验开始就应计算转移得分。在正常检验开始时，应将转移得分设定为 0，而在检验每个后继的批以后应更新转移得分。

对一次抽样方案，转移得分的评定方法如下：

（1）当使用二次抽样方案时，如果该批在检验第一样本后被接收，给转移得分加 3 分；否则，将转移得分重新设定为 0。

（2）当使用多次抽样方案时，如果该批在检验第一样本或第二样本后被接收，则给转移得分加 3 分；否则，将转移得分重新设定为 0。

不固定抽样方案的示例如表 8-3 所示。

表 8-3　不固定抽样方案的示例（GB/T 2828.1—2012，Ⅱ水平，AQL＝1.0%）

批的序号	批量 N	样本量字码	样本量 n	给定的 Ac	接收得分（检验前）	可使用的 Ac	不合格品数 d	接收性	接收得分（检验后）	转移得分	下一批将执行的检验严格度
1	180	G	32	1/2	5	0	0	A	5	2	继续正常
2	200	G	32	1/2	10	1	1	A	0	4	继续正常
3	250	G	32	1/2	5	0	1	R	0	0	继续正常
4	450	H	50	1	7	0	0	A	0	2	继续正常
5	300	H	50	1	7	1	1	A	0	4	继续正常

续表

批的序号	批量 N	样本量字码	样本量 n	给定的 Ac	接收得分（检验前）	可使用的 Ac	不合格品数 d	接收性	接收得分（检验后）	转移得分	下一批将执行的检验严格度
6	80	E	13	0	0	0	1	R	0	0	转到加严
7	800	J	80	1	7	1	1	A	0	—	继续加严
8	300	H	50	1/2	5	0	0	A	5	—	继续加严
9	100	F	20	0	5	0	0	A	5	—	继续加严
10	600	J	80	1	12	1	0	A	12	—	继续加严
11	200	G	32	1/3	15	1	1	A	0*	—	恢复正常
12	250	G	32	1/2	5	0	0	A	5	2	继续正常
13	600	J	80	2	12	2	1	A	0	5	继续正常
14	80	E	13	0	0	0	0	A	0	7	继续正常
15	200	G	32	1/2	5	0	0	A	5	9	继续正常
16	500	H	50	1	12	1	0	A	12	11	继续正常
17	100	F	20	1/3	15	1	0	A	15	13	继续正常
18	120	F	20	1/3	18	1	0	A	18	15	继续正常
19	85	E	13	0	18	0	0	A	18	17	继续正常
20	300	H	50	1	25	1	1	A	0	19	继续正常
21	500	H	50	1	7	1	0	A	7	21	继续正常
22	700	J	80	2	14	2	1	A	0	24	继续正常
23	600	J	80	2	7	2	0	A	7	27	继续正常
24	550	J	80	2	14	2	0	A	0*	30	转到放宽
25	500	H	20	1/2	5	0	0	A	5	—	继续放宽

注：A 表示接收；R 表示拒收；* 表示转移后的接收得分。

在每种检验水平下，应运用转移规则来要求正常、加严和放宽检验。检验水平的选择与三种检验的严格度完全无关，因此，当正常、加严和放宽检验间进行转移时，已规定的检验水平应保持不变。

GB/T 2828.1—2012 的目的是通过批不接收，使供方在经济上和心理上产生压力，促使其将过程平均质量至少保持在和规定的 AQL 同等的水平下，而同时给使用方偶尔接收劣质批的风险提供一个上限。

5. 制订抽样方案

一次抽样方案是样本量 n，接收数 Ac 和拒收数 Re 的组合：$(n; \mathrm{Ac}, \mathrm{Re})$，一般表示为 $(n; \mathrm{Ac})$。

二次抽样方案是两个样本量，第一样本的接收数 Ac_1 和拒收数 Re_1 及联合样本的接收数 Ac_2 和拒收数 Re_2 的组合：$\begin{bmatrix} n_1 & \mathrm{Ac}_1 & \mathrm{Re}_1 \\ n_2 & \mathrm{Ac}_2 & \mathrm{Re}_2 \end{bmatrix}$。

（三）制定程序

下面举例说明如何采用 GB/T 2828.1—2012 制订计数调整型抽样方案。

实例链接

制订计数调整型抽样方案

已知批量 $N=1\,000$，交验批质量指标为不合格百分率，取 $AQL=2.5\%$，采用一般检验水平 II，试制订计数调整型一次抽样方案。

解：（1）检索样本大小字码。由 $N=1\,000$，一般检验水平 II，查表 8-2 可知，样本大小字码为 J。

（2）检索一次正常抽检方案。由样本大小字码 J，$AQL=2.5\%$，查得一次正常抽检方案为（80；5，6）。

（3）检索一次加严抽验方案。由样本大小字码 J，$AQL=2.5\%$，查得一次加严抽检方案为（80；3，4）。

（4）检索一次放宽抽验方案。由样本大小字码 J，$AQL=2.5\%$，查得一次放宽抽检方案为（32；3，4）。

（5）组成调整型一次抽样方案组。将上述三个方案，连同转移规则组成下述的调整型一次抽样方案组，如表 8-4 所示。

表 8-4　调整型一次抽样方案组

方案宽严	样本大小	Ac，Re	转移规则
正常方案	80	5，6	
加严方案	80	3，4	（略）
加宽方案	32	3，4	

实例链接

制订计数调整型二次抽样方案

续上例，试制订计数调整型二次抽样方案。

解：根据制订计数调整型抽样方案的方法，可以求得调整型二次抽样方案组，如表 8-5 所示。

表 8-5　调整型二次抽样方案组

方案宽严	样本大小	Ac，Re	转移规则
正常方案	$n_1=50$ $n_2=50$	2，5 6，7	
加严方案	$n_1=50$ $n_2=50$	1，3 4，5	（略）
加宽方案	$n_1=20$ $n_2=20$	1，3 4，5	

以二次正常方案 $[50,50 \mid 2,5；6,7]$ 为例，其程序框图如图 8-5 所示。

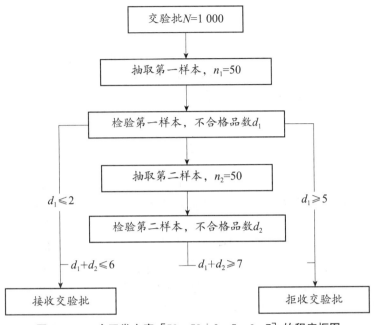

图 8-5　二次正常方案［50，50｜2，5；6，7］的程序框图

实例链接

求批量大小

某产品以 200 件组成一个生产批。合同规定执行一次方案组（不执行放宽检验），检验水平Ⅱ，AQL＝2.5％，预计年生产量为 20 000 件。试求批量大小。

解：（1）$N＝200$，由表 8-2 查得样本大小字码为 G，由表 8-3 查得样本量为 32，则全年抽检：20 000/200×32＝3 200（件）。

（2）如果两个生产批组成一个交验批，$N＝400$，查得样本大小字码为 H、样本量为 50，则全年抽检：20 000/400×50＝2 500（件）。

（3）如果三个生产批组成一个交验批，$N＝600$，查得样本大小字码为 J、样本量为 80，则全年抽检：20 000/600×80＝2 667（件）。

第四节　计量型抽样检验

一、计量型抽样检验的概念

计量型抽样检验是定量地检验从批中随机抽取的样本，利用样本特性值数据计算特定统计量，与判断标准比较，以判断产品批是否合格的活动。与计数抽样检验相比，它具有如下特点：

（1）从难易程度来讲，计数抽样检验较简单，计量抽样检验较麻烦。

（2）从取得的信息来看，计量抽样检验能获得较多、较精密的信息，能指出产品的质量状况，一旦质量下降能及时提出警告。

（3）计量抽样检验的可靠性比计数抽样检验大，这是因为对每批产品的某种质量特性进行严格的计量检验，要比对每批产品的质量仅仅区别其为合格与否的计数检验更为确切。

（4）与计数抽样检验相比，在同样的质量保护下，计量抽样检验的样本量可以减少30％，因而当检验过程的费用很大时（如破坏性检验），计量抽样检验显示出其巨大的优越性。

（5）计数抽样检验较易被接受和理解，计量抽样检验却并非如此。例如：使用计量抽样检验时有可能会出现在样本中没有发现不合格品而被拒收的情况。

（6）计量抽样检验的局限性是要求被检的质量特性必须服从或近似服从正态分布，因为设计计量抽样检验方案的依据是正态分布理论。

二、计量型抽样检验的基本原理

设产品的质量指标为 x，有时希望 x 越大越好，如材料的强度、零件的寿命等，此时称 x 具有单侧下规格限；有时则希望 x 越小越好，如材料所含的杂质等，此时称 x 具有单侧上规格限；有时希望 x 在某个范围内，偏离规定值越小越好，如零件的尺寸等，此时称 x 具有双侧规格限。

在计量抽样检验中，产品质量特性值 x 是否合格有三种情形：

（1）给定 x 的上规格限 T_U，如果 $x > T_U$，则为不合格品。

（2）给定 x 的下规格限 T_L，如果 $x < T_L$，则为不合格品。

（3）给定 x 的上、下规格限 T_U、T_L，如果 $x > T_U$ 或 $x < T_L$，则为不合格品。

计量型抽样检验的判定思想如下：

设 $x \sim N(\mu, \sigma^2)$，则超过上规格限 T_U 的不合格品率 p_U 计算公式为式（8-10）。

$$p_U = p(x > T_U) = 1 - \phi\left(\frac{T_U - \mu}{\sigma}\right) \tag{8-10}$$

式中，$\phi(\mu)$ 是标准正态分布的累积函数。在给定 T_U 后，x 超过 T_U 的不合格品率 p_U 取决于 $\frac{T_U - \mu}{\sigma}$。

低于下规格限 T_L 的不合格品率 p_L 计算公式为式（8-11）。

$$p_L = p(x < T_L) = 1 - \phi\left(\frac{\mu - T_L}{\sigma}\right) \tag{8-11}$$

即给定 T_L 后，x 低于 T_L 的不合格品率 p_L 取决于 $\frac{\mu - T_L}{\sigma}$。

$\frac{T_U - \mu}{\sigma}$ 或 $\frac{\mu - T_L}{\sigma}$ 越大，p_U 或 p_L 越小，因此可规定一个接收常数 k。若 $\frac{T_U - \mu}{\sigma}$ 或

$\frac{\mu - T_L}{\sigma} \geqslant k$，则认为检验批质量水平符合要求，接收批；若 $\frac{T_U - \mu}{\sigma}$ 或 $\frac{\mu - T_L}{\sigma} < k$，则认为检验批质量水平不符合要求，拒绝批。

在抽样检验中，批质量特性值的均值 μ 和标准差 σ 一般都是未知的，因此可用样本数据估计总体参数。

当 σ 已知时，令 $Q_U = \frac{T_U - \overline{x}}{\sigma}$，$Q_L = \frac{\overline{x} - T_L}{\sigma}$；当 σ 未知时，令 $Q_U = \frac{T_U - \overline{x}}{s}$，$Q_L = \frac{\overline{x} - T_L}{s}$。其中，$\overline{x}$ 为样本均值，s 为样本标准差。若 Q_U 或 $Q_L \geqslant k$，则接收批；若 Q_U 或 $Q_L < k$，则拒绝批。

实例链接 ···

求计量抽样方案

某种产品的单位产品质量特性值不超过 200 时为合格品，已知 $\sigma = 6$，规定 $p_0 = 1.0\%$，$p_1 = 8.0\%$，确定满足要求的计量抽样方案，并对批做出接收性判定。

解：由题意可知，$T_U = 200$。由于本例中的交验批不构成连续系列批，因此不能用 GB/T 6378.1—2008 中的抽样方案，应用计量标准型抽样方案，适用标准为 GB/T 8054—2008。根据此标准及给定的质量水平 p_0、p_1，可查得应采用的抽样方案为（10；1.81）。

抽取 10 个单位产品，计算样本均值 $\overline{x}$，若 $Q_U = \frac{T_U - \overline{x}}{\sigma} = \frac{200 - \overline{x}}{6} \geqslant 1.81$，则批接收；若 $Q_U < 1.81$，则批拒收。

三、计量型抽样检验的程序与应用

（一）计量型抽样检验的程序

计量型抽样检验按检验方式分类，可分为标准型、挑选型和调整型；按其抽取样本的次数分类，可分为一次抽样、二次抽样、序贯抽样。本部分将介绍以均值为质量指标的计量一次标准型抽样检验的方案设计方法。标准型抽样检验是事先确定供需双方的风险率，即事先给定 α 和 β，采用数理统计方法制订对供需双方都予以保护的检验方案，进行抽样检验。

我国已制定的计量抽样检验方法标准中常用 2 个标准规定的抽样检验程序，如表 8-6 所示。

表 8-6　计量抽样检验程序表

抽验程序	计量抽样检验程序 （GB/T 6378.1—2008）	计量标准型一次抽样检验程序及表 （GB/T 8054—2008）
1	选择检验方法	选择抽样检验类型
2	规定检验水平	确定抽样检验方式

续表

抽验程序	计量抽样检验程序 (GB/T 6378.1—2008)	计量标准型一次抽样检验程序及表 (GB/T 8054—2008)
3	规定可接收质量水平	规定合格质量水平与极限质量水平
4	规定抽样方案的严格度	检索抽样方案
5	提交产品	构成检验批与抽取样本
6	检索抽样方案	检验样本与计算结果
7	抽取样本	判断批接收与否
8	检验样本	处理检验批
9	判断批接收与否	
10	处理检验批	

（二）计量型抽样检验的应用

1. 选择检验方法

选择检验方法需要选取规格限以及确定 s 法和 σ 法。规格限是规定的用于判定单位产品或某计量质量特征是否合格的界限值。利用样本平均值和样本标准差来判断批接收与否的方法叫作 s 法。利用样本平均值和过程标准差来判断批接收与否的方法叫作 σ 法。

计量型抽样 s 法和 σ 法有三种检验方法：①上规格限；②下规格限；③双侧规格限，双侧规格限中又分为分立双侧规格限、复合双侧规格限和联合双侧规格限。单侧或双侧规格限的选取取决于技术标准、订货合同及有关文件中对计量质量特征规格限的规定。当需要分别控制超出上规格限和低于下规格限的不合格率时，采用分立双侧规格限；当只需控制总的不合格品率时，采用联合双侧规格限。应用 σ 法需要事先确定过程标准差。

2. 规定检验水平

GB/T 6378.1—2008 规定的检验水平与 GB/T 2828.1—2012 相同。通常使用检验水平Ⅱ。当允许降低抽样方案对批质量的判别力时，采用检验水平Ⅰ；当需要提高抽样方案对批质量的判别力时，采用检验水平Ⅲ。特殊检验水平 S—1、S—2、S—3 和 S—4 主要用于要求尽量减少样本大小的场合，但将增加误判的风险。

3. 规定可接收质量水平（AQL）

（1）对单侧规格限，只对需要控制的规格限规定接收质量水平 AQL 值。

（2）对分立双侧规格限，应分别对上、下规格限规定可接收质量水平 AQL 值。

（3）对联合双侧规格限，只对上、下规格限规定一个总的可接收质量水平 AQL 值。

（4）对复合双侧规格限，除必须对上、下规格限规定一个总的可接收质量水平 AQL 值外，还要对需控制的某一侧规格限再规定一个可接收质量水平 AQL 值。

在 GB/T 6378.1—2008 中只有单侧规格限和联合双侧规格限的 AQL 的规定。

4. 规定抽样方案的严格度及转移规则

如无特殊规定，开始应使用正常检验抽样方案。在特殊情况下，经责任部门指定，开始也可使用加严检验或放宽检验的抽样方案。

在抽检中，根据产品质量变化情况，采用如下转移规则：

（1）从正常检验到加严检验。当进行正常检验时，若在不多于 5 批的连续批中有 2 批经初步检验拒收，则从下一批起执行加严检验。

（2）从加严检验到正常检验。当进行加严检验时，若连续 5 批被接收，则从下一批起执行正常检验。

（3）从正常检验到放宽检验。当执行正常检验时，如能满足下列条件，则可从下一批起执行放宽检验：正常检验中连续 10 批均接收；如可接收质量水平加严一级后，这些批仍被接收；生产正常，产品质量处于统计受控状态；负责部门同意转到放宽检验。

（4）从放宽检验到正常检验。在进行放宽检验时，如出现下列情况之一，则从下一批起执行正常检验：一批经检验拒收，生产不正常，其他情况认为有必要回到正常检验。

（5）从加严检验到暂停检验。加严检验开始后，如拒收的批数累计达到 5 批时，暂时停止检验。由供货方采取有效改进措施，改善产品质量后，方可恢复抽样检验。原则上应从加严检验开始，不许从放宽检验开始。

5. 检索抽样方案

s 法的数值法程序仅用于单侧规格限和分立双侧规格限这两种情况。

首先根据批量和检查水平，从 GB/T 6378.1—2008 中的 A.1 表查出样本大小字码，然后根据样本大小字码和可接收质量水平从该标准中的 A.2 表查出正常检查抽样方案 $(n；k)$ 或 $(n_L；k_L)$ 与 $(n_U；k_U)$。如是加严检验和放宽检验，则分别从该标准中的表 2-B 和表 2-C 中查出抽样方案。

对分立双侧规格限的两侧，检索出两个抽样方案的样本大小不同，则取其中大者作为通用的样本大小，而接收常数不变。如 $AQL_L = 0.15\%$，$AQL_U = 0.25\%$，字码为 E，从该标准中的表 3 查出正常检验抽样方案为 $(10；2.24)$ 和 $(7；2.00)$，实际使用 $(10；2.24)$ 和 $(10；2.00)$ 这两个抽样方案。

σ 法的数值法程序也适用于单侧规格限及分立双侧规格限这两种情况。

6. 判断批接收与否

抽取大小为 n 的样本，测量其中每个单位产品的计量质量特性值 x，然后计算样本平均值 $\bar{x}$ 和样本标准差 s。对于单侧上规格限，按式（8-12）计算上质量统计量。

$$Q_U = \frac{x_U - \bar{x}}{s} \qquad (8-12)$$

若 $Q_U \geq k$，则接收该批；若 $Q_U < k$，则拒收该批。

对于单侧下规格限，按式（8-13）计算下质量统计量。

$$Q_L = \frac{\bar{x} - x_L}{s} \qquad (8-13)$$

若 $Q_L \geq k$，则接收该批。若 $Q_L < k$，则拒收该批。

对于分立双侧规格限，同时计算上、下质量规格限。若 $Q_U \geq k_U$ 且 $Q_L \geq k_L$，则接收该批；若 $Q_U < k_U$ 且 $Q_L < k_L$，则拒收该批。

用计量抽样检验标准确定抽样方案

　　某设备最高操作温度规定为 60℃，被检验产品的批量为 100 件。检验水平为Ⅱ，AQL＝2.5％，试应用计量抽样检验标准确定抽样方案。

　　解：采用 s 法正常检验，查表可知样本大小字码为 F，抽样方案为（10；1.41）。

　　现从这 100 台设备中，随机抽取 10 件，测得其操作温度分别为 49℃、50℃、55℃、55℃、56℃、57℃、57℃、58℃、59℃、59℃。则平均值 $\bar{x}＝55.5℃$，样本标准差 $\sigma＝3.47$，$Q_U＝\dfrac{x_U－\bar{x}}{s}＝\dfrac{60－55.5}{3.47}＝1.30＜k_U$，故拒收该批。

本章小结

　　通过本章的学习，我们掌握了质量检验的相关知识。本章主要包括以下内容：根据判断方式不同，质量检验可分为计数检验和计量检验；质量检验具有鉴别、把关、预防、报告与监督等职能；相对于全数检验，抽样检验具有检验费用少、时间省、成本低、存在错判风险等特点；计数标准型一次抽样方案的制定程序包括规定单位产品的质量特性、规定生产方风险、使用方风险各自的大小及其对应的质量水平、组成交验批、检索抽样方案、抽取样本、检验样本、交验批是否合格的判断以及交验批的处置等环节；计量型抽样检验程序包括选择检验方法、规定检验水平、规定可接受质量水平、规定抽样方案的严格度、提交产品、检索抽样方案、抽取样本、检验样本、判断批接收与否、处理检验批等环节。

本章练习

第八章练习

第三篇

质量管理方法与工具

第九章
质量管理工具的统计技术基础知识

◎ 学习目标

知识目标
- 理解质量特性数据与质量波动。
- 掌握随机变量及其分布的概念以及正态分布、二项分布与泊松分布的分布特征。
- 理解中心极限定理。
- 理解过程质量的统计推断与抽样分布知识。

能力目标
- 会计算样本均值、中位数、极差、样本方差、样本标准差等常用统计量。

素质目标
- 形成基于数据与事实的质量管理意识，培养爱岗敬业、精益求精的工匠精神和爱国情怀。

◎ 引　例

大飞机"血管神经系统"的建造师周琦炜

周琦炜，中国商飞上海飞机制造有限公司飞机装配工。在民机制造一线从事航电系统16年，历经 ARJ21 新支线、C919 大型客机两大型号的"千锤百炼"，周琦炜凭着对民机事业的热爱和高度责任感，专注航电系统线缆敷设领域，坚守生产一线，努力实现"线束敷设导通零故障，试验精准无误差"的目标，被誉为航空"线缆之手"。

"从学徒工到班组长"

2006 年 5 月，ARJ21 飞机项目转入全面试制阶段，刚刚 20 岁的周琦炜毕业来到了上海飞机制造有限公司，成为 ARJ21 生产线上的一名电气装配工，直接面对的就是首架ARJ21飞机的总装。他师从当时的飞机特设系统总工段长卢扣章，每天面对的是数不清的电缆、接头、控制器。

入职三年，周琦炜以一个普通电缆操作工的身份，参与完成了ARJ21四架飞机的系统总装。2008年首架ARJ21首飞后，周琦炜跟随外场团队来到西安阎良，参与试验试飞保障与测试，与ARJ21飞机共同经历了高温高湿、自然结冰、高寒、大侧风等各种极端条件的考验。飞机在挑战极限，他也在快速成长。

2014年，周琦炜回到了上海的总装生产线，成为一名班组长，而此时的上海飞机制造有限公司也已经开始把研制重心转向C919项目。9月19日，在东海之畔的浦东基地，首架C919飞机正式开始机体对接，周琦炜感觉到更大的舞台正向他打开。

"每一个动作都是精细活儿"

"飞机在天上飞，我做的东西关系着乘客的生命安全。"C919全机共有700多束航空电缆，以根来计的话在7万的数量级，分布在机头、机身、机翼、尾翼等全机各个区域，总长加起来近100千米，周琦炜和团队要把它们分毫不差地安装起来，确保"经络通畅"。

"每根线都有唯一的编号，就算一个简单的剥线操作，不同的线用的工具也不一样。"周琦炜的工具箱内，各种工具琳琅满目，而他就是使用它们的高手。"手感"形成的背后是他成千上万次练习剥线、端接等操作后形成的"肌肉记忆"。

从ARJ21飞机装配时的一名操作工，到带领一个班组、一个工位，周琦炜直言，内心更多了一种"时时放心不下"的感觉。他总说："心里有一分敬畏，做的东西就会多一分尊重。"

"手上有功夫，也要肯动脑"

"我是靠手吃饭的。"这是周琦炜常挂在嘴边的一句话。但熟悉他的人都知道，"巧手"的背后是"动脑"。

首架C919飞机，周琦炜带领班组用3个半月完成了系统装配及排故、上电测试等全机导通工作。而到了第二架飞机，他把装配大纲梳理了一遍，优化装配流程，多环节交叉作业，不到3个月就完成了所有装配工作，后续架次更是不断优化缩短时间。

"一线人员作业不光要会做，还要想明白为什么这么做，要'带脑'工作。"周琦炜不断精进工艺，挑战"疑难杂症"，在工位内也立起技术标杆。由他牵头制定的《连接器端接组装标准工作法》《电器穿墙件安装标准工作法》等十余部标准作业法，弥补了国内喷气式飞机电气系统安装调试实操标准的空白。工具管理"一天四清点"、班组质量红队巡检、技术问题交流会、师徒带教等班组管理措施的落实，让150工位不仅拿下中国商飞金牌班组荣誉，更是在2022年获评"上海市工人先锋号"称号。

从质量管理理论与实践的发展历程来看，统计思想、统计技术和方法的应用，为质量管理理论研究提供了有力的工具，使质量管理实践进入了一个崭新的阶段。统计技术和方法可以帮助人们更好地理解变异的性质、程度和原因。对变异进行测量、描述、分析、解释和建立模型，可以帮助组织持续改进和解决问题，提高过程的有效性和效率。统计技术和方法也有助于更好地利用可获得的数据进行决策。新的功能强大的电子表格软件和统计技术软件的发展，使统计技术的深度应用变得方便、高效，也使统计技术的应用越来越普及。

第一节 质量特性数据的分类及特征

一、质量特性数据的分类

质量特性数据是指用来描述产品功能指标或性能指标的数据，一般分为计量值数据和计数值数据两种。计量值数据是指可以连续取值的数据，也称为连续型数据，如长度、重量、压力。计数值数据是指只能按 0、1、2 等数列取值计数的数据，也称为离散型数据。计数值数据又可分为计件值数据和计点值数据。计件值数据如总体中合格品数，计点值数据如表示个体上的缺陷数、质量问题点数，如钢结构表面的焊渣、焊疤的数量等。

二、质量波动及波动特性

产品质量波动是指产品质量的特性值参差不齐的现象。从统计学角度来看，产品质量波动可以分为正常波动和异常波动两类。

正常波动是由偶然因素或随机因素（随机原因）引起的产品质量波动。这些因素在生产过程中大量存在，对产品质量经常产生影响，但其造成的质量特性值波动往往较小，如原材料的成分和性能上的微小差异，机器设备的轻微振动，温湿度的微小变化，操作方面、测量方面、检测仪器的微小差异等。对这些波动的随机因素的消除，在技术上难以达到，在经济上代价又很大。因此，一般情况下这些波动在生产过程中是允许存在的，被称为正常波动。公差就是承认这种波动的产物。把仅有正常波动的生产过程称为过程处于统计控制状态，简称为受控状态或稳定状态。

异常波动是指由异常因素或系统因素（系统原因）引起的产品质量波动。这些因素在生产过程中并不大量存在，对产品质量不经常产生影响。但其一旦存在，对产品质量的影响就比较显著，如原材料不符合规定要求、机器设备带病运转、操作者违反操作规程、测量工具出现系统误差等。由于这些因素引起的质量波动大小和作用方向一般具有周期性和倾向性，因此异常波动比较容易查明、预防和消除。又由于异常波动对质量特性的影响较大，因此，一般来说生产过程中其是不允许存在的。我们把有异常波动的生产过程称为过程处于非统计控制状态，简称为失控状态或不稳定状态。

知识拓展：
质量数据收集方法

质量管理的一项重要工作就是要找出产品质量的波动规律，

把正常波动控制在合理范围内，消除异常因素和系统因素引起的异常波动。

第二节　典型的概率分布

一、随机变量及其分布的概念

（一）随机现象

在一定条件下，并不总是出现相同结果的现象称为随机现象。随机现象的特点有两个：一是随机现象的结果至少有两个；二是至于哪个结果出现，事先并不知道。一天内进入某超市的顾客数量、一棵麦穗上长的麦粒数等都是常见的随机现象的例子。

（二）随机变量

表示随机现象结果的变量称为随机变量，常用大写字母 X、Y、Z 等表示。它们的取值用相应的小写字母 x、y、z 等表示。随机变量分为离散型随机变量和连续型随机变量。假如一个随机变量仅取数轴上有限个点或可列个点，则称此随机变量为离散型随机变量；假如一个随机变量的所有可能取值充满数轴上的一个区间，如 $(a，b)$，则称此随机变量为连续型随机变量。

（三）随机变量的分布

随机变量的取值是随机的，但存在规律性，可以用概率分布来描述。概率分布是指随机变量在总体中的取值与其发生概率二者关系的数据模型，或称概率分布函数，它可以完整地描述随机变量的统计规律性。

离散型随机变量的分布可以用分布列来表示，比如随机变量 X 取 n 个值：x_1，x_2，$\cdots$，x_n，X 取 x_1 的概率为 p_1，取 x_2 的概率为 p_2，$\cdots$，取 x_n 的概率为 p_n，如表 9-1 所示。

表 9-1　离散型随机变量分布表

X	x_1	x_2	$\cdots$	x_n
P	p_1	p_2	$\cdots$	p_n

作为一个分布，P 满足以下两个条件：① $p_i \geqslant 0$；② $p_1 + p_2 + \cdots + p_n = 1$。

满足这两个条件的分布称为离散分布，这一组 p_i 称为分布的概率函数。掷骰子时的取值及概率构成一个典型的离散分布。

连续型随机变量的分布可用概率密度函数表示，记为 $f(x)$，如图 9-1 所示。概率密度曲线位于 x 轴上方（$\Phi(x) \geqslant 0$），并且与 x 轴所夹的面积恰好为 1。而 X 在区间 $[a，b]$ 上取值的概率 $P(a \leqslant X \leqslant b)$ 为概率密度曲线在区间 $[a，b]$ 上的面积。

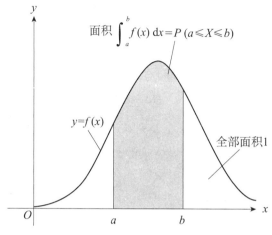

图 9-1　$P(a{\leqslant}X{\leqslant}b)$＝阴影区域面积

二、常用随机变量的分布

常用的连续型随机变量的分布有均匀分布、正态分布、对数正态分布等。常用的离散型随机变量的分布有二项分布、泊松分布和超几何分布。这里主要介绍最常用的正态分布、二项分布和泊松分布。

（一）正态分布

如果一个随机变量 X 的概率分布呈正态分布，则其概率密度函数可以表示为式（9-1）。

$$f(x) = \frac{1}{\sqrt{2\pi}} 6 e^{-\frac{(x-\mu)^2}{2\sigma^2}}, -\infty < x < \infty \qquad (9-1)$$

其中，μ 为随机变量 X 的均值，σ 为 X 的标准偏差。称随机变量 X 服从参数为 μ 和 σ 的正态分布或高斯分布，记为 $X \sim N(\mu, \sigma^2)$。

正态分布的特点是：

（1）正态分布概率密度函数曲线是对称的、单峰的钟形曲线（见图 9-2），为三个不同参数的分布函数曲线。

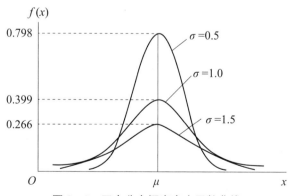

图 9-2　正态分布概率密度函数曲线

（2）任何一个正态分布由均值 μ 和标准偏差 σ 这两个参数完全确定。μ 确定中心位置，称为位置参数；σ 决定分布曲线的形状，称为形状参数。σ 越小，曲线越陡，数据离散程度越小；σ 越大，曲线越扁平，数据离散程度越大。

（3）正态分布曲线下的面积，是随机变量在相应区间取值的概率，如图 9-3 所示。总体中有 68.26% 的个体落于 $\mu\pm\sigma$ 范围内，总体中有 95.44% 的个体落于 $\mu\pm2\sigma$ 范围内，总体中有 99.72% 的个体落于 $\mu\pm3\sigma$ 范围内。上述结论在质量管理中经常能用到。

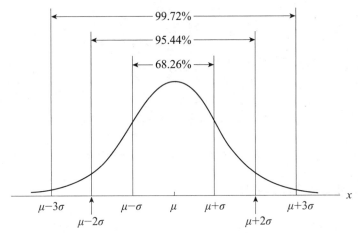

图 9-3　正态分布曲线下不同面积所包含的概率

特别地，当 $\mu=0$，$\sigma=1$ 时称随机变量 X 服从标准正态分布。

（二）二项分布

考虑一个包含 n 个独立试验序列的过程，这里每次试验的结果或是"成功"或是"失败"。设每次试验成功的概率为常数 p，则在 n 次试验中成功的次数 X 服从二项分布，记为 $X\sim B(n, p)$，其概率函数为式（9-2）。

$$P(X = k) = C_n^k p^k (1-p)^{n-k} (k = 0,1,2,\cdots,n) \tag{9-2}$$

式中，n 与 p 为参数，n 为正整数，$0<p<1$。二项分布的图形如图 9-4 所示。当 n 充分大时，二项分布趋于对称，近似趋于正态分布。

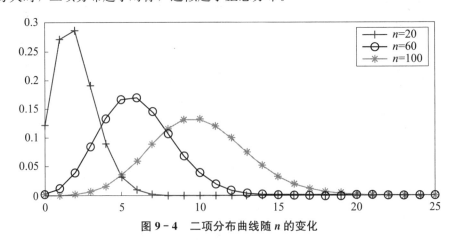

图 9-4　二项分布曲线随 n 的变化

二项分布的均值与方差的计算公式分别为式（9-3）和式（9-4）。

$$E(X) = \mu = np \tag{9-3}$$

$$D(X) = \sigma^2 = np(1-p) \tag{9-4}$$

在质量管理中，一个常见的随机变量是样本不合格品率，就服从参数为 n（样本大小）与 p（总体不合格品率）的二项分布。

（三）泊松分布

泊松分布的概率函数为式（9-5）。

$$P(X=k) = \frac{\lambda^k}{k!}e^{-\lambda}(k=0,1,2,\cdots,n) \tag{9-5}$$

式中，参数 $\lambda > 0$。泊松分布曲线随 λ 的变化如图 9-5 所示。当 λ 充分大时，泊松分布趋于对称，近似趋于正态分布。

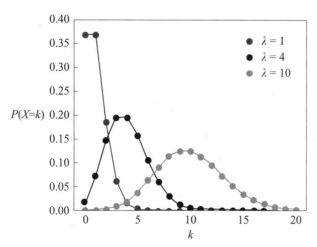

图 9-5　泊松分布曲线随 λ 的变化

泊松分布的均值与方差的计算公式分别为式（9-6）和式（9-7）。

$$E(X) = \mu = \lambda \tag{9-6}$$
$$D(X) = \sigma^2 = \lambda \tag{9-7}$$

在质量管理中，泊松分布是用作单位产品上所发生的缺陷数目的数学模型。事实上，任何发生在每个单位上（如每单位长度、每单位面积、每单位时间等）的随机现象通常都可用泊松分布得到很好的近似。

三、中心极限定理

对于计量值指标，常常假定正态分布是适宜的概率模型。但在有些情况下，我们很难检验这一假定的有效性。不过，根据中心极限定理，常常可以认为这种近似的正态性假定是合理的。

中心极限定理：若 x_1，x_2，$\cdots$，x_n 为 n 个独立的随机变量，其均值分别为 μ_1，μ_2，$\cdots$，μ_n，方差分别为 σ_1^2，σ_2^2，$\cdots$，σ_n^2，且 $y = \sum_{i=1}^{n} x_i$，则当 n 趋于无穷大时，$\dfrac{y - \sum_{i=1}^{n}\mu_i}{\sqrt{\sum_{i=1}^{n}\sigma_i^2}}$ 的分布趋于标准正态分布 N（0，1）。

中心极限定理表示，n 个独立分布的随机变量之和的分布近似服从正态分布，而不管个别变量的分布如何。当变量个数 n 增加时，这种近似程度也增加。一般地，若 x_i

为同分布，且每个 x_i 的分布与正态分布相差不大时，即使 $n \geqslant 4$，中心极限定理也能保证相当好的近似正态性。这点在质量管理中十分重要。

一、过程质量的统计推断

统计推断的目的是根据从总体中抽取的样本对总体做出结论或决策。通常，我们假定所取样本为随机样本。随机抽样就是指无系统倾向性的抽样方法。设 x_1，x_2，…，x_n 为所抽取的大小为 n 的一个样本，若所采取的抽样方法使得观测值 $\{x_i\}$ 为独立同分布，则称该样本为大小为 n 的随机样本。上述定义适合从无限总体或从有放回有限总体抽取的随机样本。对于由 N 个样品组成的无放回有限总体，当从 N 个样品中抽取 n 个的 C_N^n 的抽样方法具有等可能性时，称由 n 个样品组成的样本为随机样本。需要注意的是，许多统计方法是在随机样本的假定下做出的，不适用于非随机样本。

过程质量的统计推断是根据反映过程质量的样本观测值来分析、判断总体的质量状况。统计量是指不包含未知参数的样本观测值的函数。常用的统计量有描述质量分布集中趋势的均值、中位数和描述数据分布离散趋势的极差、方差、标准差，这些统计量的计算公式如表 9-2 所示。

表 9-2 常用统计量的计算公式

统计量	总体	样本
均值	$\mu = \dfrac{1}{N} \sum_{i=1}^{N} x_i$	$\overline{X} = \dfrac{1}{n} \sum_{i=1}^{n} x_i$
中位数	N 个 x 值按大小排列，N 为奇数时，位于中间的 x 值是中位数；N 为偶数时，位于中间的两个 x 值的平均值为中位数	样本中 n 个 x 值按大小排列，n 为奇数时，位于中间的 x 值为中位数；n 为偶数时，位于中间的两个 x 值的平均值为中位数
极差	$R = x_{max} - x_{min}$	$R = x_{max} - x_{min}$
方差	$\sigma^2 = \dfrac{1}{N} \sum_{i=1}^{N} (x_i - \mu)^2$	$s^2 = \dfrac{1}{n-1} \sum_{i=1}^{n} (x_i - \overline{X})^2$
标准差	$\sigma = \sqrt{\dfrac{1}{N} \sum_{i=1}^{N} (x_i - \mu)^2}$	$s = \sqrt{\dfrac{1}{n-1} \sum_{i=1}^{n} (x_i - \overline{X})^2}$
说明	N 为总体中个体的个数，x_1，x_2，…，x_n 为个体值，x_{max}、x_{min} 分别为最大个体值和最小个体值	n 为样本量，x_1，x_2，…，x_n 为样本观测值，x_{max}、x_{min} 分别为最大样本观测值和最小样本观测值

实例链接 ┄┄┄┄┄┄┄┄┄┄┄┄┄┄┄┄┄┄┄┄┄┄┄┄┄┄┄┄┄┄┄┄┄┄┄┄┄┄

求产品外径数据的均值、中位数、极差和标准差

测量获得某一产品外径数据为 22.6、22.5、21.6、22.3、22.0、22.2、21.9、21.8、21.7、21.2，单位为 mm，试计算该产品外径数据的均值、中位数、极差和标准差。

解：由题意可知，样本量 $n=10$，$x_{max}=22.6$，$x_{min}=21.2$。

均值：$\overline{X} = \dfrac{1}{n}\sum\limits_{i=1}^{n} x_i = \dfrac{22.6+22.5+21.6+22.3+22.0+22.2+21.9+21.8+21.7+21.2}{10}$

$\qquad = 21.98 \text{(mm)}$

中位数：$\dfrac{22.0+21.9}{2} = 21.95$（mm）

极差：$R = x_{max} - x_{min} = 22.6 - 21.2 = 1.4 \text{(mm)}$

标准差：$s = \sqrt{\dfrac{1}{n-1}\sum\limits_{i=1}^{n}(x_i - \overline{X})^2}$

$\qquad = \sqrt{\dfrac{(22.6-21.98)^2 + (22.5-21.98)^2 + \cdots + (21.2-21.98)^2}{10-1}}$

$\qquad = 0.43 \text{(mm)}$

二、抽样分布

若已知总体的概率分布，则通常可以确定由所抽取的样本数据计算出的各个统计量的概率分布。统计量的概率分布称为抽样分布。

若 x 为一正态随机变量，其均值为 μ、方差为 σ^2。若 x_1，x_2，$\cdots$，x_n 为从此过程中抽取的大小为 n 的一个随机样本，则由正态随机变量线性组合的分布可知样本均值 $\overline{X}$ 的分布为 $N(\mu, \sigma^2/n)$。

样本均值的上述性质只限于正态总体的样本。但从中心极限定理可知，不论总体的分布如何，$\sum\limits_{i=1}^{n} x_i$ 的分布是近似于正态分布的，其均值为 $n\mu$，方差为 $n\sigma^2$。因此，不论总体的分布为何，样本均值 $\overline{X}$ 的分布近似为 $N(\mu, \sigma^2/n)$。

▌本章小结

通过本章的学习，我们掌握了质量管理工具的统计技术基础知识。本章主要包括以下内容：质量特性数据是指用来描述产品功能指标或性能指标的数据，一般分为计量值数据和计数值数据两种；产品质量波动分为正常波动和异常波动两类；离散型随机变量的分布可以用分布列表示，连续型随机变量的分布可以用概率密度函数表示；过程质量

的统计推断是根据反映过程质量的样本观测值来分析、判断总体的质量状况的；常用统计量包括均值、中位数、极差和标准差等。

本章练习

第九章练习

第十章
统计过程控制

学习目标

知识目标

● 了解统计过程控制的产生，掌握其概念和主要内容。

● 掌握过程能力的概念以及过程能力指数的概念和计算方法。

● 理解提高过程能力指数的途径。

● 掌握控制图的概念、结构、分类与分析准则，理解控制图的统计学原理。

● 理解计量控制图与计数控制图的控制限计算公式与控制程序。

能力目标

● 会计算不同情况下的过程能力指数和不合格品率。

● 能根据过程能力指数对过程能力进行判定。

● 能利用判稳准则与判异准则对控制图进行分析。

● 会绘制计量控制图与计数控制图。

素质目标

● 培养创新精神，强化质量强国理念，树立质量报国之志。

引 例

大国工匠的质量境界

走进国家高级技师高凤林在首都航天机械公司工作的"战场"，"高凤林班组""高凤林技能大师工作室"两个金光闪闪的"金字招牌"十分显眼，折射出它的主人独有的"大国工匠"范儿。全国劳模、航天金牌班组……一张张荣誉证书和获奖照片，凸显了高凤林获得的广泛认可。2016 年，这个荣誉簿上又增加了一项沉甸甸的荣誉——第二届中国质量奖。

技校毕业的高凤林 18 岁进入航天系统，一干就是 36 年。"初入航天大门，师父就给我讲述了航天产品质量的重要性，并将航天质量理念言传身教给我，我一直铭记在心。"回忆起与航天工作的情缘，质量成了高凤林生活中永恒的主题。为了确保焊接产品质量，他不断练习基本功，吃饭时拿筷子都比画着焊接送丝动作，喝水时端着盛满水的缸子练稳定性，休息时举着铁块练耐力，还曾冒着高温观察铁水的流动规律。就这样，他日积月累地积攒出过硬的技能。渐渐地，高凤林日益积攒的能量迸发出来。

高凤林在工作中敢闯敢试，坚持创新突破，无数次将"不可能"变为"可能"。2006 年，由世界 16 个国家和地区参与的反物质探测器项目，因为低温超导磁铁的制造难题陷入了困境。来自国际、国内两批技术专家提出的方案都没能通过美国宇航局主导的国际联盟的评审。一筹莫展时，诺贝尔奖获得者丁肇中教授请高凤林出手相助。高凤林指出已有方案存在重大隐患并陈述了自己的设计方案。高凤林的设计方案最终获得了美国宇航局和国际联盟的认可。

2005 年，高凤林所在的班组被国防邮电工会和航天科技集团公司联合命名为"高凤林班组"，成为航天一院首个以劳模名字命名的班组。2011 年，作为国家人社部首批命名的 50 个技能大师工作室之一——高凤林国家级技能大师工作室正式挂牌，成为实至名归的人才育成基地。

在不断学习的背后，高凤林在自己的质量境界中追逐着质量强国的航天梦、中国梦！

统计过程控制（Statistical Process Control，SPC）是应用统计技术对过程中的各个阶段进行评估和监控，建立并保持过程处于可接受的且稳定的水平，从而保证产品与服务符合规定要求的一种质量管理技术。统计过程控制的出现标志着质量管理从事前转向事后，预防逐渐成为质量管理的基本理念。本章从统计过程控制的产生与概念、主要内容、过程能力分析、控制图等方面进行介绍。

第一节　统计过程控制概述

一、统计过程控制的产生与概念

统计过程控制的产生要追溯到 1924 年，美国贝尔电话实验室的休哈特提出了生产过程使用控制图的建议。1931 年休哈特出版了他的代表作《加工产品质量的经济控制》（*Economical Control of Quality of Manufactured Products*），标志着统计过程控制的开始。1939 年，他的《质量控制中的统计方法》（*Statistical Method from the View-*

point of Quality Control）一书出版。其中，在控制图理论部分，他创造性地把统计技术与工程和经济相结合，采用数理统计分析过程波动及潜在的趋势逐渐在制造过程中得到了应用。

SPC 就是根据产品质量的统计观点，运用数理统计方法对生产制造过程或服务形成过程的数据加以收集、整理和分析，从而了解、预测和监控过程的运行状态和水平。SPC 是一种以预防为主的质量控制手段，目的是将不合格控制在成品成型或服务完成之前。统计过程控制主要解决两个问题：一是过程是否稳定，二是过程能力是否充足。前者可利用控制图来进行监测，后者可通过过程能力分析来完成。控制图理论是 SPC 的中心内容，它是建立在质量波动（也称为变异）基础之上的。

二、统计过程控制的主要内容

统计过程控制是用于检测过程、识别异常原因并在适当的时候发出需要采取纠正措施信号的方法，其主要内容包括：

（一）过程监控和评价

根据过程的不同工艺特点和质量的影响因素，选择适宜的方法对过程进行监控，如采用首件检验、巡回检验和检查及记录工艺参数等方式对过程进行监控；利用质量信息对过程进行预警和评价，如利用控制图对过程波动进行分析、对过程变异进行预警，利用过程性能指数和过程能力指数对过程满足技术要求的程度和过程质量进行评价。

（二）过程分析和控制标准

分析影响质量波动的因素，确定主导因素，并分析主导因素的影响方式、途径和程度，据此明确主导因素的最佳水平，实现过程标准化；确定产品关键的质量特性和影响产品质量的关键过程，建立管理点，编制全面控制计划和控制文件。

（三）过程维护和改进

过程控制通过对过程的管理和分析评价，消除过程存在的异常因素，维护过程的稳定性，对过程进行标准化，并在此基础上，逐渐减小过程的固有变异，实现过程质量的不断提高。

第二节　过程能力分析

一、过程能力

（一）过程能力的概念

过程能力（Process Capability）又称为工序能力，是指处于稳定状态下的过程（或工序）的实际加工能力，也指过程生产出合格产品的能力。它是衡量过程加工内在一致性的指标。

一般用质量特性值的波动范围来描述过程能力，其计算公式为式（10-1）。

$$B = 6\sigma \tag{10-1}$$

式中，B 为过程能力，σ 为质量特性值的标准差。σ 越小，说明过程生产出的产品的质量特性值的波动越小，B 值就越小，过程能力也就越强。σ 越大，B 值就越大，过程能力也就越弱。

（二）过程能力的影响因素

在加工过程中，影响过程能力的因素主要有以下几个方面：（1）操作者，如操作人员的技术水平、熟练程度、质量意识、责任心等；（2）设备，如设备精度的稳定性、性能的可靠性、定位装置和传动装置的准确性、设备的冷却润滑的保护情况、动力供应的稳定程度等；（3）材料，如材料的成分、物理性能与化学性能，配套元器件的质量等；（4）工艺，如工艺流程的安排，过程之间的衔接，工艺方法、工艺装备、工艺参数、测量方法的选择，过程加工的指导文件，工艺卡、操作规范、作业指导书等；（5）环境，如生产现场的温度、湿度、噪声干扰、照明、现场污染程度等。

过程能力是五个因素的综合反映，五个因素对不同行业、不同企业、不同过程的产品质量的影响程度有着明显的差别。起主要作用的因素称为主导因素。例如：对化工企业来说，设备、材料、工艺是主导因素。随着企业的技术改造和管理的改善以及产品质量要求的变化，主导因素也会随之变化。进行过程能力分析，就要抓住主导因素，采取措施，提高过程质量，保证产品质量达到要求。

二、过程能力指数

（一）过程能力指数的概念

过程能力指数（Process Capability Index）是表示过程能力满足过程质量标准（公差）要求程度的量值。质量标准是指加工过程中产品必须达到的质量要求，通常用标准、公差（容差）等来衡量，一般用符号 T 表示。质量标准 T 与过程能力 B 的比值被称为过程能力指数，记为 C_p，其计算公式见式（10-2）。

$$C_p = \frac{T}{B} = \frac{T_U - T_L}{6\sigma} \approx \frac{T_U - T_L}{6s} \tag{10-2}$$

式中，T_U 为质量标准上限，T_L 为质量标准下限，$T = T_U - T_L$，σ 为质量特性值的标准差，s 为样本标准偏差。过程能力指数越大，说明过程能力越能满足技术要求，甚至有一定的储备能力，但不能认为过程能力指数越大，加工精度就越高或者技术要求越低。

上述分析有两个前提条件：一是存在双侧公差，二是质量特性分布中心 μ 和质量标准中心（公差）M 相重合。因此，当上述前提条件发生变化时，过程能力指数的计算公式将发生变化。

（1）当 μ 与 M 有偏移值（记作 ε）时，需要对过程能力指数进行修正，修正后的过程能力指数称为修正过程能力指数，记作 C_{pk}。

（2）当只有单侧公差时，质量特性分布中心与标准的距离就决定了过程能力的大小。只规定上限标准时，过程能力指数记为 C_{pkU}；只规定下限标准时，过程能力指数记为 C_{pkL}。

（二）过程能力指数的计算与举例

由于质量标准可以是双向的，如尺寸公差取 $\phi10\pm0.01$，但也可以是单向的，如轴件不圆度 $\leqslant0.05$mm，零件抗拉强度 $\geqslant40$kg/mm^2，因此在假定质量特性值服从正态分布的前提下，过程能力指数的计算公式与举例如表 10-1 所示。

表 10-1　过程能力指数的计算公式与举例

/	/	图例	计算公式	例题（单位：mm）
质量特性取双向偏差	$\overline{X}$ 与 μ 重合		$C_p \approx \dfrac{T}{6s}$	齿轮内孔尺寸公差 $\phi100^{+0.04}_{0.00}$，抽样后测得内孔均值 $\mu=100.02$，标准差 $s=0.005$ $C_p \approx \dfrac{T}{6s} = \dfrac{100.04-100.00}{6\times0.005} = 1.33$
	$\overline{X}$ 与 μ 不重合		$C_{pk} = (1-k)\dfrac{T}{6s} = \dfrac{T-2\varepsilon}{6s}$ $k = \dfrac{2\varepsilon}{T}$ $\varepsilon = \mid M-\mu\mid$	某零件长度要求 20 ± 0.15，抽样后测得平均长度 $\mu=20.05$，$s=0.05$ $T = T_U - T_L = 20.15 - 19.85 = 0.30$ $\varepsilon = \mid M-\mu\mid = \mid20.00-20.05\mid = 0.05$ $C_{pk} = \dfrac{T-2\varepsilon}{6s} = \dfrac{0.30-2\times0.05}{6\times0.05} = 0.67$
质量特性取单向偏差	给定公差上限		$C_{pkU} = \dfrac{T_U-\mu}{3s}$	某零件要求轴度小于 1.0，抽样后测得平均轴度 $\mu=0.8095$，$s=0.0635$ $C_{pkU} = \dfrac{T_U-\mu}{3s} = \dfrac{1.0-0.8095}{3\times0.0635} = 1.00$
	给定公差下限		$C_{pkL} = \dfrac{\mu-T_L}{3s}$	某材料强度要求不得小于 32kg/mm^2，抽样后测得平均强度 $\mu=38$kg/mm^2，$s=1.8$kg/mm^2 $C_{pkL} = \dfrac{\mu-T_L}{3s} = \dfrac{38-32}{3\times1.8} = 1.11$

μ——表示质量特性分布中心，通常由样本求得

M——表示公差中心

ε——表示绝对偏移量

k——表示相对偏移量或偏移系数

从概率角度分析，对任何一个过程，无论人、机、料、法、测、环（5M1E）的情况多么稳定与理想，都不能绝对保证不产生不合格品，而只能说过程能力指数大小不同，发生不合格的可能性不同。计算出过程能力指数 C_p 之后，可以通过查表 10-2 获得不合格品率的数值。

三、过程不合格品率的计算

当质量特性的分布呈正态分布时，一定的过程能力指数与一定的不合格品率相对应。正态分布不合格品率示意如图 10-1 所示。例如：当 $C_p=1$ 时，即 $B=6\sigma$ 时，质量特性标准的上下限与 $\pm3\sigma$ 重合，由正态分布的概率函数可知，此时的不合格品率为 0.27%。

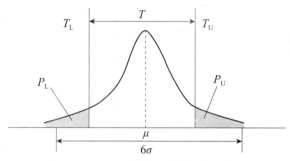

图 10-1　正态分布不合格品率示意图

（一）分布中心和标准中心重合时的情况

首先计算合格品率。由概率分布函数的计算公式可知，在 T_L 和 T_U 之间的分布函数值就是合格品率，其计算公式为式（10-3）。

$$
\begin{aligned}
P(T_L \leqslant x \leqslant T_U) &= \int_{\frac{T_L-\mu}{\sigma}}^{\frac{T_U-\mu}{\sigma}} \frac{1}{\sqrt{2\pi}}\, e^{-\frac{t^2}{2}}\, dt \\
&= \phi\left(\frac{T_U-\mu}{\sigma}\right) - \phi\left(\frac{T_L-\mu}{\sigma}\right) \\
&= \phi\left(\frac{T}{2\sigma}\right) - \phi\left(-\frac{T}{2\sigma}\right) \\
&= \phi(3C_p) - \phi(-3C_p) \\
&= 1 - 2\phi(-3C_p)
\end{aligned}
\tag{10-3}
$$

所以不合格品率的计算公式为式（10-4）。

$$
P = 1 - P(T_L \leqslant x \leqslant T_U) = 2\phi(-3C_p) \tag{10-4}
$$

由式（10-4）可以看出，只要知道 C_p 就可求出该过程的不合格品率。

实例链接 ⋯⋯⋯⋯⋯⋯⋯⋯⋯⋯⋯⋯⋯⋯⋯⋯⋯⋯⋯⋯⋯⋯⋯⋯⋯⋯⋯

求不合格品率 1

当 $C_p=1$ 时，求不合格品率。

解：$P = 2\phi(-3C_p)$

$$= 2\phi(-3)$$
$$= 2 \times [1 - \phi(3)]$$
$$= 2 \times (1 - 0.998\,650)\,[查附表，即标准正态分布函数表，得 \phi(3) = 0.998\,650]$$
$$= 2 \times 0.001\,35$$
$$= 0.27\%$$

实例链接 ···

求不合格品率 2

当 $C_p = 1.2$ 时，求不合格品率。

解：$P = 2\phi(-3C_p)$
$$= 2\phi(-3 \times 1.2)$$
$$= 2\phi(-3.6)$$
$$= 2 \times [1 - \phi(3.6)]$$
$$= 2 \times (1 - 0.999\,8)\,[查附表，即标准正态分布函数表，得 \phi(3.6) = 0.999\,8]$$
$$= 2 \times 0.000\,2$$
$$= 0.04\%$$

由不合格品率的公式及求不合格品率 1 和求不合格品率 2 的实例链接可知，C_p 增大时，不合格品率下降；当 C_p 减小时，不合格品率上升。

（二）分布中心和标准中心不重合时的情况

分布中心和标准中心不重合时的情况如图 10 - 2 所示。

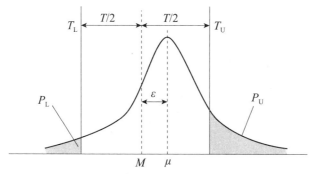

图 10 - 2　分布中心和标准中心不重合示意图

首先计算合格品率，其计算公式为式（10 - 5）。

$$P(T_L \leqslant x \leqslant T_U) = \int_{\frac{T_L - \mu}{\sigma}}^{\frac{T_U - \mu}{\sigma}} \frac{1}{\sqrt{2\pi}}\, e^{-\frac{t^2}{2}}\, dt$$
$$= \phi\left(\frac{T_U - \mu}{\sigma}\right) - \phi\left(\frac{T_L - \mu}{\sigma}\right)$$

$$= \phi\left(\frac{T_U - M}{\sigma} - \frac{\mu - M}{\sigma}\right) - \phi\left(\frac{T_L - M}{\sigma} - \frac{\mu - M}{\sigma}\right)$$

$$= \phi\left(\frac{T}{2\sigma} - \frac{\varepsilon}{\sigma}\right) - \phi\left(-\frac{T}{2\sigma} - \frac{\varepsilon}{\sigma}\right)$$

$$= \phi\left(3C_p - \frac{\varepsilon}{\sigma}\right) - \phi\left(-3C_p - \frac{\varepsilon}{\sigma}\right)$$

$$= \phi(3C_p - 3kC_p) - \phi(-3C_p - 3kC_p)$$

$$= \phi[3C_p(1-k)] - \phi[-3C_p(1+k)] \qquad (10-5)$$

所以不合格品率的计算公式为式（10-6）。

$$P = 1 - P(T_L \leqslant x \leqslant T_U) = 1 - \phi[3C_p(1-k)] + \phi[-3C_p(1+k)] \quad (10-6)$$

实例链接 ···

求不合格品率 3

已知某零件尺寸要求为（50±1.5）毫米，抽样后测得平均尺寸 $\mu = 50.6$，$s = 0.5$，求该零件的不合格品率。

解：$C_p \approx \dfrac{T}{6s} = \dfrac{51.5 - 48.5}{6 \times 0.5} = 1.0$

$k = \dfrac{2\varepsilon}{T} = \dfrac{2 \times |50 - 50.6|}{51.5 - 48.5} = \dfrac{1.2}{3} = 0.4$

$P = 1 - \phi[3C_p(1-k)] + \phi[-3C_p(1+k)]$

$\quad = 1 - \phi[3 \times 1.0 \times (1 - 0.4)] + \phi[-3 \times 1.0 \times (0 + 0.4)]$

$\quad = 1 - \phi(1.8) + \phi(-4.2)$

$\quad = 1 - \phi(1.8) + [1 - \phi(4.2)]$

$\quad = 1 - 0.964\,070 + (1 - 0.999\,987)$ ［查附表，即标准正态分布函数表，得 $\phi(1.8) = 0.952\,540$，$\phi(4.2) = 0.999\,534$］

$\quad = 0.035\,943$

$\quad \approx 3.59\%$

实例链接 ···

求不合格品率 4

已知某零件尺寸要求为 $\phi 6^{+0.05}_{-0.10}$，抽样后测得平均尺寸 $\mu = 6.05$，$s = 0.005$，过程能力指数 $C_p = 1.5$，$k = 0.6$，$C_{pk} = 0.5$，求该零件的不合格品率。

解：$P = 1 - \phi[3C_p(1-k)] + \phi[-3C_p(1+k)]$

$\quad = 1 - \phi[3 \times 1.5 \times (1 - 0.6)] + \phi[-3 \times 1.5 \times (1 + 0.6)]$

$\quad = 1 - \phi(1.8) + \phi(-7.2)$

$\quad = 1 - \phi(1.8) + [1 - \phi(7.2)]$

$\quad = 1 - 0.964\,070 + (1 - 1)$ ［查附表，即标准正态分布函数表，得 $\phi(1.8) = 0.964\,070$，而 $\phi(7.2) \approx 1$］

$$=0.035\ 930$$
$$\approx3.59\%$$

（三）查表法

上文介绍了根据过程能力指数 C_p 和相对偏移量（系数）k 来计算不合格品率。为了应用方便，可根据 C_p 和 k 求总体不合格品率的数值表（C_p-k-P 数值表法，见表 10-2）求不合格品率 P。

表 10-2 C_p-k-P 数值表　　　　单位：%

k / C_p	0.00	0.04	0.08	0.12	0.16	0.20	0.24	0.28	0.32	0.36	0.40	0.44	0.48	0.52
0.50	13.36	13.43	13.64	13.99	14.48	15.10	15.86	16.75	17.77	18.92	20.19	21.58	23.09	24.71
0.60	7.19	7.26	7.48	7.85	8.37	9.03	9.85	10.81	11.92	13.18	14.59	16.81	17.85	19.69
0.70	3.57	3.64	3.83	4.16	4.63	5.24	5.99	6.89	7.94	9.16	10.55	12.10	13.84	15.74
0.80	1.64	1.69	1.89	2.09	2.46	2.94	3.55	4.31	5.21	6.28	7.53	8.98	10.62	12.48
0.90	0.69	0.73	0.83	1.00	1.25	1.60	2.05	2.62	3.34	4.21	5.27	6.53	8.02	9.75
1.00	0.27	0.29	0.35	0.45	0.61	0.84	1.14	1.55	2.07	2.75	3.59	4.65	5.94	7.49
1.10	0.10	0.11	0.14	0.20	0.29	0.42	0.61	0.88	1.24	1.74	2.39	3.23	4.31	5.66
1.20	0.03	0.04	0.05	0.08	0.13	0.20	0.31	0.48	0.72	1.06	1.54	2.19	3.06	4.20
1.30	0.01	0.01	0.02	0.03	0.05	0.09	0.15	0.25	0.40	0.63	0.96	1.45	2.13	3.06
1.40	0.00	0.00	0.01	0.01	0.02	0.04	0.07	0.13	0.22	0.36	0.59	0.93	1.45	2.10
1.50			0.00	0.00	0.01	0.02	0.03	0.06	0.11	0.20	0.35	0.59	0.96	1.54
1.60				0.00	0.01	0.01	0.03	0.06	0.11	0.20	0.36	0.63	1.07
1.70					0.00	0.01	0.01	0.03	0.06	0.11	0.22	0.40	0.72
1.80						0.00	0.01	0.01	0.03	0.06	0.13	0.25	0.48
1.90							0.00	0.01	0.01	0.03	0.07	0.15	0.31
2.00								0.00	0.01	0.02	0.04	0.09	0.20
2.10									0.00	0.01	0.02	0.05	0.18
2.20										0.00	0.01	0.03	0.08
2.30											0.01	0.02	0.05
2.40											0.00	0.01	0.03
2.50												0.01	0.02
2.60												0.00	0.01
2.70													0.01
2.80													0.00

实例链接 --

求不合格品率5

已知某零件尺寸要求为（50±1.5）mm，抽样后测得平均尺寸 $\mu = 50.6$，$s = 0.5$，求零件的不合格品率。

解：$C_p \approx \dfrac{T}{6s} = \dfrac{51.5 - 48.5}{6 \times 0.5} = 1.0$

$k = \dfrac{2\varepsilon}{T} = \dfrac{2 \times |50 - 50.6|}{51.5 - 48.5} = \dfrac{1.2}{3} = 0.40$

查 $C_p - k - P$ 数值表（见表 10-2），$C_p = 1.0$，$k = 0.40$ 相交处查出对应的 P 为 3.59%。

这与求不合格品率3计算出来的数值是完全相同的，故在实际工作中采用查表法是比较快捷的。

四、过程能力分析概述

（一）过程能力的判定

当求出过程能力指数后，就可以对过程能力是否充分做出分析和判定，即判断 C_p 为多少时，才能满足设计要求。

（1）根据过程能力指数的计算公式，如果质量特性分布中心与标准中心重合，这时 $k = 0$，则标准界限范围是 $\pm 3\sigma$（即 6σ）。这时的过程能力指数 $C_p = 1$，可能出现的不合格品率为 0.27%，这种过程能力基本满足设计质量要求。

（2）如果标准界限范围是 $\pm 4\sigma$（即 8σ），且 $k = 0$，则过程能力指数为 $C_p = 1.33$，这时的过程能力不仅能满足设计质量要求，而且有一定的富余能力，这种过程能力状态是理想的状态。

（3）如果标准界限范围是 $\pm 5\sigma$（即 10σ），且 $k = 0$，则过程能力指数为 $C_p = 1.67$，这时过程能力有更多的富余，即过程能力非常充分。

（4）当过程能力指数 $C_p < 1$ 时，认为过程能力不足，应采取措施提高过程能力。

根据以上分析，过程能力指数 C_p（或 C_{pk}）的判断标准如表 10-3 所示。

表 10-3　过程能力的判断标准及可能采取的措施表

C_p 界限	等级	判断结论	可能采取的措施
$C_p \geqslant 1.67$	I	过程能力过高（应视具体情况而定）	• 缩小公差范围，提高产品质量 • 放宽波动幅度，提高效率、降低成本 • 改用精度等级低的设备 • 简化检验工作，减少样本量或抽样品次
$1.67 > C_p \geqslant 1.33$	II	过程能力充分，表示技术管理能力已经很好，应继续维持	• 放宽非关键项目的波动幅度 • 降低对原材料的要求 • 简化检验工作

续表

C_p 界限	等级	判断结论	可能采取的措施
$1.33 > C_p \geqslant 1.00$	Ⅲ	过程能力较差，表示技术管理能力较勉强，应设法提高为Ⅱ级	● 利用控制图或其他方法监控 ● 正常检验
$1.00 > C_p \geqslant 0.67$	Ⅳ	过程能力不足，表示技术管理能力已经很差，应采取措施立即改善	● 分析分散度大的原因，制定措施改进 ● 不影响质量的前提下，放宽公差 ● 加强检验
$C_p < 0.67$	Ⅴ	过程能力严重不足，表示应采取紧急措施和全面检查，必要时可停工整顿	● 停止加工，查找原因，改进工艺 ● 更换设备 ● 全检，挑出不合格品

（二）提高过程能力指数的途径

在实际的过程能力调查中，过程能力分布中心与标准中心完全重合的情况是很少的，大多数情况下存在一定量的偏差。所以在分析过程能力时，计算的过程能力指数一般采用修正过程能力指数。从修正过程能力指数的计算公式可以看出，有 3 个影响过程能力指数的变量，即偏移量、过程质量特性分布的标准差 s 和质量标准容差。因此，要提高过程能力有 3 个途径：减小偏移量、降低分散程度和修订标准范围。

1. 减小偏移量

当过程存在偏移量时，会严重影响过程能力指数。假设在两个中心重合时过程能力指数是充足的，但由于存在偏移量，过程能力指数下降，造成过程能力严重不足。通过调整过程加工分布中心，可以减小偏移量，进而提高过程能力指数。

2. 降低分散程度

由过程能力指数的计算公式可以看出，降低分散程度（即减小标准差），可以提高过程能力指数。可通过以下措施降低分散程度：（1）修订操作规程优化工艺参数，补充或增添中间过程，推广应用新工艺、新技术；（2）改造或更新与产品质量标准要求相适应的设备，对设备进行周期性检查，按计划进行维护，从而保证设备的精度；（3）提高工具、工艺装备的精度，对大型工艺装备进行周期性检查，加强维护保养，以保证工装的精度；（4）按产品质量要求和设备精度要求来保证环境条件；（5）加强人员培训，提高操作者的技术水平和质量意识；（6）加强现场质量控制，设置关键、重点过程的过程管理点，开展质量控制小组活动，使过程处于控制状态。

3. 修订标准范围

标准范围的大小直接影响对过程能力的要求，当确信若降低标准要求或放宽公差范围不致影响产品质量时，就可以修订不切实际的现有公差的要求。这样既可以提高过程能力指数，又可以提高劳动生产率。但必须以切实不影响产品质量、不影响用户使用效果为前提。

第三节 控制图

一、控制图概述

（一）控制图的概念

控制图是统计过程控制最主要的统计技术，是对过程质量特性值进行测定、记录、收集、分析和评估，从而监测过程是否处于稳定状态的一种用统计方法设计的图，利用它可以区分质量波动究竟是由随机因素还是系统因素造成的。

运用控制图的目的之一就是，通过观察控制图上产品质量特性值的分布状况，分析和判断生产过程是否发生了异常，一旦发现异常就要及时采取必要的措施加以消除，使生产过程恢复稳定状态。控制图也可以用来使生产过程达到统计控制的状态。

（二）控制图的结构

控制图的基本结构是在直角坐标系中画三条平行于横轴的直线，中间一条实线为中心线，上、下两条虚线分别为上、下控制限。横轴表示按一定时间间隔抽取样本的次序，纵轴表示根据样本计算的、表达某种质量特征的统计量的数值，由相继取得的样本算出的结果，在图上标为一连串的点，将它们用线段连接起来，如图 10-3 所示。

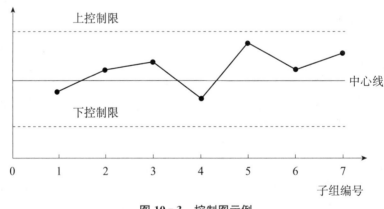

图 10-3 控制图示例

图 10-3 中横坐标是以时间先后排列的子组编号，纵坐标为质量特性值或样本统计量。两条控制限线一般用虚线表示，上面一条称为上控制限（Upper Control Limit，U_{CL}），下面一条称为下控制限（Lower Control Limit，L_{CL}），中心线（Central Line，CL）用实线表示。

控制图的优点之一是将图中所描绘的点与控制限线相比较，能够直观地看到产品或服务的质量变化。若点落在两条控制限线之间，且是随机排列的，则表明生产过程仅有随机误差存在，生产基本正常，处于统计控制状态，此时对生产过程可不必干预；若点落在两条控制限线之外或在两条控制限线内的排列是非随机的，则表明生产过程中存在系统性原因导致的系统误差，生产已处于非统计控制状态，此时必须采取措施使生产恢复正常。这样用控制图对生产过程不断进行监控，能够对系统性原因的出现及时做出警告，起到预防作用。

（三）控制图的分类

1. 按质量特性值的数据种类划分

按质量特性值的数据种类不同，控制图分为两类：计量控制图和计数控制图。这两类控制图的区别如表 10-4 所示。

表 10-4 控制图的种类与适用场合

控制图类别	控制图名称	控制图符号	适用场合	理论依据
计量控制图	均值与极差控制图	$\overline{X}-R$ 图	• $\overline{X}$ 图用于分析和控制过程集中趋势（μ），R 图用于分析和控制离散程度（σ），$\overline{X}-R$ 联合用于观察分布的变化 • 适用于大批量、稳定、正常的过程且 $n<10$ 的情况 • 预备数据可以合理分组	正态分布
	均值与标准差控制图	$\overline{X}-s$ 图	• 当样本量 $n\geqslant10$ 时，s 图代替 R 图，其他与 $\overline{X}-R$ 图相同，只是计算复杂，但检出能力高	
	单值与移动极差控制图	$X-R_m$ 图	• 此图中的 R 为移动极差，是相邻两个数据之差的绝对值 • 适用于采用自动化检查、产品进行全检的场合；取样费时、昂贵的场合；样品均匀（如散料）、多抽样无意义的场合；检验是破坏性的等场合 • 作用与 $\overline{X}-R$ 图相同，但不如前面两种控制图检出能力高	
计数控制图	不合格品率控制图（样本量不同）	p 图	• 适用于计件值数据但计算量大，控制线凹凸不平，如不合格品率与合格品率、交货延迟率等 • 利用样本不合格品率，分析控制过程的不合格品率	二项分布
	不合格品数控制图（样本量相同）	np 图	• 适用于计件值数据，计算简便，控制对象为不合格品数的场合 • 用于分析和控制过程不合格品数	
	单位产品不合格数控制图（样本量不同）	u 图	• 适用于计点值数据，样本大小受化时，平均每单位的不合格数，但计算量大，控制线凹凸不平 • 利用样本的单位不合格，分析和控制过程的单位不合格数	泊松分布
	不合格数控制图（样本量相同）	c 图	• 适用于计点值数据，计算简便，样品单位一定 • 利用样本的不合格数，分析和控制过程的不合格数	

图 10-4 给出了在各种给定情形下如何选择适用的控制图。

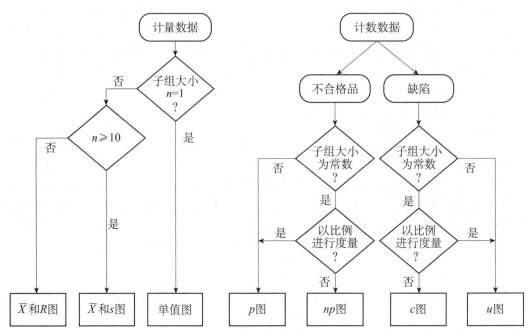

图 10-4 控制图的类型选择

这两类控制图的作用虽然都是分析和控制生产过程的稳定性，预防不合格品的产生，但在使用时各有优缺点，其比较如表 10-5 所示。

表 10-5 计量控制图与计数控制图的比较

比较项目	计量控制图	计数控制图
控制对象	● 关键过程 ● 主要零部件的主要特性值 ● 生产过程中产品质量薄弱环节	● 一般过程或检验地点品种多，对整个产品质量影响小 ● 成本不高的场合
发现异常敏感性	强	弱
适用质量特性值种类	计量值	● 计量值需转化成计数值 ● 计数值
取得数据资料	● 专门收集 ● 费用高	● 利用原始凭证、数据、统计资料 ● 费用低
提供信息	详尽	粗略

2. 按用途划分

按用途不同，控制图也可分为两类：分析用控制图和控制（管理）用控制图。

（1）分析用控制图。分析用控制图主要用来分析过程是否处于统计状态，过程能力是否适宜。若发现异常（过程失控或过程能力不足），则应找出原因，采取措施，使过程达到稳定。只有过程处于稳态后，才可将分析用控制图的控制限延长作为控制用控制图。

（2）控制（管理）用控制图。控制（管理）用控制图由分析用控制图转化而来，用于使过程保持稳态，预防不合格的产生。控制用控制图的控制限来自分析用控制图，不必随时计算。当影响过程质量波动的原因发生变化或质量水平已有明显改善时，应及时用分析用控制图计算出新的控制线。

二、控制图的统计学原理

（一）3σ 原理

在生产过程中，仅有随机性因素存在时，产品质量特性值 X 会形成某种确定的典型分布，如正态分布。当出现系统性原因时，X 就偏离原来的典型分布了。可以通过统计学中假设检验的方法及时发现这种分布的偏离，从而据以判断系统性原因是否存在。下面以 X 服从正态分布为例加以说明。

设当生产不存在系统性原因时，$X \sim N(\mu, \sigma)$，则 $P(\mu-3\sigma<X<\mu+3\sigma)=0.9973$，质量特性值分布示意如图 10-3 所示，$X$ 落在两条虚线外的概率之和只有 0.27%，即 1 000 个样品（数据）中，平均有 3 个数据超出分布范围，有 997 个落在 $(\mu-3\sigma, \mu+3\sigma)$ 之中。如果从处于统计控制状态的生产中任意抽取一个样品，可以认为 X 一定在分布范围 $(\mu-3\sigma)\sim(\mu+3\sigma)$ 之中，而认为出现在分布范围之外是不可能的，这就是 3σ 原理。

现在按加工次序每隔一定时间抽取一个样品，如果生产仍然只受到随机性因素的影响，那么被抽取的产品质量特性仍服从原来的正态分布，该产品质量特性值落在图 10-3 两条虚线外几乎是不可能的。如果某一产品质量特性值落到了两条虚线外，则这种可能性只有 0.27%。这是个很小的概率，出现这样概率的事件称为小概率事件。概率统计理论认为，小概率事件在一次试验中是不会发生的，现在发生了，说明原来的分布出现了较大的变化。超出上控制限不是偶然的现象，它是分布逐渐变化的结果。分布之所以变化，是因为生产过程出现了系统性问题。

系统性问题不只是影响超出上限的点，也会影响其他点，只不过超出上限的点较为突出罢了。这时超过上下控制限的面积不再是 0.27%，可能是百分之几或者更大，点落在虚线外的可能性大大增加了。因此，可以认为当点落到上下限外时，表明生产过程出现了系统性问题，已处于失控状态，必须追查具体的技术原因，采取措施，使生产恢复到控制状态。

一般来说，在 3σ 原理中，在一次试验中，如果样品出现在分布范围 $(\mu-3\sigma)\sim(\mu+3\sigma)$ 的外面，则认为生产处于非控制状态。习惯上把 $\mu-3\sigma$ 定为下控制限，把 $\mu+3\sigma$ 定为上控制限，把 μ 定为中心线（中线）。这样得到的控制图称为 3σ 原理的控制图，也称为休哈特控制图。

（二）两类错误及控制限的确定

1. 两类错误

应用控制图判断生产是否稳定，实际上是进行统计推断。既然是统计推断，就可能出现两类错误。

（1）第一类错误。第一类错误是虚发警报（False Alarm）。将正常判为异常，即生产仍处于统计控制状态，但由于随机性因素的影响，点超出控制限，虚发警报将生产误判为出现了异常。例如：上述处于控制状态的样品有可能落在 $\mu \pm 3\sigma$ 控制限线以外，其概率为 0.27%，即犯错误的可能性在 1 000 次中约有 3 次。犯这类错误的概率称为第 I 类风险，记作 α。

（2）第二类错误。第二类错误是漏发警报（False Missing）。将异常判为正常，生产已经变化为非统计控制状态，但点没有超出控制限，而将生产误判为正常，这是漏发警报。把犯第二类错误的概率记作 β。一般而言，由于此时失控后的生产过程所服从的分布状态未知，因此在统计上 β 很难计算。

2. 控制限的确定

孤立地看，哪类错误都可以缩小，甚至避免，但是要同时避免两类错误是不可能的。显然，放宽控制限可以减少第一类错误。例如：将范围从 $\mu \pm 3\sigma$ 扩大到 $\mu \pm 5\sigma$，则有 $P(\mid X - \mu \mid \leqslant 5\sigma) = 99.999\ 9\%$，$P(\mid X - \mu \mid > 5\sigma) = 0.000\ 1\%$。此时 $\alpha = 0.000\ 1\%$，即 100 万次约有 1 次犯第一类错误。但是，由于将界限从 3σ 扩大到 5σ，因此使第二类错误增大，即 β 增大。如果压缩控制限，则可以减少犯第二类错误的概率 β，但会增加犯第一类错误的概率 α。

一般来说，当样本大小为定数时，α 越小 β 则越大，反之亦然。因此，控制图控制限的合理确定，应以两类错误所造成的总损失最小为原则。实践证明，能使两类错误总损失最小的控制限幅度大致为 3σ，因此选取 $\mu \pm 3\sigma$ 作为上下控制限是经济合理的。

三、控制图的分析准则

（一）判稳准则

若生产过程中只存在偶然因素而不存在异常因素对过程的影响状态，这种状态称为统计控制过程状态或稳定状态，简称稳态。控制图同时具备以下两个条件则被判定为稳态。

1. 控制图上的点不超过控制限或正好在控制限上

下述 3 种情况可以认为符合该条件：（1）连续 25 点都在控制限内；（2）连续 35 点中仅有 1 点超出控制限或在控制限上；（3）连续 100 点中不多于 2 点超出控制限或在控制限上。

2. 控制图上的点排列分布没有缺陷

这个条件指的是控制图上控制限内的点随机排列，即不存在排列不随机现象。

（二）判异准则

控制图上的点依样本时间序列而出现在控制图上，通常是很随机地散布在控制限内。有时点虽未超出控制限，但一连串好几个点都在控制图的中心线以上或点呈现周期性变化时，则认为出现了异常。

控制图上的非随机模式可能表明过程均值或过程波动性发生了细微变化，这些变化可能不够大，不足以使点落在控制限外，快速地显示过程出现的变化。因此，需要对控制图上非随机模式非常警觉。图 10 - 5 给出了识别可查明原因的常用判异准则——八种典型检验模式。为了应用这些判异准则（检验模式），控制图在中心线的两侧等分成三个区域 A、B 和 C，每个区域的宽度为 1 个 σ。这样的区域划分使分析人员能够轻松地检测出偏离稳定过程的判异准则（检验模式）。

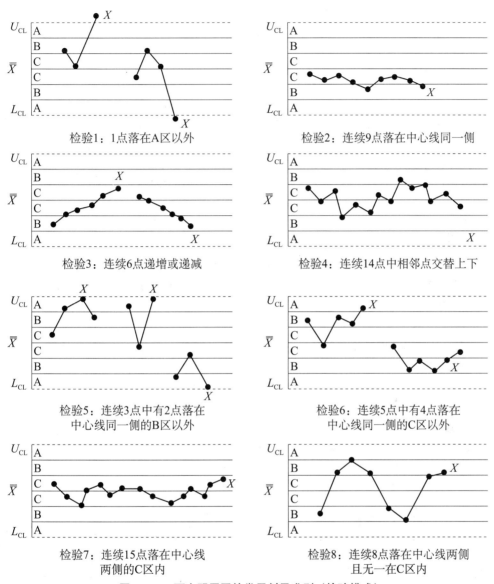

检验1：1点落在A区以外

检验2：连续9点落在中心线同一侧

检验3：连续6点递增或递减

检验4：连续14点中相邻点交替上下

检验5：连续3点中有2点落在中心线同一侧的B区以外

检验6：连续5点中有4点落在中心线同一侧的C区以外

检验7：连续15点落在中心线两侧的C区内

检验8：连续8点落在中心线两侧且无一在C区内

图 10-5　可查明原因的常用判异准则（检验模式）

1. 检验 1

1 点落在 A 区以外。该模式（准则）可对参数 μ 或 σ 的变化给出信号，变化越大，则给出信号越快。发生点超出控制限的情况，则说明生产过程中出现了异常变化，即处于失控状态。点超出上控制限说明均值增大，超出下控制限说明均值减小。

2. 检验 2

连续 9 点落在中心线同一侧。该模式（准则）是为了补充模式 1 而设计的，以改进控制图的灵敏度。出现这种现象的主要原因是过程平均值 μ 减小。当然，若过程平均值 μ 增加，9 点链也可以出现在中心线之上。

3. 检验 3

连续 6 点递增或递减。该模式（准则）是针对过程平均值的趋势进行设计的，它判定过程平均值的趋势比检验 2 更为灵敏。产生趋势的原因可能是工具逐渐磨损、维修水平逐渐降低、操作人员技能的逐渐提高等。

4. 检验 4

连续 14 点中相邻点交替上下。出现该模式（准则）的原因是轮流使用两台设备或由两位操作人员轮流进行操作而引起的系统效应。在采用多头秤加快包装速度的场合也有类似的情况。实际上，这就是一个数据分层不够的问题。

5. 检验 5

连续 3 点中有 2 点落在中心线同一侧的 B 区以外。该模式（准则）对于变异的增加也较灵敏。需要说明的是，该模式（准则）中所谓的 3 点中的 2 点可以是任何 2 点，第 3 点可以在任何处，甚至可以根本不存在。

6. 检验 6

连续 5 点中有 4 点落在中心线同一侧的 C 区以外。与检验 5 类似，这里的第 5 点可在任何处。本模式（准则）对于过程平均值的偏移也是较灵敏的。出现该模式（准则）的现象是由于参数 μ 发生了变化。

7. 检验 7

连续 15 点落在中心线两侧的 C 区内。出现该模式（准则）的现象是由于参数 σ 变小。该模式（准则）的主要问题是其非随机性，可能是数据虚假或数据分层不够等原因造成的。

8. 检验 8

连续 8 点落在中心线两侧且无一在 C 区内。造成该模式（准则）现象的主要原因是数据分层不够，本模式（准则）就是为此而设计的。

四、计量控制图及其应用

（一）计量控制图概述

计量控制图是指描点所用统计量是连续尺度的常规控制图。所有计量控制图在应用中都假定质量特性的分布是正态分布，一旦偏离该假设，就会影响控制图的性能，用于计算控制限的因子都是基于正态性假设得到的。由于大多数控制限被用作决策时的经验性指导，因此对正态分布的微小偏离不必关注。同时，即使单个观测值不服从正态分布，中心极限定理也会使均值趋于正态分布，这就使得 $\overline{X}$ 图的正态性假设是合理的，即使对于子组大小为 4 或 5 的情形。当要进行过程能力分析而面对单个观测值的处理时，数据分布的真实状况则很重要。对该假设持续有效、定期进行检查是明智的，尤其是确保所使用的数据来自单个总体。需要指出的是，极差和标准差的分布不是正态分布。虽然极差图与标准差图需要使用正态性假设来确定控制限的因子，但是即使过程数据不完全服从正态性假设，也可使用这些控制图进行经验决策。

计量控制图根据散布（过程波动）和位置（过程均值）来描述过程数据。有鉴于此，计量控制图总是成对地出现并加以分析，即一张控制散布的控制图和一张控制位置的控制图。首先分析控制散布的控制图，因为它为过程标准差的估计提供了理论依据。其次，过程标准差的估计结果可用于设定控制位置的控制图的控制限。每张控制图都要使用控制限，它们可能是基于样本数据估计得到的，也可能是基于给定的过程参数得到的。

（二）计量控制图控制限的计算公式

《控制图　第2部分：常规控制图》（GB/T 17989.2—2020）给出了计量控制图每张控制图的控制限的计算公式和因子，如表10-6和表10-7所示。

表10-6　计量控制图控制限的计算公式

统计量	估计得到的控制限		可预先确定的控制限	
	中心线	U_{CL}和L_{CL}	中心线	U_{CL}和L_{CL}
均值$\overline{X}$	$\overline{\overline{X}}$	$\overline{\overline{X}}\pm A_2\overline{R}$或$\overline{\overline{X}}\pm A_3\overline{s}$	μ_0	σ_0
极差R	$\overline{R}$	$D_4\overline{R}$，$D_3\overline{R}$	$d_2\sigma_0$	$D_2\sigma_0$，$D_1\sigma_0$
标准差s	$\overline{s}$	$B_4\overline{s}$，$B_3\overline{s}$	$c_4\sigma_0$	$B_6\sigma_0$，$B_5\sigma_0$
单值X	$\overline{X}$	$\overline{X}\pm 2.660\overline{R}_m$	μ_0	$\mu_0\pm 3\sigma_0$
移动极差R_m	$\overline{R}_m$	$3.267\overline{R}_m$，0	$1.128\sigma_0$	$3.868\sigma_0$，0

注1：μ_0和σ_0为预先给定的值。
注2：$\overline{R}_m$表示相邻观测值之间移动极差的平均值。

表10-7　计量控制图控制限的因子

子组大小 n	控制限因子												中心线因子	
	$\overline{X}$图			s图					R图*				使用s*	使用R*
	A	A_2	A_3	B_3	B_4	B_5	B_6	D_1	D_2	D_3	D_4		C_4	d_2
2	2.121	1.880	2.659	—	3.267	—	2.606	—	3.686	—	3.267		0.797 9	1.128
3	1.732	1.023	1.954	—	2.568	—	2.276	—	4.358	—	2.575		0.886 2	1.693
4	1.500	0.729	1.628	—	2.266	—	2.088	—	4.698	—	2.282		0.921 3	2.059
5	1.342	0.577	1.427	—	2.089	—	1.964	—	4.918	—	2.114		0.940 0	2.326
6	1.225	0.483	1.287	0.030	1.970	0.029	1.874	—	5.079	—	2.004		0.951 5	2.534
7	1.134	0.419	1.182	0.118	1.882	0.113	1.806	0.205	5.204	0.076	1.924		0.959 4	2.704
8	1.061	0.373	1.099	0.185	1.815	0.179	1.751	0.388	5.307	0.136	1.864		0.965 0	2.847
9	1.000	0.337	1.032	0.239	1.761	0.232	1.707	0.547	5.394	0.184	1.816		0.969 3	2.970
11	0.905	0.285	0.927	0.321	1.679	0.313	1.637	0.811	5.535	0.256	1.744		0.975 4	3.173
12	0.866	0.266	0.886	0.354	1.646	0.346	1.610	0.923	5.594	0.283	1.717		0.977 6	3.258
13	0.832	0.249	0.850	0.382	1.618	0.374	1.585	1.025	5.647	0.307	1.693		0.979 4	3.336

续表

子组大小 n	控制限因子											中心线因子	
	$\overline{X}$图			s图				R图*				使用 s*	使用 R*
14	0.802	0.235	0.817	0.406	1.594	0.399	1.563	1.118	5.696	0.328	1.672	0.981 0	3.407
15	0.775	0.223	0.789	0.428	1.572	0.421	1.544	1.203	57.40	0.347	1.653	0.982 3	3.472
16	0.750	0.212	0.763	0.448	1.552	0.440	1.526	1.282	5.782	0.363	1.637	0.983 5	3.532
17	0.728	0.203	0.739	0.466	1.534	0.458	1.511	1.356	5.820	0.378	1.622	0.984 5	3.588
18	0.707	0.194	0.718	0.482	1.518	0.475	1.496	1.424	5.856	0.391	1.609	0.985 4	3.640
19	0.688	0.187	0.698	0.497	1.503	0.490	1.483	1.489	5.889	0.404	1.596	0.986 2	3.689
20	0.671	0.180	0.680	0.510	1.490	0.504	1.470	1.549	5.921	0.415	1.585	0.986 9	3.735
21	0.655	0.173	0.663	0.523	1.477	0.516	1.459	1.606	5.951	0.425	1.575	0.987 6	3.778
22	0.640	0.167	0.647	0.534	1.466	0.528	1.448	1.660	5.979	0.435	1.567	0.988 2	3.819
23	0.626	0.162	0.633	0.545	1.455	0.539	1.438	1.711	6.006	0.443	1.557	0.988 7	3.858
24	0.612	0.157	0.619	0.555	1.445	0.549	1.429	1.759	6.032	0.452	1.548	0.989 2	3.895
25	0.600	0.153	0.606	0.565	1.435	0.559	1.420	1.805	6.056	0.459	1.541	0.989 6	3.931

* 子组大小 $n > 10$ 时，不做推荐。

（三）计量控制图的控制程序

下面介绍的控制程序适用于 $\overline{X}$ 图、s 图和 R 图，其他控制图也可使用类似的程序，包括合理子组不适用的单值（X）控制图。

1. 收集初步数据

从处于标准操作条件下的过程中收集合理子组的初步数据。计算每个子组的 s（或R）。计算子组统计量的平均值（$\bar{s}$ 或 $\overline{R}$）。通常，最少要采集 25 个初始子组，以确保对过程波动性的可靠估计（$\bar{s}$ 或 $\overline{R}$），随后确定控制限。

休哈特的核心思想是将观测值划分为"合理子组"，这是控制图的基础。考虑将观测值分成子组，使得子组内的波动仅由偶然原因造成，子组之间的波动主要由控制图意图检测的可查明原因造成。这取决于一些技术知识，以及对过程条件和数据采集条件的熟悉程度。

2. 检查 s（或R）图

计算并绘制 s（或 R）图的试验中心线和控制限。对比试验控制限，观察图上的数据点，看看是否有落在控制限外的点以及不常见的趋势或模式存在。对于控制图发出的每个警报，分析生产过程，尝试去识别和剔除可查明原因。

s 图和 R 图的抽样分布关于均值是不对称的。然而，为了 s 图和 R 图能够简单且易于构建，3σ 对称控制限的设置被广泛采用。当计算得到的下控制限为负值时，下控制限被设定为 0。如果某失控点的可查明原因无法识别，则保留该失控点用于控制限的计算。

3. 剔除可查明原因并修改控制图

剔除所有被已识别可查明原因影响的子组，然后重新计算修改后的中心线和控制限，并绘制控制图。检查控制图，与修改后的控制限相对比，确定所有剩余的数据点是否显示过程处于统计控制状态。如有必要，重复识别随后重新计算的步骤，确保至少有 2/3 的子组被保留。如有必要，补充收集更多的子组。

4. 检查 $\overline{X}$ 图

一旦对标准差（或极差）的分析发现，过程处于统计控制状态，过程波动性（组内波动）被认为是稳定的，就可以对平均值进行分析，以检查过程的中心位置是否随时间变化。计算并绘制 $\overline{X}$ 图的中心线和控制限。对比控制限，观察图上的数据点，看看是否有落在控制限外的点以及不常见的趋势或模式存在。剔除可查明原因已经被识别的失控点，重新计算修改后的中心线和控制限，并绘制控制图。检查控制图，与修改后的控制限相对比，确定所有剩余的数据点是否显示过程处于统计控制状态。如有必要，重复识别随后重新计算的步骤。

构造 s（或 R）图时所有被剔除的子组，在构造 $\overline{X}$ 图时也应被剔除。剔除失控条件所对应子组，以确保得到的控制限能够反映仅由偶然原因带来的过程波动。确定控制限时，不能被剔除的失控条件在绘制的控制图上要有所体现，以便为深入了解过程行为和辅助调查提供重要线索。

5. 持续检测过程

若控制图不再有警报发出，过程处于统计控制状态，就可采用这些修订后的控制限对未来的过程进行持续监测。由于过程已经被证明处于统计控制状态，因此在控制阶段当更多的子组被采集时，无须改变控制限。当然，无论何时过程发生变化，控制限都需要进行调整。

倘若控制图发出警报、可查明原因被识别且消除该可查明原因需要对过程进行重大改变，那么，可能需要开展上述 1～4 所描述的识别/重复计算的过程，重新建立对过程的控制。

（四）计量控制图应用举例

《控制图 第 2 部分：常规控制图》（GB/T 17989.2—2020）给出了计量控制图的多个应用示例，主要包括：①计量控制图的 $\overline{X}$ 图和 R 图——μ 和 σ 未知；②计量控制图的 $\overline{X}$ 图和 s 图——根据以往的生产数据，给定 μ 和 σ；③计量控制图的单值和移动极差控制图——μ 和 σ 未知；④计量控制图的中位数图和 R 图——μ 和 σ 未知。篇幅所限，本部分只列示其中的第①个示例。感兴趣的读者可自行查阅该标准获取其他示例。

> **实例链接**

绘制对未来过程控制用的 $\overline{X}-R$ 图

水泵供应商希望使用控制图来控制车削过程。一个重要特性是轴承直径，其样本均值 μ 和标准差 σ 是未知的。新产品每小时进行一次测量，获得了 25 组样本，子组大小为 5，描点值如图 10-6 所示。表 10-8 给出了每个子组中的最大值和最小值。试绘制对未来过程控制用的$\overline{X}-R$图。

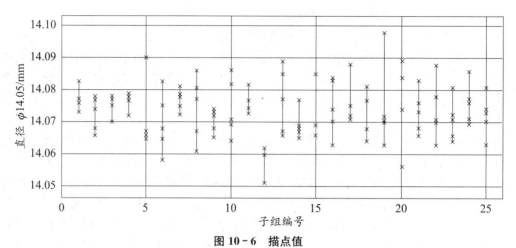

图 10-6　描点值

表 10-8　轴承直径测量值的子组分析结果

j	$\overline{X}_j$	x_{minj}	x_{maxj}	R_j
1	14.076 4	14.073	14.083	0.010
2	14.072 6	14.066	14.078	0.012
3	14.075 4	14.070	14.078	0.008
4	14.077 0	14.072	14.079	0.007
5	14.070 8	14.065	14.090	0.025
6	14.069 8	14.058	14.083	0.025
7	14.077 0	14.072	14.081	0.009
8	14.074 4	14.061	14.086	0.025
9	14.070 4	14.065	14.074	0.009
10	14.074 4	14.064	14.086	0.022
11	14.076 6	14.073	14.082	0.009
12	14.056 8	14.051	14.062	0.011
13	14.076 8	14.066	14.089	0.023
14	14.069 2	14.065	14.077	0.012
15	14.071 6	14.066	14.085	0.019
16	14.074 8	14.063	14.084	0.021
17	14.075 4	14.071	14.088	0.017
18	14.073 4	14.064	14.081	0.017
19	14.074 8	14.063	14.098	0.035

续表

j	$\overline{X}_j$	x_{minj}	x_{maxj}	R_j
20	14.075 4	14.056	14.089	0.033
21	14.073 2	14.066	14.083	0.017
22	14.074 0	14.063	14.088	0.025
23	14.070 8	14.064	14.081	0.017
24	14.076 0	14.069	14.086	0.017
25	14.072 2	14.063	14.081	0.018

解：本例中，μ 和 σ 是未知的，故基于采集的全部数据计算 $\overline{\overline{X}}$ 和 $\overline{R}$。首先计算每个子组的均值 $\overline{X}_j$ 和极差 R_j，结果如表 10-8 所示。然后计算 $\overline{\overline{X}}$ 和 $\overline{R}$。

$$\overline{\overline{X}} = \frac{1}{k}\sum_{j=1}^{k}\overline{x}_j = 14.073\ 2\ (\text{mm})$$

$$\overline{R} = \frac{1}{k}\sum_{j=1}^{k}R_j = 0.017\ 7\ (\text{mm})$$

式中，k 为子组的个数，这里 $k=25$。

第一步：绘制 R 图，并评估过程是否处于受控状态。子组大小 $n=5$，从表 10-7 查得 D_3 和 D_4 的值。R 图的中心线和控制限的计算过程如下：

$$\text{CL} = \overline{R} = 0.017\ 7\ (\text{mm})$$

$$U_{\text{CL}} = D_4 \times \overline{R} = 2.114 \times 0.017\ 7 \approx 0.037\ 4\ (\text{mm})$$

$$L_{\text{CL}} = D_3 \times \overline{R} = 0 \times 0.017\ 7 = 0$$

绘制轴承直径的 R 图（见图 10-7）。R 图表明过程处于受控状态。

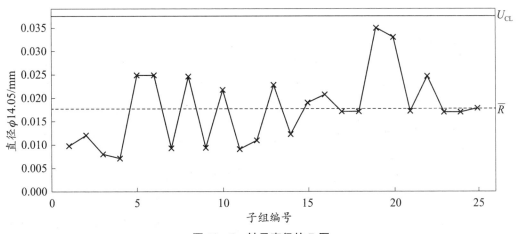

图 10-7　轴承直径的 R 图

第二步：绘制 $\overline{X}$ 图，并评估过程是否处于受控状态。从表 10-7 查得 A_2 的值，$\overline{X}$ 图的中心线和控制限的计算过程如下：

$$CL = \overline{\overline{X}} = 14.073\ 17 \text{ (mm)}$$

$$U_{CL} = \overline{\overline{X}} + A_2 \times \overline{R} = 14.073\ 17 + 0.577 \times 0.017\ 7 \approx 14.083\ 4 \text{ (mm)}$$

$$L_{CL} = \overline{\overline{X}} - A_2 \times \overline{R} = 14.073\ 17 - 0.577 \times 0.017\ 7 \approx 14.063\ 0 \text{ (mm)}$$

绘制轴承直径的 $\overline{X}$ 图（见图 10-8）。$\overline{X}$ 图表明过程未处于受控状态，即第 12 个子组失控，表明可能有某些可查明原因在起作用。

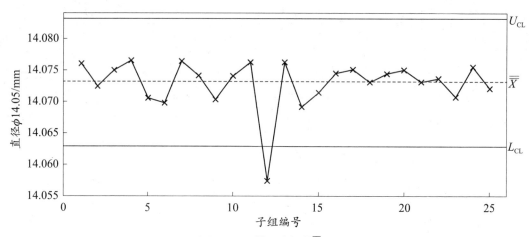

图 10-8　轴承直径的 $\overline{X}$ 图

第三步：剔除可查明原因并修改控制图。剔除第 12 个子组，重新计算 $\overline{\overline{X}}$ 和 $\overline{R}$，计算过程如下：

$$\overline{\overline{X}} = \frac{1}{k} \sum_{j=1}^{k} \overline{x}_j = 14.073\ 85 \text{ (mm)}$$

$$\overline{R} = \frac{1}{k} \sum_{j=1}^{k} R_j = 0.018\ 0\ 0 \text{ (mm)}$$

式中，k 为子组的个数，这里 $k=24$。

调整后的 $\overline{X}$ 图的中心线和控制限的计算过程如下：

$$CL = \overline{\overline{X}} = 14.074\ 01 \text{ (mm)}$$

$$U_{CL} = \overline{\overline{X}} + A_2 \times \overline{R} = 14.073\ 85 + 0.577 \times 0.018\ 00 \approx 14.084\ 2 \text{ (mm)}$$

$$L_{CL} = \overline{\overline{X}} - A_2 \times \overline{R} = 14.073\ 85 - 0.577 \times 0.018\ 00 \approx 14.063\ 5 \text{ (mm)}$$

调整后的 R 图的中心线和控制限的计算过程如下：

$$CL = \overline{R} = 0.018\ 00 \text{ (mm)}$$

$$U_{CL} = D_4 \times \overline{R} = 2.114 \times 0.018\ 00 \approx 0.038\ 1 \text{ (mm)}$$

$$L_{CL} = D_3 \times \overline{R} = 0 \times 0.018\ 00 = 0$$

绘制轴承直径的 $\overline{X} - R$ 图（见图 10-9）。由该图可知，剔除第 12 个子组后，过程处于受控状态。上述计算得到的控制限可以用于未来的过程控制。

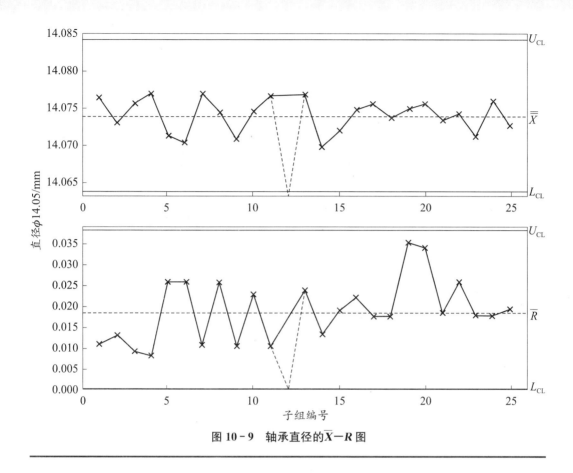

图 10 - 9 轴承直径的 $\overline{X}-R$ 图

五、计数控制图及其应用

（一）计数控制图概述

计数控制图是指描点所用统计量是可数的或分类变量的常规控制图。通过关注子组内每个样品的某特性（或属性）存在与否，计数拥有或不拥有该属性的样品数，也可以是在某样品、某组或某区域内这样事件发生的次数。使用计量数据进行过程改进备受关注，但主要行业的反馈数据表明，超过 80% 的质量问题归因于本质属性。因此，更需要重视的是使用控制图对属性特性的改进。与应用计量控制图时通常使用一对控制图不同的是，应用计数控制图时一张控制图就足够了，因为计数控制图的假定分布仅有一个独立的参数，即均值水平。P 图和 np 图基于二项分布，c 图和 u 图则基于泊松分布。

除了要考虑子组大小变化带来的影响，这些控制图的计算是相似的。当子组大小保持不变时，每个子组控制限的设置是相同的。然而，当每个子组检测的样品数不同时，每个子组的控制限需要分别进行计算。np 和 c 图适用于子组样本量恒定的情形，而 p 和 u 图对子组样本量恒定与否皆可使用。

如果子组样本量因样本而异，则需要为每个样本计算单独的控制限。子组大小越小，上下控制限之间控制范围越宽，反之亦然。如果子组大小的变化不明显，则可以基于子组大小的均值来设置唯一的控制限。实际应用中，这样的处理适用于子组大小处于子组大小目标值±25％内的情形。

（二）计数控制图控制限的计算公式

表 10-9 给出了计数控制图控制限的计算公式。

表 10-9　计数控制图控制限的计算公式

统计量	标准值未给定		标准值给定	
	中心线	3σ 控制限	中心线	3σ 控制限
p	$\bar{p}$	$\bar{p} \pm 3\sqrt{\bar{p}(1-\bar{p})/n}$	p_0	$p_0 \pm 3\sqrt{p_0(1-p_0)/n}$
np	$n\bar{p}$	$n\bar{p} \pm \sqrt{n\bar{p}(1-\bar{p})}$	np_0	$np_0 \pm \sqrt{np_0(1-p_0)}$
c	$\bar{c}$	$\bar{c} \pm 3\sqrt{\bar{c}}$	c_0	$c_0 \pm 3\sqrt{c_0}$
u	$\bar{u}$	$\bar{u} \pm 3\sqrt{\bar{u}/n}$	u_0	$u_0 \pm 3\sqrt{u_0/n}$

注1：p_0、np_0、c_0 和 u_0 为给定的标准值。
注2：当计算得到的下控制限为负时，下控制限为0。

（三）计数控制图应用举例

《控制图 第2部分：常规控制图》（GB/T 17989.2—2020）给出了计数控制图的多个应用示例，主要包括：①p 图——未给定 p；②np 图——未给定 p；③c 图——未给定 c_0；④u 图——未给定 u_0。篇幅所限，本部分只列示其中的第1个示例。感兴趣的读者可自行查阅该标准获取其他示例。

实例链接

绘制对未来过程控制用的 p 图

某制造无线电晶体管的公司决定设计一张不合格品率图，收集了为期1个月的数据，并加以分析。在每天工作结束的时候，从当天的产品中随机采集一个样本，检测其不合格品数，数据如表 10-10 所示。试绘制对未来过程控制用的 p 图。

表 10-10　无线电晶体管 p 图原始数据

天数	被检查的数目	不合格品数	不合格品率	天数	被检查的数目	不合格品数	不合格品率
1	158	11	0.070	11	150	2	0.013
2	140	11	0.079	12	153	7	0.046
3	140	8	0.057	13	149	7	0.047
4	155	6	0.039	14	145	8	0.055
5	160	4	0.025	15	160	6	0.038
6	144	7	0.049	16	165	15	0.091
7	139	10	0.072	17	136	18	0.132
8	151	11	0.073	18	153	10	0.065
9	163	9	0.055	19	150	9	0.060
10	148	5	0.034	20	148	5	0.034

续表

天数	被检查的数目	不合格品数	不合格品率	天数	被检查的数目	不合格品数	不合格品率
21	135	0	0.000	25	144	14	0.097
22	165	12	0.073	26	161	20	0.124
23	143	10	0.070	总计	3 893	233	0.060
24	138	8	0.058	/	/	/	/

解：首先计算该月的平均不合格品率，结果如表10-10所示。

$$\overline{p} = \frac{N_{nc,tot}}{N_{i,tot}} = \frac{233}{3\,893} = 0.060$$

式中，$N_{nc,tot}$ 为总不合格品数，$N_{i,tot}$ 为被检测的总数。

由于子组大小不同，每个子组的 U_{CL} 和 L_{CL} 值均需按下列公式单独计算，计算结果如表10-11所示。

$$U_{CL} = \overline{p} + 3\sqrt{\frac{\overline{p}(1-\overline{p})}{n}}$$

$$L_{CL} = \overline{p} - 3\sqrt{\frac{\overline{p}(1-\overline{p})}{n}}$$

表 10-11　上下控制限计算结果

子组编号	被检查的数目	U_{CL}	L_{CL}	子组编号	被检查的数目	U_{CL}	L_{CL}
1	158	0.117	0.003	14	145	0.119	0.001
2	140	0.120	0.000	15	160	0.116	0.004
3	140	0.120	0.000	16	165	0.115	0.005
4	155	0.117	0.003	17	136	0.121	0.000
5	160	0.116	0.004	18	153	0.118	0.002
6	144	0.119	0.001	19	150	0.118	0.002
7	139	0.120	0.000	20	148	0.119	0.001
8	151	0.118	0.002	21	135	0.121	0.000
9	163	0.116	0.004	22	165	0.115	0.005
10	148	0.119	0.001	23	143	0.120	0.000
11	150	0.118	0.002	24	138	0.121	0.000
12	153	0.118	0.002	25	144	0.119	0.001
13	149	0.118	0.002	26	161	0.116	0.004

绘制无线电晶体管的 p 图（见图10-10）。由该图可知，编号为17和26的子组其不合格品率落在上控制限之外，表明它们受到了不同于其他子组的变化的影响。如果控制限的计算继续保留这两个子组，则会导致对过程均值和控制限的夸大，而不能反映真正的随机变化。因此，控制限的计算需要剔除这两个子组。

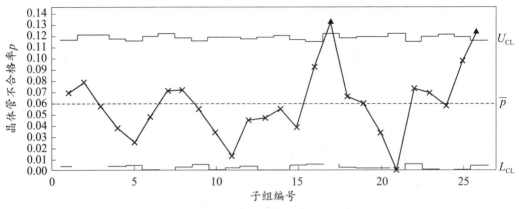

图 10-10　无线电晶体管的 p 图

利用剩余的 24 个子组，计算修订后的平均不合格品率。

$$\overline{p} = \frac{195}{3\,596} = 0.054$$

使用修正后的 $\overline{p}$ 值，计算每个子组的 U_{CL} 和 L_{CL} 修正值（计算结果略），可知所有子组的不合格品率均落在其控制限内。因此，这个修正后的 $\overline{p}$ 值可以作为设置控制图的不合格品率的标准值，即 $p_0 = 0.054$。

由于子组大小不同时绘制每个子组的控制限耗时且烦琐，考虑到子组大小与平均子组大小（$n=150$）之间的差别不大，故而修正 p 图利用平均子组大小所对应的控制限进行绘制。因此，修正 p 图的中心线与控制限计算如下：

$$\mathrm{CL} = p_0 = 0.054$$

$$U_{CL} = p_0 + 3\sqrt{\frac{p_0(1-p_0)}{n}} = 0.054 + 3\sqrt{\frac{0.054(1-0.054)}{150}} = 0.109$$

$$L_{CL} = p_0 - 3\sqrt{\frac{p_0\,(1-p_0)}{n}} = 0.054 - 3\sqrt{\frac{0.054\,(1-0.054)}{150}} = -0.001 < 0,\ 故 L_{CL} 取 0$$

修正 p 图如图 10-11 所示。由该图可知，别除第 17 个和第 26 个子组后，过程处于受控状态。上述计算得到的控制限可以用于对未来的过程控制。

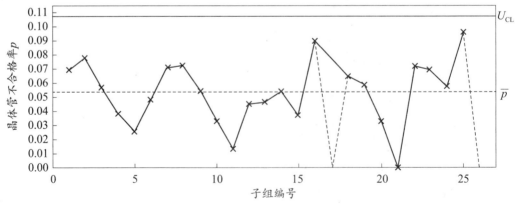

图 10-11　无线电晶体管的修正 p 图

上海烟草集团统计过程控制实践

为了实现企业"国内一流、国际先进"的要求，上海烟草集团有限责任公司从2000年开始引入统计过程控制（SPC）方法，并于2003年率先在上海卷烟厂开始实施卷烟制造流程西格玛水平测评和六西格玛管理改进。近年来，公司通过对SPC应用的深化与创新，结合先进的信息化技术，实现制造过程的自动数据分析、智能报警、提示调整等功能，形成对制造过程的智能化控制，并根据生产与管理的不同需求，建立了具有不同层级的立体化结构的生产过程管理模式。

SPC的本质是运用随机事件的统计规律来判断过程输出中的变异是由必然因素还是由偶然因素引起的，为过程的稳定状态提供分析的依据。因此，从本质上说，SPC方法不但适用于所有的制造过程，还适用于服务型、管理型过程。上海烟草集团实施统计过程控制的主要实践包括：

一、确立强有力的组织保障，优化资源配置

在实施SPC方法初期即确立由分管质量的副总经理和厂长担任SPC方法推进的第一责任人，并由质量管理部门负责协调相关的日常工作，组织发动各车间应用SPC方法，通过设立有效的组织机构，充分体现领导重视，并为有效调动工厂相关资源提供组织保障。

二、注重氛围的营造，分层普及理论知识

首先，在SPC方法导入的初期阶段，即针对基层干部，对质量管理员、生产条线中层管理干部开展SPC方法基础概念的普及培训，以增强员工参与意识，消除各种顾虑。同时，通过培训来提高各级员工对SPC原理、运用方法和诊断技术等知识的掌握程度。其次，在深化应用阶段，为了实现生产现场过程的智能化控制，工厂分层再次实施了SPC方法的培训，其中针对操作人员主要开展了SPC基础概念培训，针对核心SPC推进人员开展的培训强调熟悉工艺流程与控制原理，并以掌握SPC原理、概率计算、统计软件应用为主。

三、以项目为载体，实现分步推进

为了实现SPC控制图的深化应用，进行了SPC项目的立项申报，明确SPC方法的应用范围及具体实施目标、周期和分阶段推进计划。项目的实施中，通过识别与确认卷烟制造过程（制丝、卷包滤棒成型）关键质量特性，计算参数的控制限，制定运行规则，建立异常反应计划并结合信息化手段，实现制造过程的自动数据采集与分析、智能报警和提示调整等功能的开发应用，并最终形成了质量监控系统（见图10-12）。通过持续提高SPC的应用水平，逐步实现制造过程全方位的智能化控制和立体化管理。

对SPC的相关实施过程，上海卷烟厂经过归纳与总结，建立了相关的厂级的实施导则与实施指南，进一步规范了SPC在卷烟制造行业的实施方法，并逐步在整个企业的层面进行推广。

知识拓展：
上海烟草集团统计过程
控制的主要成果与推广

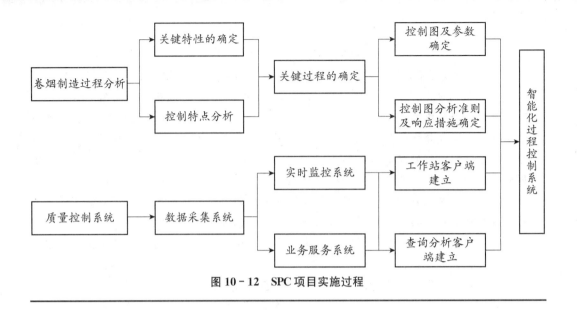

图 10 - 12 SPC 项目实施过程

本章小结

通过本章的学习，我们掌握了统计过程控制的相关知识。本章主要包括以下内容：统计过程控制是用于检测过程、识别异常原因并在适当的时候发出需要采取纠正措施信号的方法，其主要内容包括过程监控和评价、过程分析和控制标准以及过程维护和改进；过程能力指数是表示过程能力满足过程质量标准（公差）要求程度的量值，其计算方法根据质量特性取双向偏差还是单向偏差、分布中心与公差中心是否重合等的不同而不同；控制图是统计过程控制最主要的统计技术，按质量特性值的数据种类不同可分为计量控制图和计数控制图；利用控制图的判稳准则与判异准则可对生产过程状态进行判断。

本章练习

第十章练习

第十一章
质量管理常用的方法与工具

学习目标

知识目标

- 了解质量工具的分类，认识质量工具矩阵。
- 掌握老七种工具的概念和应用程序。
- 了解新七种工具的内容，掌握其中的亲和图、关联图、系统图和 PDPC 法的概念和应用程序。
- 理解产品质量先期策划、质量功能展开和标杆管理的概念和应用。

能力目标

- 能在质量管理实践中选用合适的质量管理工具。
- 会用老七种工具分析质量管理实践。

素质目标

- 在学习与生活中可以主动运用质量工具方法提高质量和效益，提高运用工具方法解决实际问题的能力。

引 例

如何选用质量管理工具

在质量管理实践中，人们以统计技术或者以数据处理理论为基础，开发出许多有用的工具和方法，有的工具和方法用于数据处理，有的工具和方法用于过程控制和改进，还有的工具和方法用于策划、收集创意和解决问题。有些属于单一的工具和方法，有些属于综合性的、系统化的工具和方法。

质量管理工具的种类很多，企业应该依据自己的实际情况来挑选合适的质量工具方法来提升质量水平。在很多制造业中，基层员工人数占比巨大，这部分员工可以通过采用 QC 小组活动的方式，结合 QC 新、老七种工具来进行质量问题分析与改进。企业中也有很大一部分负责研发、工艺、质量技术的技术管理人员，这部分人往往学历较高、综合素质较强，更适合使用六西格玛工具方法进行高技术含量或者大数据的分析，适合于针对企业长期存在的攻关问题进行分析改善。

科学的质量管理需要遵循循证决策的基本原则。质量管理方法与工具就是用来收集和分析质量数据，分析和确定质量问题，控制和改进质量水平的手段。这些方法不仅科学，而且实用，企业质量管理人员应该学习、掌握并将之应用到企业经营实践中。本章首先对质量工具进行了概述，在此基础上对新、老七种质量管理工具以及其他工具进行介绍。

第一节　质量工具概述

各种质量工具和先进方法在管理实践中被广泛应用，是从凭经验和直觉管理转向依据事实和数据管理的帮手。面对复杂多变的管理问题，根据管理目标选择适当的工具、运用工具分析判断、正确地预防和解决质量问题是学习掌握质量工具的关键。

一、质量工具的定义

质量工具是指为实现上述管理目的而采用的方法和技术。掌握一些基本的质量工具应是有效进行质量管理的基本技能。质量工具通常是把某些成功的管理实践进行整理和程序化处理，使之成为基本技能。

根据应用场合的不同，质量工具可以分为以下两大类：

（1）帮助建立解决质量管理问题思路的工具，如头脑风暴、亲和图等。这类工具并不直接针对过程或产品中的数据，而是更强调一种创造性思维。这类工具更多地应用在管理和策划活动中。

（2）分析和处理过程或产品中的数据波动的工具。这类工具是以统计技术为核心，用于质量控制或质量改进的各个阶段中，以帮助我们系统地识别、分析、诊断和改进产品或过程。

常用的现场质量控制的收集、处理和评价数据的工具和方法是日本在 20 世纪五六十年代开展质量管理活动中开发和总结出来的七种工具和方法，现在通常称为"老七种工具"，它们对应现在开发出来的"新七种工具"。

二、如何选择质量工具

（一）确定质量管理活动的阶段

质量管理活动的范围很广，可以用于解决现有过程或产品中存在的问题；可以用于实现过程的持续改进；可以通过新产品开发实现产品质量的提升。每一种质量活动都要按照一定的程序和步骤来进行。

质量改进可划分为七个阶段：（1）识别和确定改进机会；（2）调查把握现状；（3）寻求原因或最佳方案；（4）制订对策计划；（5）实施对策计划；（6）确认改进效果；（7）巩固和分享改进成果。选择质量工具时要考虑处于质量管理活动的哪个阶段。假设当前处于第（1）阶段，要开展的活动是识别过程中存在的问题，选择改进的领域，这时就需要过程分析类的工具。

（二）确定质量工具要完成的任务

确定所处的阶段，选择具体质量工具并确定所要达到的目标。比如在过程分析类的工具中选择流程图，目的是明确现有过程的基本流程，确定过程中的关键活动、出现问题多的活动和瓶颈。有些质量工具只是完成质量管理过程的一个局部，需要与其他工具一起使用才能满足需要。如排列图可以确定对结果起主导影响的问题，如果与因果图联用就能够进一步分析产生这些关键问题的原因。

（三）质量工具矩阵的使用

由于质量管理涉及的范围几乎覆盖了组织的所有领域，因此适用的工具和方法非常多，而且还不断会有新的工具出现。表 11 - 1 是质量工具矩阵，列举了二十几种比较常用的质量工具，以及质量改进的一些主要步骤，包括过程分析、数据收集、数据整理与分析、评价与判断、原因分析、确定解决方案和过程控制七个阶段。

表 11 - 1　质量工具矩阵

质量工具	过程分析	数据收集	数据整理与分析	评价与判断	原因分析	确定解决方案	过程控制
流程图	●				●	●	●
关联图	●				●	●	
调查表		●					●
调查法		●					
统计抽样		●					●
描述性统计			●	●	●		●
直方图	●		●	●	●		●
因果图					●		
排列图					●		
散布图			●	●			
头脑风暴	●	●			●	●	
亲和图	●		●		●	●	
矩阵图			●	●		●	
失效模式及影响分析	●				●	●	

续表

质量工具	过程 分析	数据 收集	数据整理 与分析	评价与 判断	原因 分析	确定解 决方案	过程 控制
树图	●	●	●	●	●		
分层法	●	●	●	●	●		
质量功能展开		●	●		●	●	
防错						●	
甘特图						●	●
显著性分析			●	●			●
方差分析			●		●		
回归分析			●		●		
实验设计						●	
控制图							●
过程能力分析			●	●		●	●

第二节　老七种工具

本节将介绍"老七种工具"中的 6 种工具，即调查表、分层法、因果图、排列图、直方图以及散布图。

一、调查表

（一）调查表的概念

调查表又称检查表、统计分析表，是用来收集和积累数据、确认事实，并对数据进行粗略整理和分析的统计图表。在现场质量管理中，可根据收集数据的目的和数据类型等自行设计所用的表格。

（二）常用的调查表

常用的调查表有不合格品调查表、缺陷位置调查表等。

1. 不合格品调查表

不合格品调查表主要用于调查生产现场不合格品中不合格项目的频数和不合格品率，以便进一步利用排列图等分析研究。表 11－2 是某 QC 小组对插头焊接缺陷的调查表。

表 11 - 2　插头焊接缺陷调查表

序号	项目	频数	累计	累计百分比（%）
A	插头槽径大	3 367	3 367	69.14
B	插头假焊	521	3 888	79.84
C	插头焊化	382	4 270	87.68
D	插头内有焊锡	201	4 471	91.81
E	绝缘不良	156	4 627	95.01
F	芯线未露	120	4 747	97.47
G	其他	123	4 870	100.00

调查者：　　　　　　　　地点：　　　　　　　　调查时间：　年　月　日

2. 缺陷位置调查表

缺陷位置调查表用来记录、统计、分析不同类型的外观质量缺陷所发生的部件、部位和密集程度，找出规律性，为调查或找出解决问题的方法提供依据。表 11 - 3 是某工序某产品缺陷位置调查表。

表 11 - 3　某工序某产品缺陷位置调查表

序号	存在位置	缺陷项目1/数量	缺陷项目2/数量	缺陷项目3/数量	缺陷项目4/数量

调查者：　　　　　　　　地点：　　　　　　　　调查时间：　年　月　日

为了更加直观地反映缺陷位置，有时也用带图的缺陷位置调查表表示。表 11 - 4 是汽车车身喷漆缺陷位置调查表。

表 11 - 4　汽车车身喷漆缺陷位置调查表

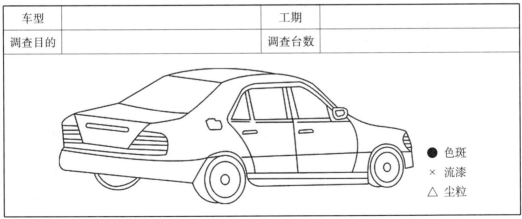

调查者：　　　　　　　　地点：　　　　　　　　调查时间：　年　月　日

211

缺陷位置调查表是工序质量分析中常用的方法。通过分析该表数据，掌握缺陷发生之处的规律，可以进一步分析为什么缺陷会集中在某一区域，进而追寻原因，采取对策，以更好地解决出现的质量问题。

（三）调查表的应用程序

调查表的应用程序通常包括以下步骤：

（1）明确收集资料的目的。

（2）明确为达到目的所需的资料及所用的分析方法。

（3）根据目的设计调查表格式。

（4）对收集和记录的资料进行预先检查，确定调查表格式设计的合理性并做出评价，形成最终使用表。

（5）利用调查表收集、分析数据，必要时提出改进建议。

（6）定期或不定期对调查表进行评审，修改调查表格式。

统计数据会因时间、区域不同而存在较大差异，在调查质量数据时，需要确定质量数据产生的时间、区域，然后再对收集到的数据进行统计整理和分析。

二、分层法

（一）分层法的概念

引起质量波动（变异）的原因多种多样，因此搜集到的质量数据、意见往往带有综合性。为了能够真实反映产品质量波动的真实原因和变化规律，必须对质量数据、意见等进行适当地归类和整理。分层法就是分析产品质量原因的一种常用统计方法。分层法又称分类法、分组法，是指按照一定标志，把收集到的大量有关某一特定主题的统计数据、意见等加以归类、整理和汇总。分层的目的在于把杂乱无章和错综复杂的数据和意见加以归类汇总，使之能更确切地反映客观事实。

分层法常用于归纳整理所收集到的统计数据或归纳汇总由头脑风暴法所产生的意见和想法。分层法常与其他方法结合起来应用，如分层直方图法、分层排列图法、分层控制图法、分层散布图法、分层因果图法和分层调查表法等。

（二）常用的分层方法

分层目的不同，分层标志也不一样。常用的分层标志有 5M1E、时间、意见、观点等，可根据具体情况灵活选用和细分，也可以在质量管理活动中不断开发出新的分层标志。5M1E 分层标志是将造成产品质量波动的原因按以下 6 个方面进行分层：（1）人（Man/Manpower），可按操作人员的年龄、工龄和性别等分层；（2）机器（Machine），可按工艺设备类型、新旧程度、生产线等进行分层；（3）材料（Material），可按产地、批号、制造厂、规范、成分等进行分层；（4）方法（Method），可按工艺要求、操作参数、操作方法和生产速度等进行分层；（5）测量（Measurement），可按测量设备、测量方法、测量人员等进行分层；（6）环境（Environment），可按工作地点、使用条件、缺陷部位等进行分层。

同一层次内的数据波动（或意见和观点差别）幅度应尽可能小，层与层之间的差别应尽可能大，这样才能达到归类汇总的目的。

（三）分层法的应用程序

分层法的应用程序通常包括以下步骤：（1）收集数据和意见；（2）将采集到的数据或意见根据不同目的选择分层标志；（3）分层；（4）按层归类；（5）画分层归类图。

三、因果图

（一）因果图的概念

因果图又称石川图、鱼骨图、特性要因分析图、树枝图等，是表示质量特性波动与其潜在原因的关系，即表达和分析因果关系的一种图表。因果图由主箭线和一系列的方框、支箭线构成。其中，箭线表示影响因素与问题之间的关系，方框用以描述问题和因素内容。主箭线一般水平居中、由左向右，主箭线箭头处的方框为结果（问题）框，其他箭线箭尾处的方框为因素框，支箭线的箭头分别指向它的上一级箭线，如图 11-1 所示。

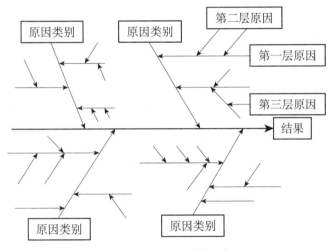

图 11-1　因果图的形式

运用因果图便于找到问题的原因，对症下药，解决质量问题。因果图在质量管理活动中（如 QC 小组活动中）的质量分析方面有着广泛用途。

（二）因果图的应用程序

因果图的应用程序主要包括以下步骤：

（1）确定待分析的结果（质量问题），将其写在右侧的方框内，画出主箭线。

（2）确定影响该质量问题的原因的分类方法。一般按其影响因素——人、机、料、法、测、环六大因素（5M1E）分类［也可以按人、机、料、法、环（4M1E）五大因素分类］，将其写在原因类别方框内，画出支箭线。

（3）将各分类项目分别展开，每个支箭线表示各项目中造成质量问题的一个原因——第一层原因，将代表第一层原因的支箭线与主箭线平行绘制。

（4）进一步分析每个第一层原因，找出导致它们质量不好的原因，逐类细分，用粗细不同、长短不一的支箭线表示，直到能采取具体的措施为止。

（5）分析图上标出的各级原因是否有遗漏，找出主要原因。

（6）标明因果图的名称、绘图者、绘图时间、参与分析人员等。

（三）绘制因果图时应注意的问题

（1）建立因果图时必须通过有效的方法，如头脑风暴法，充分发扬民主精神，畅所欲言、集思广益，把每个人的意见都记录下来。

（2）确定需要分析的质量问题要具体。一张因果图分析一个主要质量问题。

（3）因果图的层次要分明。最高层次的原因应追溯到可以采取措施为止。

（4）要因一定是在末端（最高层次）因素上，而不是在中间层次上。

（5）因果图本身只用于分析原因或建立假设，是否是真正原因需要进行验证。

（6）因果图与排列图、对策表结合起来应用，即我国企业所谓的"两图一表"，会收到很好的效果。

> **实例链接** ··

三种形式的鱼骨图

某企业将头脑风暴和因果分析法结合使用得到锥面密封泄漏原因、平面垫片密封泄漏原因和软管体泄漏原因的鱼骨图分别如图11-2～图11-4所示。

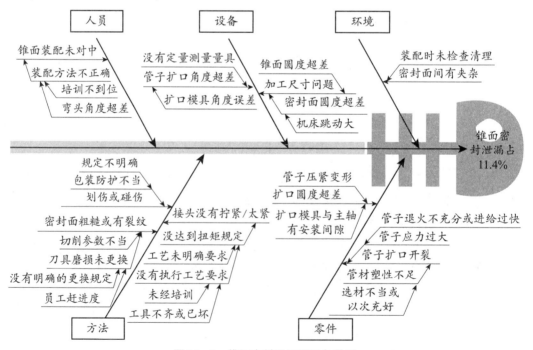

图 11-2 锥面密封泄漏原因鱼骨图

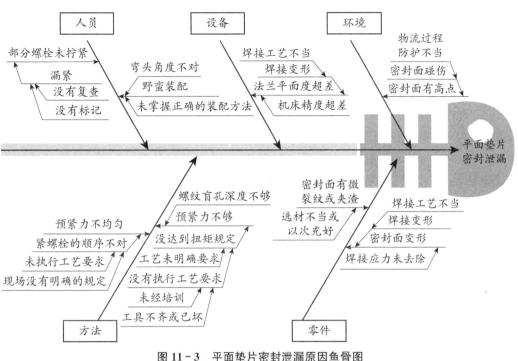

图 11-3　平面垫片密封泄漏原因鱼骨图

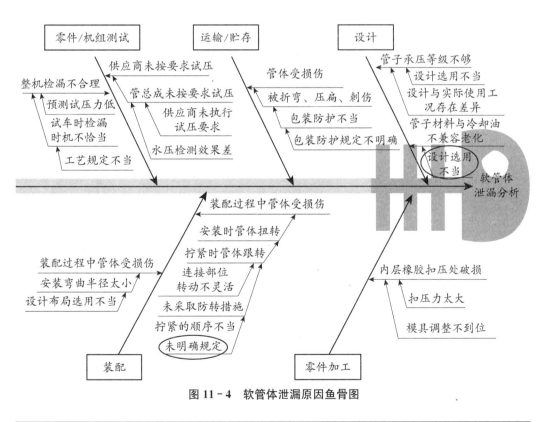

图 11-4　软管体泄漏原因鱼骨图

四、排列图

(一)排列图的概念

排列图又称帕累托图,是将质量改进项目从重要到次要进行排序的一种图示技术。排列图建立在帕累托原理的基础上,帕累托原理是 19 世纪意大利经济学家帕累托在分析社会财富的分布状况时发现的:国家财富的 80% 掌握在 20% 的人手中。这种 80% 与 20% 的关系,即帕累托原理。美国质量管理专家朱兰把帕累托原理应用到质量管理中,发现尽管影响产品质量的因素有很多,但关键的因素往往只是少数几项,它们造成的不合格品占总数的绝大多数。在质量管理中运用排列图,就是对有关产品质量的数据进行分类排列,用图形表明影响产品质量的关键所在,从而获知哪个因素对质量的影响最大,改善质量的工作应从哪里入手最有效。

排列图有两个主要作用:一是按重要顺序显示出每个质量改进项目对整个质量问题的影响和作用;二是找出"关键的少数",抓住关键问题,识别质量改进的机会。

排列图由一个横坐标、两个纵坐标、几个按高低顺序排列的矩形和一条累计百分比折线组成。图 11-5 是某批次酒杯质量问题排列图。由图 11-5 可以看出,该批次酒杯存在的质量问题最多的两个是划痕和气泡,这两种质量问题占比达到 83.3%。因此为了提高酒杯质量,可以从如何降低划痕和气泡的措施入手。

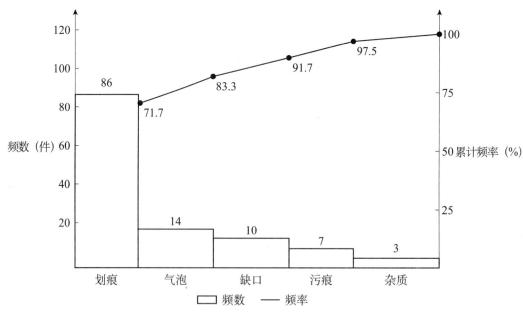

图 11-5　某批次酒杯质量问题排列图

(二)排列图的应用程序

排列图的应用程序主要包括以下步骤:

(1)确定质量分析的问题(如产品缺陷)。

(2)收集影响问题的项目数据,并将相同项目(如缺陷原因、缺陷发生的部位或单位)归类,统计各类项目出现的频数。

（3）按频数大小由高到低把项目排序，长方形表示在横轴上，高度即为频数。

（4）计算每个项目占总项目的百分比。

（5）计算累计比率（即累计频率），画出累计频数曲线，即帕累托曲线，用来表示各项目的累计作用，便完成了帕累托图的绘制。

（6）找到关键的少数（累计占80%左右的项目），确定对质量改进最重要的项目。

实例链接

J 居住建筑项目 PHC 管桩质量问题

PHC 管桩是采用先张法预应力离心成型工艺工厂标准化制成的高强度空心混凝土构件，在复杂卵石地质条件下采用锤击法沉桩时，PHC 管桩易出现破桩现象，因而如何应对复杂卵石的坡度对沉桩的影响是确保 PHC 管桩施工一次性验收合格的关键点。J 居住建筑项目部结合《建筑地基基础工程施工质量验收标准》（GB 50202—2018）和桩基工程专项施工方案，对已完成的桩进行桩位、垂直度、收锤标准、桩顶标高、成品桩质量、接桩/焊缝质量 6 项指标的调查。项目部现场抽查 1 200 个点，其中合格 1 127 个点，不合格 73 个点，合格率 93.92%。对质量调查数据（不合格 73 个点）进行频数统计汇总，质量问题统计表如表 11-5 所示，质量问题排列如图 11-6 所示。

表 11-5 质量问题统计表

检查项目	频数（点）	累计频数（点）	累计频率
桩位	32	32	43.84%
垂直度	30	62	84.93%
收锤标准	4	66	90.41%
桩顶标高	3	69	94.52%
成品桩质量	3	72	98.63%
接桩/焊缝质量	1	73	100.00%

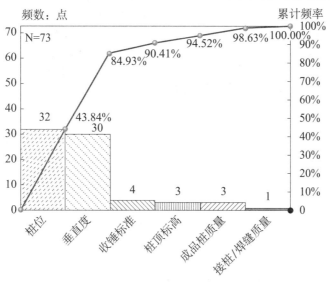

图 11-6 质量问题排列

从图 11-6 可知，桩位、垂直度这两类问题的累计频率达 84.93%。如果这两类问题解决 80%以上，那么 PHC 管桩施工一次性合格率就可达到 93.92%＋(1−93.92%)×84.93%×80%＝98.05%。

五、直方图

（一）直方图的概念

直方图是频数直方图的简称，它用一系列宽度相等（表示数据范围的间隔）、高度不等（表示在给定间隔内的数据）的长方形表示（见图 11-7），把加工过程中测试得到的数据按一定的组距加以分组归类作图，然后与设计规格的公差范围对比，以判断生产过程是否稳定。

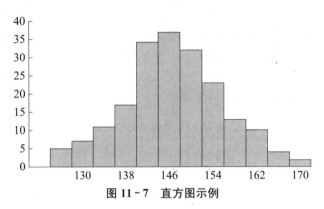

图 11-7 直方图示例

直方图可以直观显示质量波动的状态，传递有关过程质量状况的信息。通过研究质量数据波动状况，可以掌握过程的状况，从而确定质量改进的重点。

（二）直方图的应用程序

现在以某产品的某一质量特性为例，对直方图的应用程序加以说明。

（1）收集数据。做直方图的数据一般应大于 50 个。本例在生产过程中收集了 100 个数据，即样本大小 $n=100$。表 11-6 为该质量特性实测数据表。

表 11-6 该质量特性实测数据表

61	55	58	39	49	55	50	55	55	50
44	38	50	48	53	50	50	50	50	52
48	52	52	52	48	55	45	49	50	54
45	50	55	51	48	54	53	55	60	55
56	43	47	50	50	50	57	47	40	43
54	53	45	43	48	43	45	43	53	53
49	47	48	40	48	45	47	52	48	50
47	48	54	50	47	49	50	55	51	43
45	54	55	55	47	63	50	49	55	60
45	52	47	55	55	56	50	46	45	47

（2）计算数据的极差（R）。极差是数据的最大值与最小值之差。本例最大值 $x_{max}=$ 63，最小值 $x_{min}=38$，所以极差 $R=x_{max}-x_{min}=63-38=25$。

（3）确定组数（k）和组距（h）。先确定直方图的组数，然后以此组数去除极差，可得直方图每组的宽度。组数的确定要适当，组数太少会引起较大的计算误差，组数太多很难显示出数据分布的规律性，且计算工作量加大。组数 k 的确定可参考组数选用表，如表 11 - 7 所示。

表 11 - 7　组数选用表

样本容量/n	<50	$50\sim100$	$101\sim250$	>250
组数/k	$5\sim7$	$6\sim10$	$7\sim12$	$10\sim20$

一般情况下，正态分布为对称形，故常取 k 为奇数。本例取 $k=9$，即将数据分为 9 组。于是，组距 $h=R\div k=25\div9=2.78\approx3$。组距一般取测量单位的整数倍，这样便于分组。

（4）确定各组的组限值。组的上、下限值称为组限值。由全部数据的最小值开始，每加一次组距就可以构成一个组的界限值。第一组的上限值就是第二组的下限值。为避免出现数据值与组界限值重合造成频数计算困难，组的界限值单位应取最小测量单位的 1/2。本例最小测量单位是个位，其界限值应取 0.5。分组时应把数据表中最大值和最小值包括在内。本例最小值为 38，则第一组的界限值应该为（37.5，40.5），以后每组的界限值依此类推。

（5）确定各组的组中值。组中值就是处于各组中心位置的数值，即各组上、下限值的均值。本例中第一组的组中值为（37.5+40.5）/2=39。

（6）统计各组频数与频率，编制频数分布表。频数就是实测数据中处于各组中的个数，频率就是各组频数占样本大小的比重。本例的频数分布表如表 11 - 8 所示。

表 11 - 8　频数分布表

组号	组界限	组中值	频数	累积频数	累积频率/%
1	37.5～40.5	39	4	4	4
2	40.5～43.5	42	6	10	10
3	43.5～46.5	45	10	20	20
4	46.5～49.5	48	23	43	43
5	49.5～52.5	51	25	68	68
6	52.5～55.5	54	24	92	92
7	55.5～58.5	57	4	96	96
8	58.5～61.5	60	3	99	99
9	61.5～64.5	63	1	100	100

（7）画直方图。以各组序号为横坐标，以频数为纵坐标，组成直角坐标系。按纵坐标画出每个长方形的高度，它代表了落在此长方形中的点数。本例中该质量特性值的直方图如图 11 - 8 所示。

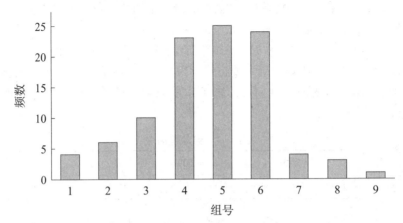

图 11 - 8　该质量特性值的直方图

（三）直方图的典型形状

常见的直方图形状如图 11 - 9 所示。

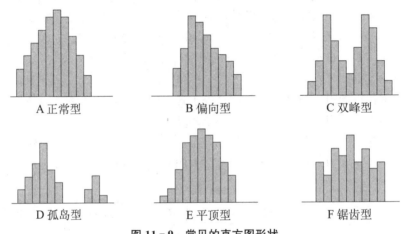

图 11 - 9　常见的直方图形状

A 图为正常型，图形近似对称分布，且两边有一定的余量，数据频数集中在中心值，是正常状态。这说明过程处于统计控制状态（稳定状态）。

B 图为偏向型，数据的平均值位于中间值左侧（或右侧），形状不对称，数据分布的频数突然增加或减少。这可能是由单向公差要求（形位偏差）、加工习惯或心理因素引起的。

C 图为双峰型，直方图的中间值频数少，两侧出现峰值。这往往是由于将不同原料、不同机床、不同工人、不同操作方法等加工的产品混在一起造成的。

D 图为孤岛型，在正常型直方图一侧出现"小岛"。原材料发生变化、刀具严重磨损、测量仪器出现系统偏差、短期内由不熟练的工人替班等原因，容易导致这种情况。

E 图为平顶型，直方图没有突出的顶峰，呈平顶型。这可能是由于将不同条件下加工的产品混在一起造成的，这一点与双峰型类似；也可能是受到生产过程中缓变因素（如刀具磨损、操作者的疲劳）的影响。

F 图为锯齿型，可能是由于分组过多、测量仪器误差过大或测量数据不准确等造成的。

（四）直方图与公差范围比较

与公差范围相比较时直方图的典型分布如图 11-10 所示。

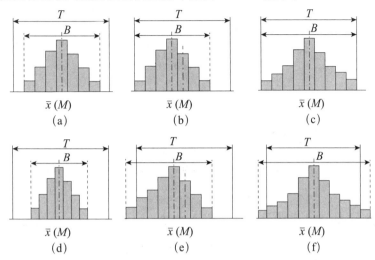

图 11-10　与公差范围相比较时直方图的典型分布

（1）直方图的分布范围 B 位于公差 T 范围内且略有余量，直方图的分布中心（平均值）与公差中心近似重合，这是一种理想的直方图。此时，全部产品合格，工序处于控制状态，如图 11-10（a）所示。

（2）直方图的分布范围 B 虽然也位于公差 T 范围内，且也略有余量，但是分布中心偏移公差中心。此时，如果工序状态稍有变化，产品就可能超差，出现不合格品。因此，需要采取措施，使得分布中心尽量与公差中心重合，如图 11-10（b）所示。

（3）直方图的分布范围 B 位于公差 T 范围之内，中心也重合，但是完全没有余地，此时平均值稍有偏移便会出现不合格品，应及时采取措施减少分散，如图 11-10（c）所示。

（4）直方图的分布范围 B 位于公差 T 范围之内，中心也重合，但是两边有过大的余地。这种情况表明虽然不会出现不合格品，但很不经济。除了特殊精密、主要零件外，一般应适当放宽材料、工具和设备的精度要求，或放宽检验频次以降低鉴定成本，如图 11-10（d）所示。

（5）直方图的分布范围 B 偏离公差 T 中心，过分地偏离公差范围，已明显看出超差。此时应该调整分布中心，使其接近公差中心，如图 11-10（e）所示。

（6）直方图的分布范围 B 超出公差 T 范围，两边均产生了超差。此时已出现不合格品，应采取技术措施，提高加工精度，缩小产品质量分散。如属公差定得不合理，又为质量要求所允许，可以放宽标准范围，以减少经济损失，如图 11-10（f）所示。

六、散布图

（一）散布图的概念

散布图又称相关图，是描绘两个变量之间相关关系的分布状态的图形。散布图将两个可能相关的变量构成的一对数据看成直角坐标系中的一个点，多对数据得到多个点组成的图形，如图 11-11 所示。

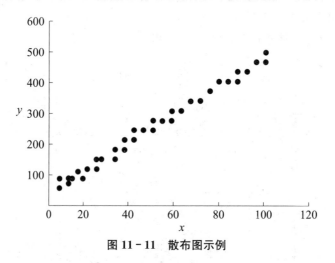

图 11-11　散布图示例

质量管理中常常需要研究两个或多个变量之间的关系，其中有些是确定的函数关系，有些则是有关但不完全确定的关系，这些关系即为散布图的研究对象。

（二）散布图的典型形状

散布图的典型形状如图 11-12 所示。

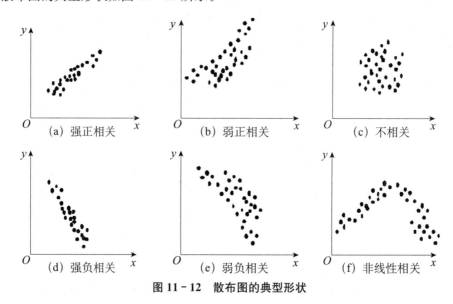

图 11-12　散布图的典型形状

（1）强正相关的散布图，如图 11-12（a）所示。其特点是 x 增加，导致 y 明显增加。这说明 x 是影响 y 的显著因素，x、y 之间的正相关关系明显。

（2）弱正相关的散布图，如图 11-12（b）所示。其特点是 x 增加，导致 y 增加，但不显著。这说明 x 是影响 y 的因素，但不是唯一因素，x、y 之间有一定的正相关关系。

（3）不相关的散布图，如图 11-12（c）所示。其特点是 x、y 之间不存在相关关系。这说明 x 不是影响 y 的因素，要控制 y，应寻求其他因素。

（4）强负相关的散布图，如图 11-12（d）所示。其特点是 x 增加，导致 y 减少。这说明 x 是影响 y 的显著因素，x、y 之间的负相关关系明显。

（5）弱负相关的散布图，如图 11 - 12（e）所示。其特点是 x 增加，导致 y 减少，但不显著。这说明 x 是影响 y 的因素，但不是唯一因素，x、y 之间有一定的负相关关系。

（6）非线性相关的散布图，如图 11 - 12（f）所示。其特点是 x、y 之间虽然没有通常所指的那种线性关系，却存在着某种非线性关系。这说明 x 仍是影响 y 的显著因素。

（三）散布图的应用程序

散布图的应用程序主要包括以下步骤：

（1）选定对象。可以选择质量特性值与因素之间的关系，也可以选择质量特性值与质量特性值之间的关系，或者是因素与因素之间的关系。

（2）收集数据。一般需要收集 30 组以上成对数据。数据必须是一一对应的，没有对应关系的数据不能用来做散布图。

（3）绘制直角坐标系。画出横坐标与纵坐标，填上特性值标度。一般横坐标表示原因特性，纵坐标表示结果特性。为了防止判断错误，两个坐标轴上的最小值与最大值之间的距离应大致相等。

（4）描点作图。根据每一对数据的值逐个画出各组数据的坐标点。当两对数据的值相同时，即数据点重合时，可围绕数据点画同心圆表示，或在该点最近处画点。

（5）分析变量的相关程度。利用散布图进行简单分析的方法有：一是对照典型图例（见图 11 - 12）做出判断；二是利用简单象限法，即分别作 x 轴平行线，将数据点数上下基本平分，作 y 轴的平行线，将数据点数左右基本平分，然后根据对角象限的数据点数判断相关关系。如果需要进一步精确分析变量之间的相关关系，还需要建立回归方程，进行相应的回归分析和计算。

（四）应用散布图的注意事项

应用散布图应注意的事项包括：

（1）应将不同性质的数据分层作图，否则将会导致不真实的判断结论。

（2）散布图相关性规律的应用范围一般局限于观测值数据的范围内，不能任意扩大相关判断范围。

（3）散布图中出现的个别偏离分布趋势的异常点，应在查明原因后予以剔除。

第三节　新七种工具

"新七种工具"包括亲和图、关联图、系统图、PDPC 法、矩阵图、矩阵数据分析法以及箭线图，本节仅介绍较常用的前四种工具。

一、亲和图

（一）亲和图的概念

日本的川喜田二郎根据头脑风暴法创造了 KJ 法，亲和图就是 KJ 法的主要类型。亲和图又叫 A 型图解、近似图解，用来对语言数据进行分析，以便从采集的原始数据中提取信息。它是把收集到的大量有关某一特定主题的意见、观点、想法和问题，按它们之间相互亲（接）近关系加以分类、汇总的一种图示技术。亲和图常用于已获得非常多的想法，一时难以掌握的情况，如通过头脑风暴产生出大量想法的情况。亲和图往往在头脑风暴后应用，把头脑风暴中产生的想法理出头绪，属于集中式思维。亲和图的应用示例如图 11 - 13 所示。

图 11 - 13　某公司产品无法按期交付亲和图

（二）亲和图的用途

（1）掌握处于不清楚状态的事实的资料，用以认识事实。

（2）对于难以理出头绪的事情进行归纳整理，提出明确的方针和见解。

（3）突破现状，旧有的概念体系一旦被打破，思路观念又会处于混乱状态，用亲和图进行归纳，使之系统化。

（4）通过管理者和员工一起讨论和研究，有效地贯彻和落实企业的方针政策。

（三）亲和图的应用程序

应用亲和图的程序主要包括以下 5 个步骤：

（1）确定主题。活动小组的成员通常不超过 10 人，组织者应用通俗化的语言阐明将要研究的问题，保证每位成员清楚明了，避免在对问题进行选取时就陷入讨论和辩论。

（2）制作语言资料卡片。在亲和图的应用过程中，资料的收集是重要的一环。用卡片客观地记录下小组成员的所有想法。如果是在开展头脑风暴之后，可以把头脑风暴中产生的每个想法直接做成一张卡片，每张卡片只记录一个想法。

（3）整理卡片。把所有卡片集中起来，根据假定的相互关系进行分类，最多不超过 10 种类别。整理卡片时，对无法归入任何一类的卡片，可以独立地编为一组。整理完成后，为每类卡片选定标题。

（4）制作亲和图。卡片编写整理后，将它们的总体结构用亲和图来表示，以清晰地显示分组的内部结构和这些组之间的关系。

（5）得出结论。根据绘制的亲和图写出分析报告，指明结论。

二、关联图

（一）关联图的概念

关联图又称关系图，就是对原因与结果、目的与手段等关系复杂而相互纠缠的问题，用箭头把各要素之间的因果关系连接起来，从而找出主要因素和项目的方法。图 11－14 为关联图示意图。质量管理中常出现许多问题相互纠缠的情况，管理者要想理清关系并找到解决措施，可采用关联图。

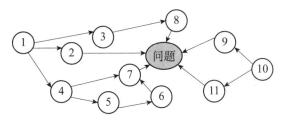

图 11－14　关联图示意图

（二）关联图的特点和分类

一般而言，关联图具有以下特点：

（1）适用于分析整理各种复杂因素交织在一起的问题。

（2）经多次修改和绘制，能够明确解决问题的关键，准确抓住重点。

（3）有助于小组成员取得一致意见。

（4）简明扼要，一目了然，容易理解。

（5）易于补充和修改。

按照结构不同，关联图可分为中央集中型、单向汇集型、关系表示型和应用型四种。中央集中型关联图是尽量把重要的项目或要解决的问题安排在中央位置，把关系最密切的因素尽量排在它的周围。图 11－14 所示意的就是中央集中型关联图。单向汇集型关联图是把重要的项目或要解决的问题安排在右边或左边，把各种因素按主要因果关系，尽可能地从左向右或从右向左排列。图 11－15 所示意的就是单向汇集型关联图。关系表示型关联图是以各项目间或各因素间的因果关系为主体的关系图。应用型关联图是在以上三种类型的基础上使用的关联图，一般在关联图的外框上排列有职能部门、工序名称等方框图。

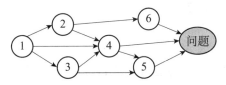

图 11－15　单向汇集型关联图

（三）关联图的应用程序

关联图的应用程序主要包括以下 4 个步骤：

（1）提出认为与问题有关的各种因素，并用简明而确切的文字加以表示。

（2）把因素之间的因果关系，用箭头符号做出逻辑上的连接（不表示顺序关系，而是表示一种相互制约的逻辑关系）。如果各因素间的关系是"原因—结果"型的，则箭头的指向是从原因指向结果；如果各因素间的关系是"目的—手段"型的，则箭头的指向是从手段指向目的。

（3）根据图形进行分析讨论，检查有无不够确切或遗漏之处，复核和认可上述各种因素之间的逻辑关系。

（4）指出重点，确定从何处入手来解决问题，并拟订措施计划。

三、系统图

（一）系统图的概念

系统图就是为了达成目标或解决问题，从"目的—方法"或"结果—原因"层层展开分析，以寻求最恰当的方法和最根本的原因而绘制成的图形。系统图简单、直观，可以形象地将繁杂的流程一目了然地展现出来。

（二）系统图的分类

系统图一般可分为两种：对策型系统图和原因型系统图。

（1）对策型系统图。对策型系统图以"目的—方法"的方式展开。例如，问题是"如何提升品质"，则开始发问："如何达成此目的？方法有哪些？"经研究发现，有推行零缺陷运动、推行品质绩效奖励制度等（一次方法）。继续发问："推行零缺陷运动有哪些方法？"（二次方法）。后续同样就每项二次方法展开成三次方法等，最后建立对策型系统图。图11-16为某企业提高作业效率的对策型系统图。

（2）原因型系统图。原因型系统图以"结果—原因"的方式展开。例如，问题是"为何品质降低了"，则开始发问："为何形成此结果？原因有哪些？"经研究发现，原因是人力不足、新进人员多等（一次原因）。接着以"人力不足、新进人员多"等为结果，分别追问："为何形成此结果？原因有哪些？"其中，"人力不足"的原因有招聘困难、人员素质不够（二次原因）。后续同样就每项二次原因展开成三次原因等，最后建立原因型系统图。图11-17为某企业工作效率低的原因型系统图。

（三）系统图的应用程序

系统图的应用程序主要包括以下8个步骤：

（1）确定主题。将希望解决的问题或想达成的目标以粗体字写在卡片上。必要时，以简洁精练的语句来表示，但要让相关人员了解语句的含义。

（2）明确并计入所希望解决的问题或想达成的目标的限制条件。限制条件可依据人、事、时、地、物、费用、方法等分开表示。

（3）第一次展开。讨论解决问题或达成目标的方法，将可能的对策或原因写在卡片上。

（4）第二次展开。把第一次展开所讨论出来的对策或原因当作目的，为了达成目的，哪些对策或原因可以使用呢？讨论后，将它写在卡片上。

（5）逐级展开。参照上面的展开方法，将第二次展开的对策或原因当成目的，展开第三次方法。如此不断地往下展开，直到大家认为可以采取具体行动，而且可以在日常

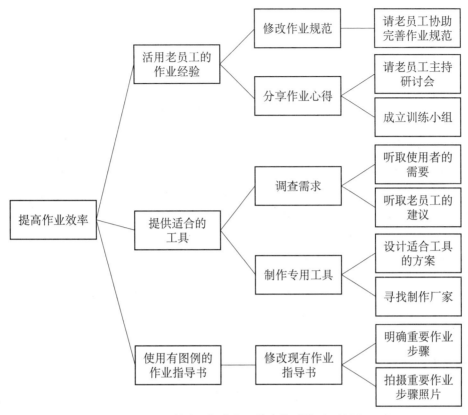

图 11 - 16 某企业提高作业效率的对策型系统图

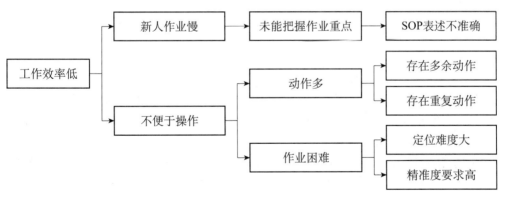

图 11 - 17 某企业工作效率低的原因型系统图

管理活动中加以考核。

（6）对最后一次对策或原因进行评价。经讨论同意后，将最后一次展开的各种对策或原因依其重要性、可行性、急迫性、经济性进行评价，评价结果最好用分数表示。

（7）将卡片与评价结果贴在白板上，经过一段时间（如1小时或1天）后，再检查是否有遗漏或需要修正。

（8）系统图制作完毕后，须填入完成的时间、地点、人员及其他必要事项。

227

四、PDPC法

（一）PDPC法的概念

PDPC法，又名"过程决策程序图法"，是英文Process Decision Program Chart的缩写，是指在制订计划阶段或进行系统设计时，事先预测可能发生的障碍，从而设计出一系列对策措施，以最大的可能引向最终目标。该方法可用于防止重大事故的发生，因此也称为"重大事故预测图法"。

（二）PDPC法的特点

PDPC法便于从整体上掌握系统的动态，因此可以用来判断全局。它不仅具有动态管理的特点，还具有可追踪性。由于能预测出小概率的重大事故，因此可以在设计阶段就预先考虑好应对措施。

（三）PDPC法的分类

一般而言，PDPC法可以分为顺向思维法和逆向思维法两种类型。

（1）顺向思维法。PDPC顺向思维法如图11-18所示。将从状态A_0到理想的状态Z之间所有可能的进展过程展开成PDPC图。在这一过程中，通常存在多种方案。若采用方案A，有可能在进行到A_2步骤时发生问题，就需要换用B方案；当方案B进行到B_2时，又发现该方案也行不通，就必须退回来采用其他方案。总而言之，最后必须在预测出所有问题的前提下，选择一个完全可行的方案作为最佳方案。

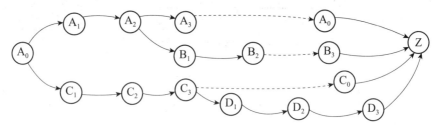

图11-18　PDPC顺向思维法

（2）逆向思维法。逆向思维法与顺向思维法正好相反，从需要达到的目标出发，倒推出一个可行的方案。

（四）PDPC法的适用范围

PDPC法的适用范围主要包括：（1）制订目标管理中的实施计划；（2）制订科研项目的实施计划；（3）对整个系统的重大事故进行预测；（4）制定工序控制的措施；（5）选择处理纠纷的方案等。

（五）PDPC法的应用程序

下文以某易碎货物的不可倒置包装设计为例对PDPC法的应用程序加以说明。某公司要向一个发展中国家运送货物，该发展中国家经济落后、信息封闭、不熟悉国际规则。因此，该公司召集工程师进行不可倒置的PDPC法设计，以保证这批易碎货物运到他国仓库后货物不被倒置。设计过程示意图如图11-19所示。

从图11-19中可见，在设计"不可倒置"的PDPC示意图时，采取了以下步骤：

（1）考虑到使用英语标示的方法，如果发运员不懂英语，此标示将毫无作用。

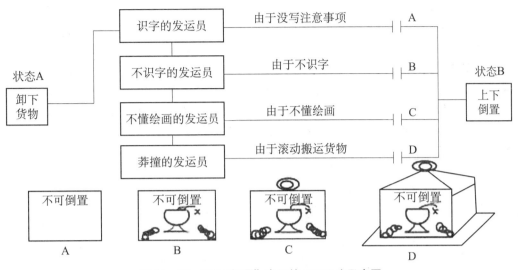

图 11 - 19 "不可倒置"发运的 PDPC 法示意图

（2）考虑到使用图画标识的方法，在箱子四面画上国际通用的不可倒放的易碎物品标志——玻璃杯。但由于信息闭塞，发运员仍然看不懂。

（3）在箱子上放一个吊环。在通常情况下，这种方法足以保证万无一失，如果不幸遇到莽撞的发运员，既看不懂标志，又搬不动货物，于是就采用翻滚搬运法，仍会损坏货物。

（4）最后达成一个方案，即将箱子顶部做成尖状，四面标上提示语言和图案，下面做成一个大底盘。这样，就能有效保证货物的安全了。

知识拓展：
矩阵图

第四节　其他工具

本节介绍除新、老七种工具之外的其他常用质量管理工具和方法。

一、质量功能展开

（一）质量功能展开的概念

质量功能展开（Quality Function Deployment，QFD）是一种把顾客或市场的要求转化为设计要求、生产制造要求、试验检验要求、售后服务要求等的多层次质量演绎分析方法。这一方法产生于日本，在美国得到进一步发展，并在全球得到广泛应用。质量功能展开是开展六西格玛必须应用的最重要的方法之一。在概念设计、优化设计和验证阶段，质量功能展开也可以发挥辅助的作用。

（二）质量功能展开的基本原理

质量屋（House of Quality，HOQ）是建立 QFD 的基础工具，是 QFD 方法的精髓。QFD 的基本原理就是用"质量屋"的形式量化分析顾客需求与工程措施间的关系度，经数据分析处理后找出对满足顾客需求贡献最大的工程措施，即关键措施，从而指导设计人员抓住主要矛盾，开展稳定性的优化设计，开发出满足顾客需求的产品。

HOQ 是一种确定顾客需求和相应产品或服务之间联系的图示方法。它把很多矩阵和图表组合成一张大图，像房屋一样，如图 11-20 所示。

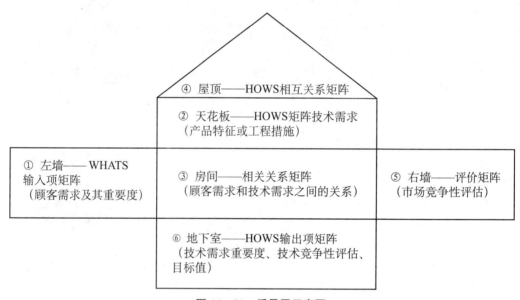

图 11-20　质量屋示意图

1. 左墙——WHATS 输入项矩阵

它表示需求什么，包含顾客需求及其重要度（权重），是质量屋的"什么"。顾客需求是指由顾客确定的产品或服务的特性。重要度（权重）是指顾客对其各项需求进行的定量评分，以表明各项需求对顾客到底有多重要。

2. 天花板——HOWS 矩阵

它表示针对需求怎样去做，是技术需求（产品特征或工程措施），是质量屋的"如何"。技术需求（产品特征或工程措施）是由顾客需求转换得到的可执行、可度量的技术要求或方法。

3. 房间——相关关系矩阵

它表示顾客需求和技术需求之间的关系。关系矩阵是指描述顾客需求与实现这一需求的技术需求（产品特征或工程措施）之间的关系程度，将顾客需求转化为技术需求（产品特征或工程措施），并表明它们之间的关系。

4. 屋顶——HOWS 相互关系矩阵

它表示 HOWS（技术需求）矩阵内各项目的关联关系。相互关系矩阵表明各项技术需求（产品特征或工程措施）之间的相互关系。

5. 右墙——评价矩阵

评价矩阵指竞争性或可行性分析比较，是顾客竞争性评估，即从顾客的角度评估产品在市场上的竞争力。市场竞争性评估是对应顾客需求进行的评估，用来判断市场竞争能力；企业产品评价是顾客对企业当前产品或服务满意的程度；竞争对手产品评价是顾客对企业竞争对手的产品或服务的满意程度；改进后产品评价则是企业产品改进后希望达到的顾客满意的程度。

6. 地下室——HOWS 输出项矩阵

它表示 HOWS（技术需求）矩阵内各项目的技术成本评价等情况，包括技术需求重要度、目标值的确定和技术竞争性评估等，用来确定应优先配置的项目。通过定性和定量分析得到输出项——HOWS 输出项，即完成从"需求什么"到"怎样去做"的转换。其中，技术需求重要度表示技术需求（产品特征或工程措施）的重要程度；目标值是指为了具有市场竞争力，企业所需达到的技术需求（产品特征或工程措施）的最低标准；技术竞争性评估是指企业内部的人员对此项技术需求（产品特征或工程措施）的技术水平的先进程度所做的评价。同市场竞争性评价一样，技术竞争性评估包括对本企业技术的评价和对手企业的技术的评价及改进后技术的评价。二者不同之处：市场竞争性评估是由顾客做出的，是对产品特性的评价；而技术竞争性评估是由企业内部人员做出的，是对技术水平的评价。

通过上述组成建立质量屋的基本框架，给出输入信息，通过分析评价得到输出信息，从而实现一种需求转换。

（三）质量功能展开的阶段划分

美国供应商协会（America Supplier Institute，ASI）提出并倡导的四阶段展开方法，从顾客需求开始，依托四个矩阵完成 QFD 四阶段展开，最终得出产品的工艺和生产（质量）控制参数。ASI 四阶段模式如图 11 - 21 所示。

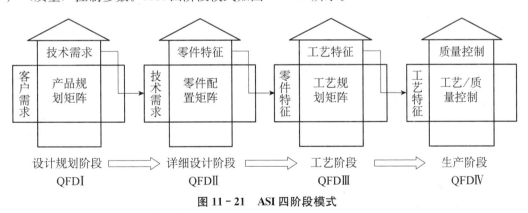

图 11 - 21　ASI 四阶段模式

1. 设计规划阶段

通过产品规划矩阵（质量屋）将顾客需求转化为质量特性（产品特征或工程措施），并根据顾客竞争性评估（从顾客的角度对市场上同类商品进行评估，以市场调查方法获得）和技术竞争性评估（从技术的角度对市场上同类产品进行评估，以试验或其他方法获得）结果确定各质量特性（产品特征或工程措施）的目标值。

2. 详细设计阶段

利用产品规划阶段定义的质量特性（产品特征或工程措施），从多个设计方案中选择一个最佳的方案，并通过零件配置矩阵将其转换为关键的零件特征。

3. 工艺阶段

通过工艺规划矩阵，确定要实现关键的质量特性（产品特征）和零件特征所必须保证的关键工艺参数。

4. 生产阶段

通过工艺/质量控制矩阵将关键的零件特征和工艺参数转换为具体的生产/质量控制方法或标准。

必须注意，并不是第一阶段展开的所有设计要求都必须被展开为零部件特性，只有那些重要度高的（高风险，新、难或非常重要的）设计要求才需要被进一步展开。不应把时间浪费在容易实现的设计要求上。

此外，并不是所有的 QFD 都需要严格按照上述四阶段进行，可以根据具体情况对这四个阶段进行剪裁或补充。如零件配置阶段的作用是将设计要求分配到每一个零件特征中去，可以按照装配级别逐层分配。即将设计要求先分配到部件，再从部件分配到零件，最后从零件分配到特征。由此可知，在没有办法将客户需求一步转换为设计要求的情况下，可以增加中间步骤。

二、标杆管理

（一）标杆管理的概念

标杆管理又称标杆法、水平对比法，是不断寻找最佳实践，以此为基准不断地测量分析与持续改进的一种质量策划方法。该方法强调以卓越的公司为学习对象，通过持续改善来强化自身的竞争优势。其实质上是一个有目的的模仿和创造过程。

实施标杆管理的组织必须不断对其他质量管理项目的产品、服务、成果、经验、不足等进行评价来发现自身的优势和不足。在开展标杆管理之前，组织要理解以下基本原理：

（1）了解自身，评估优势和劣势所在，明确目前的重要绩效指标，对工作过程步骤和行事方式进行文件化。

（2）了解行业领先者和竞争对手。只有清楚了领先者和竞争对手的优势和劣势，才能够对自身的能力进行差异化提升。

（3）借鉴最佳经验以实现卓越，采用并消化最佳实践以获得领先地位。

（二）标杆管理的推进步骤

标杆管理的推进可以采用米歇尔·斯彭多利尼的五步法模型（见图 11-22）。

1. 内部研究与初步竞争性分析

标杆管理的第一步就是界定顾客及其需求以及标杆管理范围和边界，明确是谁要使用未来的对标信息。在界定顾客之后，企业要对顾客需求进行诊断并制作一份顾客需求摘要。这份摘要用来指引标杆管理调查的方向，它决定了标杆管理的进度、行动的范围、报告格式以及资源的分配等。

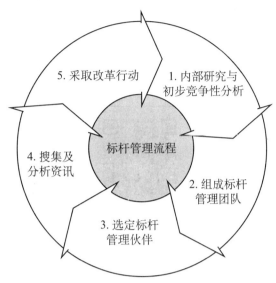

图 11 - 22　标杆管理五步法模型

2. 组成标杆管理团队

在确定了标杆管理的主题之后，企业可根据主题特性来决定标杆管理团队的成员应该如何组成。基本原则是必须要有在主题领域内具有专业知识的员工来参与。此外，企业要考虑团队成员在时间安排上能有某种程度上的配合，及成员在技能上的多元化和互补性。成员还必须具备其他不可或缺的人格气质。

3. 选定标杆管理伙伴

标杆管理伙伴是指提供标杆管理调查相关资讯的组织，也就是要选定最佳行业典范来作为学习合作的伙伴。

4. 搜集及分析资讯

在了解另一个组织的作业流程、产品及服务之前，企业首先要彻底了解自身。在这个阶段，企业必须搜集分析自己内部作业资讯，了解目前的作业方式并进行检讨，找出需要改进的地方。资料搜集完毕后，整理资料做成摘要。

5. 采取改革行动

标杆管理的主要目标就是采取行动，以达到或超越标杆。在这个阶段，企业会根据前一阶段所提出的改革行动计划书来变更实际的流程，这些改变通常会显著而剧烈，甚至能立刻看出成效。在进行完改革后的一段时间，企业必须进行绩效指标的评估，以检视实行的成果。

本章小结

通过本章的学习，我们掌握了质量管理常用的方法与工具。质量工具可以分为两大类：帮助建立解决质量管理问题的思路的工具，分析和处理过程或产品中的数据波动的工具。"老七种工具"包括调查表、分层法、因果图、排列图、直方图、散布图和控制图;"新七种工具"包括亲和图、关联图、系统图、PDPC 法、矩阵图、矩阵数据分析法和箭线图。另外,质量功能展开和标杆管理也是常用的质量管理方法。

本章练习

第十一章练习

第十二章
六西格玛管理

学习目标

知识目标
- 了解不同西格玛下的质量水平，理解六西格玛管理的含义。
- 掌握 DMAIC 模式五个阶段的工作内容。
- 了解六西格玛设计的主要流程。
- 了解六西格玛管理的组织结构、组织中的主要角色及其职责。
- 了解精益生产消除的八大浪费和精益生产的五大原则。
- 理解精益六西格玛管理的含义与精益六西格玛活动的种类。

能力目标
- 能协助完成六西格玛项目的管理工作。

素质目标
- 培养在学习和生活中精益求精、持续创新、追求卓越的理念，树立零缺陷意识。

引　例

精益六西格玛管理的医院实践

　　山东大学齐鲁医院胸外科团队的课题"精益六西格玛（LSS）理论在非小细胞肺癌患者围手术期营养管理中的应用"荣获 2022 年中国智慧医院应用案例交流大会一等奖。该课题研究发现：LSS 在非小细胞肺癌患者围手术期营养管理中的应用，促进了患者快速康复（ERAS），在提升医护质量管理中效果明显，值得在临床上推广使用；流程改进涉及多学科协作（MDT），需要全员参与，LSS 能够提高成员的积极性和自觉性，进而保证改进的持续性；临床举措的革新还处在初级阶段，还需要下一步不断创新与改进。

当前医院面临着前所未有的挑战。挑战来自医保、媒体、群众、患者等。全国三级公立医院绩效考核体现的是优质高效的医疗服务，科学化、精细化的医疗质量管理，推进的是"价值医疗"改革：医疗成本低、治疗效果优、患者体验好。国家、群众和患者都期望医院能够以最低的成本提供更安全和更快捷的医疗服务，这就是价值医疗。对于医疗机构来说，唯一的出路只有提升内部管理水平，一方面调动医务人员的积极性，另一方面改进工作流程，使其更具有科学性，探索医院高质量发展之路。人员和流程，共同构成了现代医院管理的两大支柱，犹如车之两轮、鸟之两翼。通过同时关注患者、流程、协作和数据，精益六西格玛管理可以系统、持续地改善医疗服务的质量和效率。

对于公立医院来说，发展的考量或者说成功的标准就是"高质量"。推行精益六西格玛医院管理理念，创新医疗技术与服务模式，提高医疗水平，打造医院自身的医疗服务品牌，这不仅是医院高质量发展的要求，而且是医院高质量发展的集中体现。精益六西格玛医院管理理念，就是以质量为基础，以技术为核心，以效率为导向，以信息化为支撑，以创新为驱动，助推医院高质量发展。

六西格玛是一种质量管理策略，这种策略主要强调制定极高的目标、收集数据以及分析结果，以减少产品和服务的缺陷。六西格玛以"零缺陷"的完美商业追求，带动质量大幅提高、成本大幅降低，最终实现财务成效的提升与企业竞争力的突破。本章从六西格玛管理的相关概念、实施过程、组织以及精益六西格玛管理等方面进行介绍。

第一节　六西格玛管理相关概念

一、六西格玛的定义

六西格玛是 20 世纪 80 年代由美国摩托罗拉公司所开发的质量改进方法，其源于统计原理，是一套系统的、集成的业务改进方法体系，旨在通过严谨的流程和科学的方法实现组织业务流程突破性改进和设计创新，减少变异，消除浪费，提高质量和效率，提高顾客和利益相关方满意度的系统化、结构化的业务改进与创新模式。六西格玛管理在杰克·韦尔奇的推动下，在通用电气获得巨大成功，成为该公司提高企业业绩与竞争力的核心管理模式之一。而戴尔、西门子等众多跨国企业多年的实践也证明了六西格玛管理是卓有成效的，能够在提升顾客价值、减少流程波动、降低企业运营成本等方面发挥重要的作用。

σ（Sigma）是一个反映数据特征的希腊字母，从统计意义上讲，代表标准差，反映了一个过程的分布状态，是描述一组数据、一群项目或一个过程存在多少波动的统计量。正态分布曲线部分的面积，就是通常所说的合格率，落在此范围之外部分的面积就是缺陷率。用 σ 的数值来衡量质量要求（规格界限）或过程作业状况良好程度的话，值越高，则过程不良品率越低，过程状况越好，完成过程无缺陷作业的能力水平就越高。不考虑偏移时，以 1σ 为质量要求的合格率仅为 68.27%，以 3σ 为质量要求的合格率为 99.73%，而以 6σ 为质量要求的合格率高达 99.999 999 8%，即每百万仅有 0.002 落入规格限以外（存在缺陷或不合格）。由于种种随机因素的影响，任何过程在实际运行中都会产生偏离目标值或者偏离期望值的情况。美国学者本德和吉尔森研究了生产过程中的偏移，获得的结果是 1.5σ。因此在计算过程缺陷率时，一般将正态分布的中心向左或向右移动 1.5σ，其统计结果如表 12-1 所示。

表 12-1　不同 σ 下的质量水平

西格玛	均值无偏条件下		均值 1.5σ 偏移条件下	
	每百万机会缺陷数	合格率	每百万机会缺陷数	合格率
1σ	317 300	68.27	697 770	30.23
2σ	45 500	95.54	308 770	69.13
3σ	2 700	99.73	66 810	93.32
4σ	63	99.993 7	6 210	99.379 0
5σ	0.57	99.999 943	233	99.976 70
6σ	0.002	99.999 999 8	3.4	99.999 66

通常所说的六西格玛质量水平是考虑了偏移的情况，也就是在百万次产品缺陷的机会中，实际只有 3.4 次发生。六西格玛质量意味着管理过程的差错率为百万分之 3.4。根据美国学者埃文斯和林赛的统计，如果产品达到 99.37% 的合格率，以下事件便会继续在美国发生：（1）每年有超过 15 000 名婴儿出生时会被抛落在地上；（2）每年平均有 9 小时没有水、电、暖气供应；（3）每小时有 2 000 封邮寄错误。这样的事情顾客无法容忍。因此，六西格玛已从单纯的含义标准差被赋予了更新的内容。对于每年要生产千万件产品，或是提供上百万次服务的大企业来说，这样的合格率也不会让顾客和公司满意。表 12-2 给出的是对美国企业的现状（约 4σ 质量水平）和六西格玛质量水平的对比，可以看出从 4σ 质量提高到 6σ 质量的意义。作为一种衡量标准，σ 的数量越多，质量就越好。

表 12-2　美国企业的 4σ 质量水平和 6σ 质量水平的比较

4σ 质量水平		6σ 质量水平	
每小时	有 2 万封邮件送错	每小时	有 7 封邮件送错
每天	有 15 分钟供水不安全	每 7 个月	有 1 次供水不安全
每周	有 5 000 个不正确手术	每周	有 1.7 个不正确手术
每月	有 7 小时停电	每 34 年	有 1 小时停电
每年	有 20 万次错误处方	每年	有 68 次错误处方

美国的统计资料表明，一个执行 3σ 质量水平的公司直接由质量问题导致的质量成本占其销售收入的 10%～15%，而 6σ 质量水平的质量成本占其销售收入的 1%。从这

个意义上说，只要想改进业绩，不断减少质量成本占销售额的比率，六西格玛管理就是一个务实、有效的途径。因此，从经济意义上讲，六西格玛管理是提高质量、稳定业务流程、提高客户满意度和企业改进业绩的根本要素。

二、六西格玛管理中的常用术语

六西格玛应用者常使用大量的术语。如果想使用这一方法，就得知道六西格玛管理所使用的语言。

（一）单位

一个单位（Unit）便是六西格玛项目研究的一个对象，如产品或零部件，服务或服务程序、时间周期等。

（二）关键质量特性

关键质量特性（Critical to Quality，CTQ）是指一件产品、一种服务或一个过程的关键质量参数，是对顾客所关心的重要指标的一种测量。例如：在一个内科医生诊断室外，每天选取四个候诊病人作为样本，病人排队等候的平均时间就是关键质量特性；银行自动取款机在每个月的交易错误率也是关键质量特性。六西格玛项目正是被设计用来改进和优化这些关键质量特性的。

（三）缺陷

缺陷（Defect）是指不符合关键质量特性规范的任何事件，它导致了顾客的不满意。对一个给定的单位而言，每个质量特性是通过将顾客的期望转化为具体规格而定义的。对每个单位缺陷进行可操作性定义是非常重要的。一个缺陷并不一定会构成一个单位的缺陷。比如，一个水瓶的外表面可以被擦伤（缺陷），但它仍然可以装水（不是有缺陷的）。然而，如果顾客需要的是没有擦伤的水瓶，那么那个擦伤的水瓶就被认为是有缺陷的缺陷体。一个缺陷体就是指没有达到特定规范的单位，也称不符合的单位。

（四）缺陷机会

缺陷机会（Defect Opportunity）就是可能产生不满足关键质量特性的每种可能的情况。一个特定的单位中可能有很多缺陷机会数。例如：一件服务可能由 4 个部分构成，如果每个部分都包含 3 个缺陷机会，那么该服务就有 12 个可能导致关键质量特性不被满足的缺陷机会数。

（五）单位缺陷数

单位缺陷数（Defects Per Unit，DPU）是过程输出的缺陷数量与过程输出的单位数量之比，表示平均每个单位有多少缺陷。其计算公式为式（12-1）。

$$DPU = 缺陷总数/单位总数 \qquad (12-1)$$

（六）单位机会缺陷数

单位机会缺陷数（Defects Per Opportunity，DPO）是过程输出的缺陷数量与过程输出的缺陷机会数量之比。其计算公式为式（12-2）。

$$DPO = 缺陷总数/缺陷机会总数 \qquad (12-2)$$

（七）百万缺陷机会缺陷数

百万缺陷机会缺陷数（Defects Per Million Opportunities，DPMO）是过程输出的

缺陷数量与过程输出的缺陷机会数量之比（即 DPO）乘以 1 000 000。其计算公式为式（12-3）。

$$DPMO = DPO \times 1\,000\,000 \tag{12-3}$$

假如一位顾客通过电话订购了 4 个汽车备件，希望 5 天内交付。那么，对交付过程来说，关键质量特性是及时交付订货，顾客要求的上规格界限 U_{SL} 是从接电话之日起 5 个工作日内，过程的缺陷是备件超过 5 天发出。对这次电话订货来说，有 4 个缺陷机会。因为每个备件都可能延迟发出。如果该电话销售部门 6 个月内共收到电话订货 20 个，每个订货 4 件，其中未能准时发货的 5 件。那么，该过程的质量水平如下：

DPU＝5÷20＝0.25，表示平均每次订货中有 0.25 件产品不能准时发出。

DPO＝5÷（20×4）＝0.062 5，表示不能准时发货的产品占发出的所有产品的 6.25%。

DPMO＝0.062 5×1 000 000＝62 500，表示如果发出一百万个产品的话，将有 62 500 个产品不能准时发出。

（八）产出率

产出率（Yield）是在规格限制内的部分单位除以总的单位数。如果生产出的 25 个单位中有 20 个是好的，那么产出率就是 0.8(＝20÷25)。

第二节　六西格玛管理实施过程

一、六西格玛改进模式——DMAIC 模式

DMAIC 改进模式有五个阶段：界定、测量、分析、改进和控制。它是一种应用于六西格玛管理中以改变组织现有体系的模式。该模式从调查顾客需求开始，确定所要研究的关键质量特性，对其进行测量，以寻求改进空间，确定改进的质量目标，然后进行优化，并对关键过程实施监控。

（一）界定阶段

界定阶段是六西格玛改进项目的策划与启动阶段，主要涉及界定项目的范围、项目的目标、项目实施团队以及项目实施计划等方面的内容。

（二）测量阶段

测量阶段是在项目得到确定后，对拟改进对象（项目 Y）当前的表现水平加以确定，一般用过程能力或不合格品率等指标来表征，同时验证对项目 Y 的测量系统的可接受性。该阶段的目的是确定当前的水平，以为后续改进程度的衡量打下基础。

（三）分析阶段

分析阶段是六西格玛改进项目尤为关键的一个阶段。在该阶段，项目团队需要根据

项目 Y 和那些潜在影响因素 X 的数据类型，通过搜集数据，运用相应的统计方法，如方差分析、回归分析等，确定起到主要影响作用的关键的少数 X。该阶段也是六西格玛改进项目中运用工具最多的阶段。

（四）改进阶段

当起到主要影响作用的少数 X 得到确定后，在改进阶段，主要的任务是寻找到这些 X 的优化设定，以尽可能得到最佳的项目 Y。在这个阶段，一般可能会用到实验设计（DOE）这样的方法或工具。

（五）控制阶段

当主要影响因素 X 的优化设定明确，且项目 Y 的最佳水平已获得后，后续所需的活动自然是如何巩固和推广所获得的成果，这是控制阶段的主要任务。在这个阶段可能会涉及相关作业文件的制订或修订、统计过程控制等一系列活动。

二、六西格玛设计

通常应用 DMAIC 方法针对企业现有的流程或产品来做改善，使其至少能达到 70% 的改善成效。而事实上，根据实证的结果，运用 DMAIC 方法执行六西格玛方案，质量水准可由三西格玛、四西格玛逐步改进，但会在五西格玛处停滞不前（通常我们称之为 Five Sigma Wall，五西格玛墙），无法再加以突破。因此，六西格玛设计应运而生。

六西格玛主要的几种设计流程包括：

（1）DMADV 流程，即界定（Define）、测量（Measure）、分析（Analyze）、设计（Design）、验证（Verify）。该模式可以充分利用已有的 DMAIC 流程，主要适用于已经存在的产品或者流程的局部重新设计。

（2）IDDOV 流程，即识别（Identify）、界定（Define）、设计（Design）、优化（Optimize）、验证（Verify）。该流程比较适合产品或流程的全新设计。

（3）DMEDI 流程，即界定（Define）、测量（Measure）、探索（Explore）、研发（Develop）、实现（Implement）。该流程适用于设计新的稳健流程、产品和服务。

第三节　六西格玛管理的组织

一、六西格玛管理的组织结构

组织实施六西格玛管理的首要任务是创建一个致力于流程改进的专家团队，确定团队内各种角色及其责任，形成六西格玛组织体系。这是实施六西格玛管理的基本条件和必备资源。六西格玛管理的组织结构示意图如图 12-1 所示。

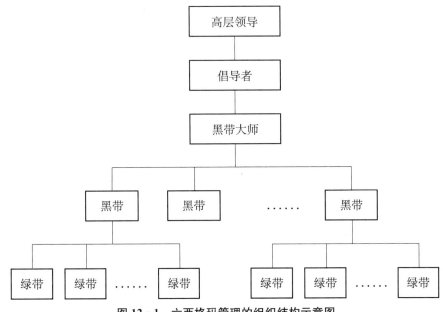

图 12 - 1　六西格玛管理的组织结构示意图

二、六西格玛管理组织中的主要角色及其职责

六西格玛组织中的主要角色：高层领导、倡导者、黑带大师、黑带和绿带。

（一）高层领导

高层领导为六西格玛管理的成功实施提供推动力、方向和必需的资源。高层领导的职责有：（1）学习六西格玛管理；（2）领导最高管理团队将六西格玛项目与组织目标联系起来；（3）参加合适的六西格玛项目小组；（4）保持对整个体系的全局把握而不仅仅是局部优化；（5）保持长期发展的视野；（6）在合适的情况下，解释六西格玛管理的长远好处；（7）不论公开还是私下都始终如一倡导六西格玛管理；（8）主持对六西格玛管理重要环节的审查和评价。

（二）倡导者

倡导者作为一个项目的积极保证者和领导者来领导和完成六西格玛项目。倡导者应该是管理团队成员或者至少是一个可以信任的向管理团队成员直接汇报的人员。他应该有足够的影响力去清除障碍或提供必要资源而无须向上层组织申请。倡导者的工作和管理团队成员紧密联系，他们任命六西格玛项目的领导为黑带大师，监督这些项目的实施。

倡导者有以下责任：（1）通过组织内仪表盘确定要实施的六西格玛项目；（2）与管理团队成员探讨项目的使命；（3）挑选黑带（简单项目挑选一个绿带）作为项目的领导者；（4）为六西格玛项目清除一切政治上的障碍或资源上的限制（冲突）；（5）为项目小组和管理团队成员提供持续的交流通道；（6）帮助小组成员统筹安排他们的资源及进行预算控制；（7）按照项目的时间表回顾项目的进度；（8）提供方向和指导以保持整个小组对项目的关注；（9）确保项目中六西格玛方法和工具的使用；（10）参与对六西格玛项目重要环节的审查和评价。

（三）黑带大师

黑带大师作为六西格玛过程的管理者和执行顾问或商业管理者，担当领导者角色，并通过协调由黑带或者绿带领导的项目来提升自身的技能。通常，黑带大师直接向管理团队成员或者商业管理者汇报。黑带大师已经成功地领导过许多小组完成了复杂的六西格玛项目。在六西格玛管理中，黑带大师是变革领导者、执行者、推动者及技术专家。

黑带大师的职责：（1）与管理团队成员和商业管理者讨论六西格玛管理；（2）通过组织的仪表盘识别、区分、协调六西格玛项目；（3）持续改进和创新组织的六西格玛过程；（4）将六西格玛应用于生产和交易过程，如销售、人力资源、信息技术、设备管理、呼叫中心、财务等；（5）教授黑带及绿带六西格玛理论、工具和方法；（6）指导绿带和黑带。

（四）黑带

黑带是全职的变革执行者和改进领导者，他不一定是过程方面的专家。理想的黑带应具有如下品质：（1）具有技术和管理流程改进/创新的技能；（2）热衷于统计和系统理论；（3）理解个人和项目组的心理；（4）理解策划—实施—学习—改进（PDSA）循环，拥有良好的学习技能；（5）具有优秀的沟通和写作能力；（6）适应项目组工作；（7）能够组织会议；（8）具有幽默的个性，以工作为乐趣；（9）能用非技术性术语与顾客很好地沟通；（10）不为更高层管理者所胁迫；（11）关注顾客。

黑带的职责：（1）帮助设立项目目标；（2）与倡导者及过程所有者交流项目进度；（3）领导六西格玛项目组；（4）组织会议和后勤协调；（5）帮助项目组成员进行试验设计和分析；（6）为项目小组成员提供关于六西格玛工具和项目组功能的培训；（7）帮助项目组成员为倡导者和最高团队对六西格玛项目的审查和评价做准备；（8）从仪表盘上推荐额外的六西格玛项目；（9）指导绿带项目，限制项目范围。

（五）绿带

绿带利用部分工作时间（25％）完成六西格玛项目，他可以是复杂项目的成员，也可以是较简单项目的领导者，同时也是六西格玛项目中的中坚力量。在一个成熟的六西格玛组织中，大部分经理都是绿带，而且绿带证书也是晋升的一个关键要求，因为它被认为是最好的管理实践方式。

绿带的职责：（1）提供过程有关的专业知识；（2）与非团队成员的同事进行沟通；（3）收集资料；（4）接受并完成所有被指派的工作项目；（5）执行改进计划；（6）参加会议和活动。

第四节　精益六西格玛管理

一、精益生产概述

1990 年，沃麦克等在《改变世界的机器》一书中提出了精益生产（Lean Production）的概念，以诊治美国大量生产方式过于臃肿的弊病。这个概念源自日本丰田汽车公司创造的丰田生产模式，其基本理念是在产品设计、制造、销售以及零部件库存等各个环节消除一切不必要的浪费，进而实现以更低的成本及时地按照顾客的需求提供高质量的产品。

（一）精益生产消除的八大浪费

精益生产的基本思想为"Just In Time"（JIT），其中文含义是"在需要的时候，按需要的量，生产所需的产品"。因此有些管理专家也称精益生产方式为 JIT 生产方式、准时制生产方式、适时生产方式或看板生产方式。JIT 生产方式将工厂的浪费归纳为八种，分别是：不良的浪费、过分加工的浪费、动作的浪费、搬运的浪费、库存的浪费、制造过多或过早的浪费、等待的浪费、管理的浪费，简称为八大浪费。

1. 不良的浪费

不良的浪费指的是由于工厂内出现不良品，需要进行处置的时间、人力、物力上的浪费，以及由此造成的相关损失。这类浪费具体包括：材料的损失、不良品变成废品；设备、人员和工时的损失；额外的修复、鉴别、追加检查的损失；有时需要降价处理产品，或者由于耽误出货而导致工厂信誉的下降等。

2. 过分加工的浪费

过分加工的浪费主要包含两层含义：第一是多余的加工和过分精确的加工，如实际加工精度过高造成资源浪费；第二是需要多余的作业时间和辅助设备，还要增加生产用电、气压、油等能源的浪费，另外还增加了管理的工时。

3. 动作的浪费

动作的浪费现象在很多企业的生产线中都存在，常见的动作浪费主要有以下几种：两手空闲、单手空闲、作业动作突然停止、作业动作过大、左右手交换、步行过多、转身的角度太大、移动中变换"状态"、不明技巧、伸背动作、弯腰动作以及重复动作和不必要的动作等。

4. 搬运的浪费

从 JIT 的角度来看，搬运是一种不产生附加价值的动作，而不产生价值的工作都属于浪费。搬运的浪费具体表现为放置、堆积、移动、整理等动作浪费，由此而带来物品移动所需空间的浪费、时间的浪费和人力工具的占用等不良后果。

5. 库存的浪费

JIT 的观点认为，库存是没有必要的，是万恶之源。库存过多，会将故障、不良品、缺勤、计划有误、调整时间过长、品质不一致、能力不平衡等问题全部掩盖。例如：有些企业生产线出现故障，造成停机、停线，但由于有库存而不至于断货，这样就将故障造成停机、停线的问题掩盖了，耽误了故障的排除。如果降低库存，就能将上述问题彻底暴露出来，进而逐步解决这些库存浪费。

6. 制造过多或过早的浪费

制造过多或过早提前用掉了生产费用，不但没有好处，还隐藏了由于等待所带来的浪费，失去了持续改善的机会。有些企业由于生产能力比较强大，为了不浪费生产能力而不中断生产，增加了在制品，使得生产周期变长、堆放制品的空间变大，还增加了搬运、堆积的浪费。此外，制造过多或过早，会带来庞大的库存量，利息负担增加，不可避免地增加了产品贬值的风险。

7. 等待的浪费

生产原料供应中断、作业不平衡和生产计划安排不当等原因造成的无事可做的等待，被称为等待的浪费。生产线上不同品种之间的切换，如果准备工作不够充分，势必造成等待的浪费；每天的工作量变动幅度过大，有时很忙，有时人员、设备闲置不用；上游的工序出现问题，下游的工序无事可做。此外，生产线劳逸不均等现象的存在也是造成等待浪费的重要原因。

8. 管理的浪费

管理的浪费指的是问题发生以后，管理人员才采取相应的对策来进行补救而产生的额外浪费。管理的浪费是由于事先管理不到位而造成的，科学的管理应该是具有相当的预见性，有合理的规划，并在事情的推进过程中加强管理、控制和反馈。

（二）精益生产的五大原则

精益生产的基本思想可以概述为五大原则：精确定义产品的价值，识别出产品的价值流，使价值不断地流动，顾客拉动生产，永远追求尽善尽美。

1. 精确定义产品的价值

产品的价值通常由功效和价格等组成。功效又可分为功能和质量，功能可进一步细分为主要功能和辅助功能。与辅助功能相比，主要功能才是顾客购买产品的真正动机所在。产品的价值是由顾客定义、生产者创造的。因此，精益生产通过与顾客的对话，为具有特定功能以特定价格提供的产品精确定义价值，这是最基本的原则，也是精益生产的第一步。

2. 识别出产品的价值流

价值流是一个特定产品通过任何一项商务活动的三项关键性管理任务时所必须的一组特定活动。此三项关键性管理任务为：从概念到正式发布的产品设计流程；从接受订单到执行生产计划发货的信息流；从原材料到转化为产品的物流。识别出每种产品的价值流是精益生产的第二步。

3. 使价值不断地流动

经过第二步的价值流分析，对于保留下来的创造价值的活动应策划使其流动起来。该原则要求企业重新定义职能、部门和企业的作用，使它们能对创造价值做出积极的贡献；说明价值流上每一点的员工的真正需要，因此，使价值流动起来才真正符合员工的利益。

4. 顾客拉动生产

精益生产具有在顾客需要的时候设计、排产和制造出顾客真正需要的产品的能力，这就意味着企业可以抛开销售预测，直接按顾客要求生产。因此，企业可以按照顾客需求拉动产品，而不是把顾客不想要的产品硬推给他们。

5. 永远追求尽善尽美

企业满足上述四个原则后，越想真正地满足顾客的要求，让价值流动得更快一些，就越能暴露出价值流过程中的瓶颈和障碍，企业就会不断地改善这些瓶颈，消除障碍，满足顾客的需求，进而逐步实现尽善尽美。

二、精益六西格玛管理的含义

精益六西格玛管理是精益生产和六西格玛管理的结合，以追求顾客满意为导向，依照数据和事实进行决策，研究业务流程，通过组织一个个流程改善的项目，达到对内降低运营成本、提高效率、改善产品质量，对外提高顾客满意度的目的。精益六西格玛管理通过整合精益生产与六西格玛管理，吸收两种生产模式的优点，弥补单个生产模式的不足，达到更佳的管理效果。精益六西格玛不是精益和六西格玛简单相加，而是把精益和六西格玛有机结合起来，处理整个系统的问题，对于系统中不同过程或同一过程的不同阶段的问题，精益和六西格玛相互补充，才能达到 $1+1>2$ 的效果。

三、精益六西格玛项目的实施

根据精益六西格玛管理解决具体问题的复杂程度和所用工具划分，精益六西格玛活动分为精益改善活动和精益六西格玛项目活动。其中，精益改善活动全部采用精益生产的理论和方法，解决的问题主要是简单问题；精益六西格玛项目活动主要针对复杂问题，需要把精益生产和六西格玛管理的理念、方法和工具结合起来，它采用新的"界定—测量—分析—改进—控制"实施流程，被称为 DMAIC Ⅱ。它与传统的 DMAIC 过程的区别是，它在实施中加入了精益的哲理、方法和工具。

实例链接

S公司应用六西格玛降低喷油螺杆压缩机故障实践

S公司每月在保喷油螺杆压缩机有9个产品系列，约4 500 台。每年因泄漏造成的直接经济损失在 136 万元以上。该公司近年来面临巨大的竞争压力。为了降本增效、提高顾客满意度，公司要求对故障频次最高的泄漏问题进行改进，在一年之内将三包期内机组平均泄漏率降低 25%，然后在此改进的基础上进行其他质量问题的改进。

S公司目前的压缩机管路泄漏率为 1.27%，远远达不到要求。公司希望在一年之内将三包期内顾客现场泄漏率降到 0.95% 左右。为此，公司发起了一个"降低泄漏率"的六西格玛项目，项目时间为 20×7 年 3 月至 10 月，项目进度计划表如表 12 - 3 所示。

表 12-3　项目进度计划表

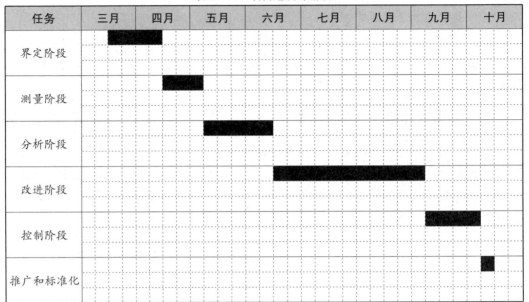

任务	三月	四月	五月	六月	七月	八月	九月	十月
界定阶段								
测量阶段								
分析阶段								
改进阶段								
控制阶段								
推广和标准化								

知识拓展：
S公司应用六西格玛降低喷油螺杆压缩机故障实例详解

本项目经过了五个阶段：界定阶段、测量阶段、分析阶段、改进阶段和控制阶段。项目完成的几个月内各项指标在目标范围内，以上一会计年度或最近 12 个月的实际发生值作为比较基准，计算一个会计年度或最近 12 个月的收益。到项目结束评估期内泄漏率降低了 50%（见表 12-4），达到 0.63%，泄漏次数减少了289 次。

表 12-4　客户现场泄漏数据对比表

20×7 年 6 月—20×8 年 5 月												
当月泄漏台数	36	33	44	66	48	86	74	41	24	53	38	47	590
当月泄漏率	0.97%	0.89%	1.20%	1.78%	1.29%	2.26%	1.89%	1.03%	0.59%	1.30%	0.93%	1.14%	1.27%

20×8 年 6 月—20×9 年 6 月												
当月泄漏台数	37	28	30	11	17	29	24	26	30	31	18	20	301
当月泄漏率	0.89%	0.68%	0.72%	0.27%	0.41%	0.71%	0.61%	0.68%	0.79%	0.83%	0.48%	0.55%	0.63%

本章小结

通过本章的学习，我们掌握了六西格玛管理的相关知识。本章主要包括以下内容：

六西格玛水平意味着百万分之 3.4 的缺陷率；DMAIC 改进模式有五个阶段：界定、测量、分析、改进和控制；六西格玛组织中有高层领导、倡导者、黑带大师、黑带和绿带等主要角色；精益六西格玛活动可以分为精益改善活动和精益六西格玛项目活动。

本章练习

第十二章练习

第十三章
质量 4.0 时代的质量管理方法与工具

○ 学习目标

知识目标

- 理解质量 4.0 产生的背景、定义与特点。
- 了解人工智能的基本概念及其给质量管理工具及方法带来的机遇和挑战。
- 了解区块链技术的基本特征及相关质量控制方法。
- 了解大数据的基本特征及相关质量管理工具。

能力目标

- 能对质量 4.0 时代的质量管理实践提出新的应对思路或方法。

素质目标

- 培养顺应时代发展趋势的先进质量管理理念，提高运用新方法、新工具的创新意识和创新能力。

○ 引 例

建设智能工厂

2013 年，格力正式进军智能装备领域，致力于以自主创新的核心科技推动智能制造转型升级，沿着"体系建设、技术创新、场景应用"三大方向，打通全流程全要素业务，如今业务范围已涵盖六大产业基地、十二大技术服务中心。格力智能装备已包含数控机床、工业机器人、智能物流仓储设备、智能环保设备、工业自动化五大产品领域，攻克了机器人、数控机床等领域的三大关键核心技术，客户覆盖汽车、家电、新能源、机械加工等多个行业，提升了格力电器在同行业产品当中的竞争力，确立了行业领跑者的优势地位。

2019年4月26日，在第二届"一带一路"国际合作高峰论坛开幕式上，习近平总书记强调，"我们要顺应第四次工业革命发展趋势，共同把握数字化、网络化、智能化发展机遇，共同探索新技术、新业态、新模式，探寻新的增长动能和发展路径，建设数字丝绸之路、创新丝绸之路"。智能制造是新一代信息技术与先进制造技术的深度融合，是数字化、网络化和智能化等的共性使能技术，是中国制造业未来发展的主要方向。作为我国实体企业的代表，格力电器已经从单一的家用空调企业成长为多元化的工业集团，为推动"中国制造"升级为"中国智造"提供了强大动能。

2019年，格力电器珠海基地被广东省工业和信息化厅认定为广东省第一批"5G＋工业互联网应用示范园区"。根据《互联网周刊》发布的"2021智能工厂TOP200"榜单，格力电器以综合评分97.09位列总榜第2位、家电行业第1位。

2021年，格力电器已经具备成熟的智能制造生产流程。走进格力电器生产车间，就可以看到工业机器人、数控机床、5G、AI等先进科技充分融入生产的场景：集控中心的大屏幕上，全产线虚拟仿真实现了从产品设计、生产计划到制造执行的全流程数字化；产线上，印刻着格力品牌标志的工业机器人替代传统人工高质量地完成各项质检工序；车间通道上，AGV导航车与智能电子仓库实现智能调度、精准配送……高度自动化已成为格力工厂的常态。未来，格力电器还将继续深耕智能制造领域，强化核心产业优势，加速实现核心技术自主可控，以创新推动制造业高质量发展，在智能制造转型升级路上展现无限的创造力！

质量4.0是一种变革的质量管理模式，生态链将取代供应链，而传统的质量检验职能将会弱化甚至消失，质量改进职能会逐渐融入其他职能，战略质量管理成为核心。本章从质量4.0概述、人工智能下的质量控制技术、区块链技术创新质量控制的方法、大数据与云计算应用下的质量管理方法与工具等方面进行介绍。

第一节 质量4.0概述

一、质量4.0的产生背景

伴随着技术的进步，互联网与计算机在工业系统中的集成为价值链提供了实时的信息流、高自主性与自动化，被称为工业4.0的第四次工业革命应运而生。第一次工业革命始于18世纪，当时由蒸汽提供动力的机械化首次在英国出现。第二次工业革命始于19世纪，其特点是利用电力来运行大规模的生产线，以应对不断增长的市场需求。第三次工业革命始于20世纪70年代，可编程逻辑控制器（PLC）与集成电路（IC）被发明出来，并且利用可编程机器人实现生产优化。自动化、生产技术集成以及新技术的出现为工业世界的更大飞跃铺平了道路。工业 4.0 是第四次工业革命，其特点是在工业系统利用物联网（IoT）、信息物理系统（CPS）、机器人技术、大数据、网络技术、云计算（CC）、增强现实和虚拟现实（AR/VR）、人工智能（AI）和机器学习（ML）等技术。

工业 4.0 为在汽车、航空航天和国防工业等不同领域生产更复杂的产品创造了条件，而这些产品需要更复杂的质量控制和保证系统，即更复杂和更准确的测量和校正工具。AI、ML、CC、大数据、CPS 和工业物联网（IIoT）等技术通过传感器和 ERP 系统促进了自动化和数据收集，并将其转化为有用的信息。这些技术及其影响提高了产品和服务质量以及整体组织绩效。从经济上讲，工业 4.0 降低了质量成本，包括取样和检验成本，提高了性能，通过同时监控过程和产品，将产品缺陷与过程不准确性联系起来，从而将缺陷与各自的根本原因对应。此外，工业 4.0 改进了与质量相关的决策活动，由即时数据流支持，这反过来又支持事实决策过程。此外，工业 4.0 对业务的影响导致一个响应性和集成性的价值链，这提高了从供应商到客户终端的整个价值链运营的质量。工业 4.0 的蓬勃发展对质量管理提出了新的挑战，质量 4.0 在这样的背景下出现了。

二、质量 4.0 的定义与特点

（一）质量 4.0 的定义

目前质量 4.0 尚无统一的定义。许多学者对此进行了探讨，有的从工业 4.0 的背景视角进行界定，有的从质量管理演化视角进行界定，有的则从质量管理实践特点进行界定。主要观点包括：

（1）质量 4.0 是传统的质量管理实践和技术与机器学习、云技术、大数据、物联网和人工智能等新技术的集成。

（2）质量 4.0 是从人工测量、在质量图表上记录结果和重新调整制造过程，转变为全自动活动，即传感器进行测量、软件应用程序进行分析和控制、自动调整的过程。

（3）质量 4.0 为与制造过程和活动相关的数据与质量管理的实时集成和同步，必须连接到实时分析系统，该系统可以监控、分析和控制整个价值链，以制定必要的对策，防止生产停止或产品拒绝。

（4）质量 4.0 是大数据驱动的全链质量管理，其中大数据涉及产品数据、运营数据、价值链数据以及外部数据，通过建模与仿真进一步扩大质量管理的范畴并提升其效率；全链包括供应链、价值链和产业链。

（二）质量 4.0 的特点

1. 检测自动化

工业企业不仅可以使用高速、无损的测量工具，如 X 射线、数码相机、激光扫描和 CT 扫描，还可以尽量减少在测量和登记检查结果过程中的人为误差。因此，质量 4.0 具有自动化的检验检测，以缩短最小化检测缺陷和响应调整过程之间的时间。检测自动化利用传感器和物联网设备，控制质量缺陷触发装置，防止缺陷零部件流向下一道工序，并能向生产操作员和监督人员提供一致的准确信息，实现生产过程零缺陷。

2. 结果数字化

大规模生产、批量定制等生产模式对流程的高质量提出了更高要求。同时，产品和过程的复杂性带来了分析复杂性，特别是问题分析及其原因判断。检测自动化促进了精益质量方法，然而实现生产的稳定性并非最终目标，识别问题及其原因并予以纠正才是关键。因此，必须通过对大量数据的预测分析，形成数字化的结果以供决策，进而实现在缺陷发生之前避免缺陷。

3.过程集成化

检查和分析结果反馈给过程控制，以便在需要时根据质量分析结果重新调整过程。利用信息物理系统（CPS）等工业4.0特性，产品价值链可以根据检测到的质量问题立即进行调整。质量4.0的目标是达到零缺陷制造和建立符合动态变化条件的智能工厂。此外，在价值链中不同位置捕获的实时数据可以流回所有相关各方（从产品设计到最终交付和操作）。这种整合不仅存在于一个工厂，而且存在于其他工厂中。共享的信息将有助于跟踪和解决质量问题，推动标准化质量实践，并提高性能。

三、质量4.0时代质量管理发展新趋势

（一）质量和质量管理的范畴

（1）质量管理对象大幅扩展。在传统对象如产品、服务、过程之外，数据、数据应用、数据平台等成为质量管理的新对象。

（2）产品服务的质量维度增加数据特性。虚拟物理空间、数字孪生等技术，使实体之外相应存在一个数字虚拟投射，对它的刻画将成为今后判定产品服务的重要标准。传统的产品逐步呈现出"软件定义、数据驱动、平台支撑、服务增值、智能主导"的新特征，其质量特性也随之变化，对产品进行定义的相关标准也需要随之调整和变化。

（二）质量供给

（1）数据驱动的设计质量大幅提升。大数据使市场和顾客的细分更加容易和清晰，也更能够获得各种明示或潜在的需求，观察其变化，使质量第一次能够真正从设计起始端就做到"顾客导向"而非"产品导向"。

（2）质量控制更加精准且智能，传统方法须改进。企业要转型成新型智慧化制造、服务企业，必须从内部调整自身的质量管理体系，包括管理流程、软硬件设施等多方面。传统的基于小样本统计的质量控制与改进将让位于基于大数据的机器学习，新的算法需要被研究和采用。

（3）质量竞争更加激烈，质量创新更为迫切。数字化使得获取质量标准和开展质量控制的成本进一步下降，企业在一般性质量上的改进不再成为获得竞争优势的必要条件，竞争的重心转移到质量创新上，即更好地洞察消费者需要并迅速以突破式的方法予以满足或超越，创造更加良好的效益。

（三）质量需求

消费者权利大幅提升。消费者获取产品服务信息的能力大幅提升，做出合理消费决策的依据更加充分。供给侧竞争的加剧也使消费者能够获得更多的让利，但同时应警惕企业采用各种手段制造虚假信息，诱导欺骗消费者。信息的甄别能力成为消费者行使权利的重要前提，也成为质量监管的重点和难点。

（四）质量基础设施

（1）标准理念和实践发生变革。在制造业领域，通过模块化、数字化嵌入式标准，

对产品、组织和程序结构进行优化，实现个性化定制、柔性化生产、智能化服务，获得更高质量和效率。在服务业领域，标准化与数字化、网络化和智能化结合形成标准云和数字标准，通过大数据技术进行存量标准的资源优化，提高标准供给效率，并扩大标准服务的有效范围。

（2）检验检测技术发展，检测认证机构权威性下降。检测设备智慧化程度大幅提升，检验检测越来越多地从事后抽检变为在线全检，区块链的去中心化、去权威化也将导致检测认证机构的公信力下降。质量技术服务机构的研发能力将成为最重要的核心竞争力之一。

（3）质量管理方法面临更新。数据获取的便利将导致更加即时、可控、可追踪的质量数据管理。同时，大数据在质量创新的应用中也面临数据完整性、数据质量、数据场景、领域知识、数据隐私、样本稀缺等方面的诸多挑战，现有数据处理方法不能应对这些挑战，使得管理者从海量数据中得到有效决策支持的能力不足。

（4）质量人才的技能结构出现根本性变化。与质量相关的工作职位、场所发生重大变化，从数据中发现价值并支撑决策将成为最重要的能力，对质量人才的培养体系也将相应变化。数据分析技能和专业技术能力的叠加复合成为今后质量人才的新标准，也使得培养的难度进一步增加，促使现有教育培训体系进行变革。

（五）质量监管

（1）监管内容进一步扩展。数据安全、数据质量、数字平台质量、数字能力供给质量等伴随数字化发展而来的新内容都需要逐步纳入监管体系，所需的法律法规、标准规范以及与之匹配的监管能力建设都将深刻变化。

（2）社会共治的各方分工与协调需要重构。消费者参与监管的意愿与能力大幅提高，当前以行政及司法为主导的监管体系应更加柔性、更加包容，妥善及时处理消费者在质量领域中的诉求表达。

（3）国际监管合作需要进一步加强，主导权归属可能存在争议。无论是数字产品/服务本身，还是数字驱动的产品/服务制造与消费系统，都将在互联网、物联网赋能下趋于高度国际化，监管的国际化合作是必然的。各国将积极争取主导权，将自身的规则纳入国际体系中。

第二节 人工智能下的质量控制技术

一、人工智能的基本概念以及对社会的影响

（一）人工智能促进制造业新模式与新业态的形成

人工智能（Artificial Intelligence，AI）是计算机科学的一个分支，是研究、开发

用于模拟、延伸和扩展人的智能的理论、方法、技术及应用系统的一门新的技术科学。AI 研究的一个主要目标是研究能以与人类智能相似的方式做出反应的智能机器，使机器能够胜任一些通常需要人类才能完成的复杂工作。人工智能带来的科技产品是人类智慧的"容器"，可以对人的意识、思维的过程进行模拟。该领域的研究包括机器人、语言识别、图像识别、自然语言处理和专家系统等。人工智能是涵盖内容十分广泛的科学，它由不同的领域组成，如机器学习、计算机视觉等。

AI 自诞生以来，理论和技术日益成熟，应用领域也不断扩大。随着 AI 时代的到来以及在新一代 AI 技术引领下，制造业的生产技术、组织方式、竞争策略等都将面临重大调整，为制造业新模式与新业态的形成提供了更多可能。

（二）人工智能促进产品智能化发展

德国弗劳恩霍夫应用研究促进协会生产设备和设计技术研究所总监扬·帕特里克卡普认为，目前 AI 和数字化世界中的未来制造业正面临全球化、区域化和个性化发展趋势，新价值链的复杂性不断增加，数字集成、智能生产以及信息物理系统（CPS）的建立也成为必然。他认为工业 4.0 主要涵盖以下三个方面：第一，人、物、服务及流程的互联网在工业和制造业企业的使用和实现；第二，网络、智能化无处不在，包括人、物、机器和信息系统；第三，增值网络中的横向整合、生产和信息系统的纵向整合、智能分散化、工程数字化一致性、社会技术系统设计。工业 4.0 的过去是产品识别，现在是产品记忆，未来将会是产品智能化，满足个性化需求。

由此可见，工业 4.0 是利用信息化技术促进产业变革的时代，即智能化时代，其核心是通过信息物理系统，将资源、信息、物品与人相互关联在一起，形成物联网。CPS 对所有生产线、物流和供应商等多线程资源进行统筹管理，实现用户参与产品的个性化设计，并通过虚拟设计、虚拟评估和虚拟制造，把用户需求、用户反馈同生产制造完美地结合起来。

二、人工智能对质量管理工具及方法带来的机遇和挑战

（一）人工智能促进质量专业人才研究重点的转型

2017 年亚太质量组织大会上，菲律宾 Micro Ventures 公司的联合创始人巴姆·阿基诺指出了 AI 时代的到来，在菲律宾将会影响 60% 的工作，4 万个工作岗位将被替代，包括电话销售员、薪酬福利经理、前台接待员、快递员、校对员、电脑专家、市场研究分析师、广告销售人员、零售销售人员等。但是，AI 同时也会创造出很多新的工作岗位。技术的发展将对岗位的需求产生变化，工作者必须适应这种转变。这意味着需要调整教育和训练模式，使其足够灵活，从而快速、高效地教授全新的知识和技能，应对未来的挑战。质量专业人才的研究重点从效率、有效性和满意度向持续学习和适应转变，利用质量管理方法与工具的环境及处理和解决问题的手段也将会发生变化。

（二）全球数字化发展趋势影响政府管理质量及测评方法

全球领导力和标杆学习联合公司主管戴尔·威克斯针对"引领和管理政府最重要的途径是依靠数字世界的人工智能，还是依赖积极的市民参与"这个问题，从未来我们面临的全球卓越服务问题是什么，以及如何合理定位数字世界和卓越服务框架在日益完善

的政府服务中的角色等角度进行了阐释。全球数字化发展趋势在政府管理中的表现为智能城市、智能地区、智能国家、智能事业。戴尔认为人们日益增长的服务期望是新常态，这与我国党的十九大提出的人民日益增长的美好生活需要和不平衡不充分的发展之间的现阶段主要矛盾理念不谋而合。他以加拿大的"以市民为主"的服务理念为例，证明了通过合作和新的可测量的管理工具可以改善政府服务，提高公众信任度。

（三）机器学习与质量管理方法及工具将进一步交叉融合

机器学习是用数据或以往的经验，以此优化计算机程序的性能标准。机器学习是人工智能的核心，属于人工智能的一个分支。机器学习理论主要是设计和分析一些让计算机可以自动"学习"的算法，使机器自己理解大量非结构化的数据，利用规律对未知数据进行预测。随着人类对数据信息的搜集、应用、掌控力的提升，机器学习在海量数据的支持下攀上了新的高峰。深度学习又是机器学习的一个分支，通过海量的数据进行更有效的训练从而获得更精确的分类或预测，它突破了传统机器学习方法的瓶颈，推动了人工智能领域的快速发展。

人工智能的目的是开发一种拥有智能行为的机器。目前很多大公司都在努力开发这种机器学习技术，让电脑学会人类的行为模式，让机器像人类一样"思考"。机器学习中各式各样的算法和它们所针对的诸多方面注定了机器学习会被广泛应用于改善并保持设计质量和质量生产，进而影响产品的生产和服务的提供。例如：当要预测某个产品的受众面时，就可以使用决策树算法。首先选择一定数量的个体，提取他们的信息，按照训练决策树模型的流程进行操作。这样构建好的决策树模型就可以在我们给予新个体时按照新个体的信息预测出他是否为该产品的受众人群。同时，机器学习还可以被用于风险评估、满意度预测、垃圾信息的过滤乃至人脸识别等方面，为产品和服务质量提升做出探索。

机器学习也是一门多领域交叉学科，涉及概率论、统计学、算法复杂度理论等多门学科。机器学习的核心是数据、算法（模型）、算力（计算机运算能力）。机器学习对数据质量要求也非常高，这些数据需要训练预测模型，预测未来决策。机器学习技术会渗透组织机构，一个预测模型的输出结果将会被各层级使用，从一个层级到另一个层级，甚至跨公司各部门使用，任何一个微小的错误都会在传递中被放大。机器学习将极大地提升产品质量，因为它可以分析过程参数的内部数据，也可以通过分析技术先进的外部数据并检查它们在目标改进中的适用性，找出更好的解决质量问题的办法。

微软公司在客户服务中将机器学习作为质量管理工具。公司每天会收到数千封电子邮件，通过机器扫描文本，将文本最终翻译成英语并识别问题的具体要素。机器会自动将这些要素转换为案例，并将它们传输到代理机构以便进行反馈。更重要的是，机器一边工作的同时也一边"自主学习"，不断提高自己的精确度。可以预见，这种学习模式使其处理问题的能力呈指数级增长。

需要指出的是，依靠机器学习进行质量决策需要高质量的数据，机器学习将管理的重点转移到数据管理流程。我们发现和汇总新数据源的速度，对数据质量进行监控、衡量和密切跟踪，直接影响机器学习建立的评价标准。因此，质量管理也将会不同程度地与机器学习的各个环节相结合，支持发现质量问题并进行数据的搜集、模型建立、数据跟踪监控等，同时通过机器学习与质量管理方法与工具的融合支持质量故障诊断，改进决策。

第三节　区块链技术创新质量控制的方法

一、区块链技术的基本特征

区块链技术（Block Chain Technology）是一种互联网数据库技术，其基本特征是去中心化、公开透明、难以篡改，是一种安全的新兴互联网技术。区块链以分布式分类账运作，会记录数据的每个删除或修改动作，随着更多数据（区块）的加入，将建立更长的事件链。区块链技术的迅速发展对质量领域的影响正在日益扩大。

2021年3月，《中华人民共和国国民经济和社会发展第十四个五年规划和2035年远景目标纲要》发布。其中，"加快数字发展 建设数字中国"作为独立篇章，明确将区块链列为数字经济重点产业，区块链产业迎来了重大的历史发展机遇。2021年12月，国务院印发《"十四五"数字经济发展规划》，将大数据、人工智能、区块链等列为战略性前瞻性领域。区块链已作为一项新兴领域的技术，成为国家信息化规划的重要组成部分。

二、基于区块链技术创新的质量控制方法

由于信息存储、保持匿名和防止未授权交易等特点，区块链技术已经被快速地应用在金融交易上。逐渐地，区块链正在被应用于其他行业，如医疗行业、保险行业、交通行业、供应链管理等。同时，区块链技术的数字足迹防篡改特性也被质量界人士大量应用起来。

用区块链技术建立的质量安全溯源体系，可对产品生产全过程及流通各环节发生的所有质量数据信息的管理和控制系统实现多向追踪，实现对质量数据信息的搜索查询、采集、分析及汇总。

溯源码按照统一编码规则自动生成，作为产品的唯一身份证明，一物一码，标识于产品或票证上，用于查询产品溯源信息。此外，每笔交易皆附带数字签名，而且永远无法变更或删除。由于去中心化的特性，区块链理论上可防止易受攻击的装置推送假信息及破坏网络环境。

真正的区块链时代，就是使我们相互间的数字化信任——质量信任机制建立在数学的基础上。借助将区块链整合至上述及其他产业，即可密切监控产品与服务的质量水平。

三、区块链技术创新质量溯源体系

区块链技术给交易方式带来了革新，每一步对产品的验证和认证都将提供最强的可追溯性，同时提高了供应链的信任度。区块链技术下，企业应从产品生产全过程、流通环节、技术、专业人员配备等方面建设溯源管理体系，体现溯源管理体系完整度、规范性、科学性、准确性、可追溯性。企业溯源管理体系的建设，应该具备采集存储技术先进、数据交换标准规范、标识载体制定规范的特点。

企业可根据国家法律法规和自身实际，按照产品的特性和特点，对生产过程进行策划，确定产品溯源单元，并做到结构完整、质量数据信息真实、实时准确、信息规范。产品溯源信息在应用层面应保证终端查询规范和防伪应用规范，设立产品应急召回机制，关注消费者的评价反馈。

选择的溯源机构应能及时完成溯源任务，并报告执行过程中发现的问题或存在的不足；能承担溯源风险，并满足溯源机构评价要求，有完善的溯源管理系统，能保证产品溯源数据透明、真实可信，有效防止溯源造假；同时应具有产品召回溯源和顾客投诉调查与应急能力，建立完善的质量溯源系统和二维码质量溯源系统，全过程记录产品生命周期。

企业产品质量数据信息采集和储存方式应采用先进存储技术，促进各溯源方的系统与数据集成，提高协作效率和数据可信性，鼓励使用区块链等技术创新进行质量溯源。依托区块链技术时，应选用具有分布式记账、不可篡改、内置智能合约等特性的技术手段，依靠成熟技术平台，配备使用追溯移动应用，实现产品的生产、流通和消费全流程可溯源。企业通过使用区块链技术能够向客户提供完全可追溯、有保证的高质量产品。

第四节　大数据与云计算应用下的质量管理方法与工具

一、大数据的基本特征及载体建设

全球化业务运作需要企业决策者摒弃陈旧的业务模式，建立新型业务模式，学习建立和驾驭新型业务模式需要的知识，这些知识源于信息，相关的信息来自大数据。

麦肯锡全球研究所对大数据的定义是：一种规模大到在获取、存储、管理、分析方面大大超出传统数据库软件工具能力范围的数据集合。大数据具有海量的数据规模、快速的数据流转、多样的数据类型和价值密度低四大特征。大数据数量大、速度快、类型杂，先进的信息获取技术使数据结构和类型复杂多样，包括定性与定量数据、空间与时间数据等。通过高精度的传感器能获取大量的过程信息，传感器能够实时将数据传输到管理信息系统或信息网络中，数据信息形成信息流。现代计算机技术的发展保证了信息传递的速度与时效性，数据监测能力不断提高。

大数据像互联网、云计算以及物联网等技术一样势必成为人类社会发展的里程碑。大数据既是一种运营模式，也是一种能力，还是一种技术，或是一种数据集合统称。大数据背景下，每个个体都是数据的生产者，企业的每一项业务活动和过程都可以用数据来表示。

二、云计算帮助调取和理解数据

美国国家标准与技术研究院（NIST）对云计算的定义是：云计算是一种按使用量付费的模式，这种模式提供可用的、便捷的、按需的网络访问。用户进入可配置的计算资源共享池（资源包括网络、服务器、存储、应用软件和服务），这些资源能够被快速提取，只需投入很少的管理工作，或与服务供应商进行很少的交互。

互联设备将重塑制造业的说法并不夸张。但是，如果没有大数据分析和云计算平台来帮助理解数据，传感器数据就没有任何用处。强大的数据管理功能使得用户可以在查询业务中选择质量管理所需的数据，获取实时事件流，以便在搜集数据时进行分析，从而避免过多存储数据。与传统数据源一样，物联网数据本身没有价值，但通过数据分析可以得到见解并有助于在采取行动前进行决策。

分析是打开数据宝库的关键。识别隐藏模式、预测未来事件、预测使用情况和成本以及获得洞察的能力，使分析变得无价。这一新的产业革命为产品及其使用方式提供了前所未有的客观数据。没有分析，数据只是一堆数字和字母。统计方法和分析的应用对了解数据和挖掘能够刺激行动的洞察力至关重要。如何利用和分析数据进行改进设计、生产和保修操作对工业行业内改进运营和维护至关重要。

三、大数据环境下的质量管理方法与工具发展的趋势

（一）大数据环境促进新技术与统计质量管理方法的结合

大数据所具有的特征导致现有的质量统计技术与方法不能完全适应数据分析的需要，统计学也需要针对大数据的特征，以服务和满足各领域需求为目标，不断创新和发展数据分析方法与理论。因此，建立在统计学基础上的质量管理工具与方法必然需要同步创新，机器学习、智能算法、数据挖掘等新技术与传统的质量管理方法的结合成为质量管理方法与工具未来发展的趋势。

（二）合理运用产品和服务过程中产生的大数据提高产品质量监控效果

大数据环境下能搜集到关于过程的各种数据，这些数据与产品质量密切相关。如果能够从数据集合中提取出反映产品质量特性的特征，则能实现对过程的有效监控。大数

据监控流程从一般意义上讲包括四个阶段，即传感器、信号、特征、模型，通过传感器搜集大量信号，然后提取信号中所含有的特征信息，并将信息建模用来对过程运行状态及产品质量特性做出判断。

大数据监控流程可以细化为以下步骤。

1. 布置传感器

根据所要搜集的信息，有目的地在过程中布置传感器。充分结合工程技术人员的专业知识，适当选择传感器，为数据搜集与分析打下基础。在技术专家的指导下，做到在正确的位置，用正确的传感器，搜集正确的信息。

2. 提取特征

在专业知识的基础上，将信号转换为可以量化的变量。采用一些统计特性，对信号的特征进行描述，如斜率、频率、峰的高度、峰间距等。除用人工方式进行特征提取外，还可以采用智能算法，如遗传算法、神经网络方法等。借助计算机的计算能力能够提高精度、节省时间。为验证所创建特征的可用性，通常采用测量适应度函数的方法。对失效模式进行监控成为大数据环境下的过程监控重要方式。提取失效模式的方法可以采用聚类分析技术，如 K-means 等。

3. 创建模型

数据挖掘技术适用于大数据环境下的模型创建。数据挖掘的目的是从大量的数据中提取有价值的相互关系。构建模型是一个学习的过程，通过训练数据集构建"好"与"差"的分类器。用正确决策的最大概率可评估二分型特征分类问题的效果，尤其是在其中一类特征不经常出现的情况下。所构建的分类规则应对某些关键特征具有良好的分类效果。对多类分类等复杂的分类问题，仍有很多问题需要研究。

4. 实施决策

为了提高工作效率，有必要开发应用软件，将各个阶段的功能模块集成在计算机系统中。通过人机交互的页面，对过程运行特征进行有效监控。

5. 改善行动

过程监控过程中的决策事实上是对最终产品加工质量的预测。当预测到可能出现问题时，则有必要立即采取行动进行改善。对没有发现问题的产品，可以让其流向下一道工序。对怀疑有问题的产品，则需要进行进一步的检查与修理。这样的工作能够避免不合格的产品被传递到后续作业，造成不必要的加工、运输、不合格品等浪费。合理地运用生产过程中产生的大量数据，能够提高产品质量的监控效果；同时能够降低检验的工作量，将检验的重点放在有可能存在质量缺陷的产品上。

（三）质量管理工具建模与大数据结合管理资产更有价值

Minitab 是现代质量管理统计的领先者，为质量改善、教育和研究应用领域提供统计软件和服务的先导。美国 Minitab 公司技术培训专家认为"数据可以使资产更有价值。实验设计（DOE）方法用数据和模型解释了如何更有效地使用资产。首先，搜集有效可靠的数据。可运用 R&R 双性分析方法检验获得数据的精确性和准确性。其次，建立资产生命周期预测模型，了解资产的有效期限，寻求资产最优储存量。该专家指出，可通过实验设计（DOE）这种经济有效的方法建立不同的模型，用数据告诉你在什么情况下修理你的资产是合理的，什么情况下应直接舍弃重新购买一个更为划算。

（四）大数据环境下质量管理方法与技术创新支持质量提升势在必行

利用大数据分析提升质量管理效力是未来质量管理领域一个很好的研究方向。大数据时代不断冲击管理理念和企业管理系统的变革也给质量管理工作带来前所未有的影响，加快研究利用大数据来推动质量管理及控制方法的创新势在必行。随着信息及信息通信技术的发展，全球数据信息量呈指数级增长。移动互联网、社交网络、移动互联、云计算等也促进了企业的质量管理变革。通过大数据分析来掌握消费者行为，可以使企业在创新质量管理方法和模式时更加符合消费者利益，把控消费趋势，有效分析数据信息并做出预判，从而改善企业自身生产水平、提升企业经营绩效，这将有助于企业打造核心竞争力。面临大数据所带来的挑战，质量管理必须积极面对、顺势而动，抓住大数据时代发展的变革契机，在应对新的市场竞争中顺势更新。如何在企业的质量管理中有效应用大数据，挖掘隐藏在大数据中有价值的信息，提升企业管理水平，是摆在业界和学术界面前的一项重要课题。

知识拓展：
物联网技术等新业态适
用的质量管理方法与工具

实例链接

格力武汉基于机器学习的CCAOI智能产品缺陷检测系统

格力电器采用表面贴装技术（Surface Mounting Technology，SMT）进行电子产品组装。作为SMT工艺产品的外观检测工序，自动光学检验（Automated Optical Inspection，AOI）系统是电子产品生产过程中质量控制的核心单元。现阶段通用生产模式为设备自动检测，人工进行二次复判。设备将拍摄图片与预设程序比对后，识别瑕疵点位并导出瑕疵图片。但产品外观缺陷是一个典型的图像识别问题，受缺陷种类繁多、形式多变、位置不确定等诸多条件的限制，以及产品生产对外观质量的严格要求，锡膏工艺会产生90%以上的假阳性图片，其中以焊点类不良居多，需要人工进行二次复判，无法直接达到相应的技术和质量标准，过程依赖人工检验且工作强度大。

CCAOI（Central Control Automated Optical Inspection）智能产品缺陷检测系统（见图13-1）通过深度学习平台，开展焊接缺陷识别卷积神经网络的模型训练，通过边缘计算系统与生产设备对接，运用深度学习推理生产过程中产生的假阳性图片，采用决策树算法和图像匹配算法形成产品的最终判断结果，并控制生产线上的移载设备，将缺陷产品智能归集和分类。该系统解决了传统AOI（自动光学检测）系统识别精度及智能化程度低，依赖人工二次确认的问题，提升了电子产品的质量水平和智能化程度。CCAOI系统已在格力电器包括格力武汉在内的14个生产基地全面推广。

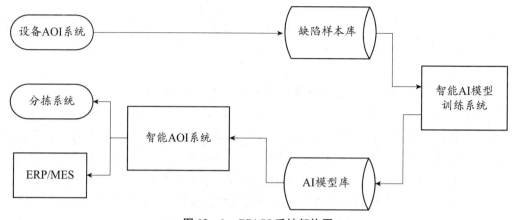

图 13-1 CCAOI 系统架构图

2019 年，该系统实施前，格力武汉的 AOI 测试单个元件漏检约 4 000 单，过程批量漏检流出 5 单。2021 年 CCAOI 系统实施后，单个元件漏检降为 2 000 单，过程批量漏检流出降为 0 单。此外，该系统实施后格力武汉检测人员数量也由 24 人负责 24 条贴片线，减为 17 人负责 24 条贴片线。

本章小结

通过本章的学习，我们掌握了质量 4.0 时代的质量管理方法与工具的相关知识。本章主要包括以下内容：质量 4.0 是传统的质量管理实践和技术与机器学习、云计算、大数据、物联网和人工智能等新技术的集成；人工智能、区块链技术和大数据技术等的出现对质量管理提出了新的挑战。

本章练习

第十三章练习

参考文献

［1］戴颖达．质量管理实务［M］．3 版．北京：科学出版社，2018．

［2］冯青，余隋怀，杨雷．基于 Kano 模型的应急通信车造型设计［J］．机械设计，2015（9）．

［3］郭政．从工业 4.0 到质量 4.0：影响与挑战（上）［J］．上海质量，2022（6）．

［4］郭政．从工业 4.0 到质量 4.0：影响与挑战（下）［J］．上海质量，2022（7）．

［5］何桢．六西格玛管理［M］．3 版．北京：中国人民大学出版社，2014．

［6］黄怡，林艳，王廷丽．质量管理理论与实务［M］．3 版．北京：经济科学出版社，2016．

［7］李春田，房庆，王平．标准化概论［M］．7 版．北京：中国人民大学出版社，2022．

［8］李四达，丁肇辰．服务设计概论：创新实践十二课［M］．北京：清华大学出版社，2018．

［9］李兴国，明艳秋，钟金宏．基于 QFD 和 Kano 模型的供应商选择方法［J］．系统管理学报，2011（10）．

［10］南雪梅，杨金侠，梁园园，等．基本公共卫生服务质量提升策略：基于服务质量差距模型［J］．卫生经济研究，2021（1）．

［11］全国统计方法应用标准化技术委员会．控制图 第 1 部分：通用指南（GB/T 17989.1—2020）［S］．北京：中国标准出版社，2020．

［12］全国统计方法应用标准化技术委员会．控制图 第 2 部分：常规控制图（GB/T 17989.2—2020）［S］．北京：中国标准出版社，2020．

［13］全国质量管理和质量保证标准化技术委员会．质量管理体系 基础和术语（GB/T 19000—2016/ISO 9000：2015）［S］．北京：中国标准出版社，2017．

［14］全国质量管理和质量保证标准化技术委员会．质量管理体系 要求（GB/T 19001—2016/ISO 9001：2015）［S］．北京：中国标准出版社，2017.

［15］宋明顺．质量管理学［M］．3 版．北京：科学出版社，2017.

［16］苏佳琦，王德权，张兆一，等．自动化车间质量管理信息系统开发［J］．组合机床与自动化加工技术，2022（3）.

［17］苏秦．质量管理与可靠性［M］．3 版．北京：机械工业出版社，2019.

［18］王春晖，曾义刚，王有为．复杂砂卵石地质条件下 PHC 管桩施工技术［J］．建筑结构，2023（12）.

［19］温德成．质量管理学［M］．3 版．北京：机械工业出版社，2020.

［20］武啸．质量管理实操从新手到高手［M］．北京：中国铁道出版社，2019.

［21］张贤，王国柱．钢铁行业集团管控的质量管理体系应用实践［J］．天津冶金，2022（6）.

［22］张宇．H 公司产品质量管理改善研究［D］．南昌：南昌大学，2018.

［23］赵红梅，赵云翠．现制饮品店服务质量管理的问题分析：以星巴克（中国）为例［J］．财富时代，2019（8）.

［24］中国认证认可协会．质量管理方法与工具［M］．北京：高等教育出版社，2019.

［25］中国质量协会．质量经理手册［M］．2 版．北京：中国人民大学出版社，2017.

［26］中国质量协会．全面质量管理［M］．4 版．北京：中国科学技术出版社，2018.

标准正态分布函数表

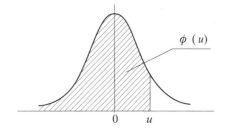

$$\phi(u) = \int_{-\infty}^{u} \frac{1}{\sqrt{2\pi}} e^{-\frac{u^2}{2}} du$$

u	0.00	0.01	0.02	0.03	0.04	0.05	0.06	0.07	0.08	0.09
0.0	0.500 000	0.503 989	0.507 978	0.511 966	0.515 953	0.519 939	0.523 922	0.527 903	0.531 881	0.535 856
0.1	0.539 828	0.543 795	0.547 758	0.551 717	0.555 670	0.559 618	0.563 559	0.567 495	0.571 424	0.575 345
0.2	0.579 260	0.583 166	0.587 064	0.590 954	0.594 835	0.598 706	0.602 568	0.606 420	0.610 261	0.614 092
0.3	0.617 911	0.621 720	0.625 516	0.629 300	0.633 072	0.636 831	0.640 576	0.644 309	0.648 027	0.651 732
0.4	0.655 422	0.659 097	0.662 757	0.666 402	0.670 031	0.873 645	0.677 242	0.680 822	0.684 386	0.687 933
0.5	0.691 462	0.694 974	0.698 468	0.701 944	0.705 401	0.708 840	0.712 260	0.715 661	0.719 043	0.722 405
0.6	0.725 747	0.729 069	0.732 371	0.735 653	0.738 914	0.742 154	0.745 373	0.748 571	0.751 748	0.754 903
0.7	0.758 036	0.761 148	0.764 238	0.767 305	0.770 350	0.773 373	0.776 373	0.779 350	0.782 305	0.785 236
0.8	0.788 145	0.791 030	0.793 392	0.796 731	0.799 546	0.802 337	0.805 105	0.807 850	0.810 570	0.813 267
0.9	0.815 940	0.818 589	0.821 214	0.823 814	0.826 391	0.828 944	0.831 472	0.833 977	0.836 457	0.838 913
1.0	0.841 345	0.843 752	0.846 136	0.848 495	0.850 830	0.853 141	0.855 428	0.857 690	0.859 929	0.862 143
1.1	0.864 334	0.866 500	0.868 643	0.870 762	0.872 857	0.874 928	0.876 976	0.879 000	0.881 000	0.882 977
1.2	0.884 930	0.886 861	0.888 768	0.890 651	0.892 512	0.894 350	0.876 165	0.897 958	0.899 727	0.901 475
1.3	0.903 200	0.904 902	0.906 582	0.908 241	0.909 877	0.911 492	0.913 085	0.914 657	0.916 207	0.917 756
1.4	0.919 243	0.920 730	0.922 196	0.923 641	0.925 066	0.926 471	0.927 855	0.929 219	0.930 563	6.931 888
1.5	0.933 193	0.934 478	0.935 745	0.936 992	0.938 220	0.939 429	0.940 620	0.941 792	0.942 947	0.944 083
1.6	0.945 201	0.946 301	0.947 384	0.948 449	0.949 497	0.950 529	0.951 543	0.952 540	0.953 521	0.954 486
1.7	0.955 435	0.956 367	0.957 284	0.958 185	0.959 070	0.959 941	0.960 796	0.961 636	0.962 462	0.963 273
1.8	0.964 070	0.964 852	0.965 620	0.966 375	0.967 116	0.967 843	0.968 557	0.969 258	0.969 946	0.970 621

续表

u	0.00	0.01	0.02	0.03	0.04	0.05	0.06	0.07	0.08	0.09
1.9	0.971 283	0.971 933	0.972 571	0.973 197	0.973 810	0.974 412	0.975 002	0.975 581	0.976 148	0.976 705
2.0	0.977 250	0.977 784	0.978 308	0.978 822	0.979 325	0.979 818	0.980 301	0.980 774	0.981 237	0.981 691
2.1	0.982 136	0.982 571	0.982 997	0.983 414	0.983 823	0.984 222	0.984 614	0.984 997	0.935 371	0.985 738
2.2	0.986 097	0.986 447	0.986 791	0.987 126	0.937 455	0.987 776	0.988 089	0.988 396	0.988 696	0.988 989
2.3	0.989 276	0.989 556	0.989 830	0.990 997	0.990 358	0.990 613	0.990 863	0.991 106	0.991 344	0.991 576
2.4	0.991 802	0.992 024	0.992 240	0.992 451	0.992 656	0.992 857	0.993 053	0.993 244	0.993 431	0.993 613
2.5	0.993 790	0.993 963	0.994 132	0.994 297	0.994 457	0.994 614	0.994 766	0.994 915	0.995 060	0.995 201
2.6	0.995 339	0.995 473	0.995 604	0.995 731	0.995 855	0.995 975	0.996 093	0.996 207	0.996 319	0.996 427
2.7	0.996 533	0.996 636	0.996 736	0.996 833	0.996 928	0.997 020	0.997 110	0.997 197	0.997 282	0.997 365
2.8	0.997 445	0.997 523	0.997 599	0.997 673	0.997 744	0.997 814	0.997 882	0.997 948	0.998 012	0.998 074
2.9	0.998 134	0.998 193	0.998 250	0.998 305	0.998 359	0.998 411	0.998 462	0.998 511	0.998 559	0.998 605
3.0	0.998 650	0.998 694	0.998 736	0.998 777	0.998 817	0.998 856	0.998 893	0.998 930	0.998 965	0.998 999
3.1	0.999 032	0.999 065	0.999 096	0.999 126	0.999 155	0.999 184	0.999 211	0.999 238	0.999 264	0.999 289
3.2	0.999 313	0.999 336	0.999 359	0.999 381	0.999 402	0.999 423	0.999 443	0.999 462	0.999 481	0.999 499
3.3	0.999 517	0.999 534	0.999 550	0.999 566	0.999 581	0.999 596	0.999 610	0.999 624	0.999 638	0.999 651
3.4	0.999 663	0.999 675	0.999 687	0.999 698	0.999 709	0.999 720	0.999 730	0.999 740	0.999 749	0.999 758
3.5	0.999 767	0.999 776	0.999 784	0.999 792	0.999 800	0.999 807	0.999 815	0.999 822	0.999 828	0.999 835
3.6	0.999 841	0.999 847	0.999 853	0.999 858	0.999 864	0.999 869	0.999 874	0.999 879	0.999 883	0.997 888
3.7	0.999 892	0.999 896	0.999 900	0.999 904	0.999 908	0.999 912	0.999 915	0.999 913	0.999 922	0.999 925
3.8	0.999 928	0.999 931	0.999 933	0.999 936	0.999 938	0.999 941	0.999 943	0.999 946	0.999 948	0.999 950
3.9	0.999 952	0.999 954	0.999 956	0.999 958	0.999 959	0.999 961	0.999 963	0.999 964	0.999 966	0.999 967
4.0	0.999 968	0.999 970	0.999 971	0.999 972	0.999 973	0.799 974	0.999 975	0.999 976	0.999 977	0.799 978
4.1	0.999 979	0.999 980	0.999 981	0.999 982	0.999 983	0.999 983	0.999 984	0.999 985	0.999 985	0.999 986
4.2	0.999 987	0.999 987	0.999 988	0.999 988	0.999 989	0.999 989	0.999 990	0.999 990	0.999 991	0.999 991
4.3	0.999 991	0.999 992	0.999 992	0.999 993	0.999 993	0.999 993	0.999 993	0.999 994	0.999 994	0.999 994
4.4	0.999 995	0.999 995	0.999 995	0.999 995	0.999 996	0.999 996	0.999 996	0.999 996	0.999 996	0.999 996
4.5	0.999 997	0.999 997	0.999 997	0.999 997	0.999 997	0.999 997	0.999 997	0.999 998	0.999 998	0.999 998
4.6	0.999 998	0.999 998	0.999 998	0.999 998	0.999 998	0.999 998	0.999 998	0.999 998	0.999 999	0.999 999
4.7	0.999 999	0.999 999	0.999 999	0.999 999	0.999 999	0.999 999	0.999 999	0.999 999	0.999 999	0.999 999
4.8	0.999 999	0.999 999	0.999 999	0.999 999	0.999 999	0.999 999	0.999 999	0.999 999	0.999 999	0.999 999
4.9	1.000 000	1.000 000	1.000 000	1.000 000	1.000 000	1.000 000	1.000 000	1.000 000	1.000 000	1.000 000